Clemens Maria Heymkind

Schattenkind,
vergiss mein nicht

Clemens Maria Heymkind

Schattenkind, vergiss mein nicht

Die Überwindung eines Traumas

Urachhaus

ISBN 978-3-8251-5154-6

Erschienen 2018 im Verlag Urachhaus
www.urachhaus.com

© 2018 Verlag Freies Geistesleben & Urachhaus GmbH, Stuttgart
Umschlaggestaltung: Rothfos & Gabler, Hamburg
Umschlagabbildungen: © ClassicStock / akg-images / Ewing Galloway
und © privat
Gesamtherstellung: CPI books GmbH, Leck

Dieses Buch ist meinen Kindern
Niclas-Georg,
Anna-Celina,
Samuel-Alexander,
meiner Frau Olga,
meinen Eltern und Geschwistern

sowie den zwischen 1949 und 1975 über 1,2 Millionen vom
Missbrauch betroffenen Heimkindern
und den Kindern und Jugendlichen sowie den Mitarbeitern des
Pestalozzi Kinderdorfes Wahlwies a. B. gewidmet.

Vorwort

»Auf meiner Suche nach Heilung« – das sind die ersten Worte Clemens Maria Heymkinds in seiner autobiografischen Erzählung *Verloren im Niemandsland*, seinem ersten Buch.
 Ich las das Buch zum ersten Mal nach einem Unterrichtstag für »Achtsames Selbstmitgefühl«, ohne die Lektüre zu unterbrechen. Es berührte mich so tief, dass ich das Buch nicht mehr aus den Händen ließ, bis zur Morgendämmerung. Dann schloss ich die Augen, und vor mir entstand zunächst der Satz und dann auch das Bild vom berühmten vietnamesischen Lehrer Tich Nhat Hanh: »Ohne Sumpf keine Lotosblume.« Lotosblumen entstehen nun mal im Sumpf. Sie werden zu hinreißender Schönheit, nachdem sie mit dem Sumpf Freundschaft geschlossen haben.
 Clemens Maria Heymkind erzählt aus dem Niemandsland der Kinderheime. Die mutige Stimme eines Mannes, der uns den Kampf zweier Geschwister schildert – Clemens und Clara – verloren im Niemandsland und auf der Suche nach der tiefsten Sehnsucht des Menschen: der Sehnsucht nach Liebe und Verbundenheit.
 Clemens spart dabei nicht an Worten. Er berührt unsere Herzen und schüttelt unseren Geist, gnadenlos. Und lässt uns die Gnadenlosigkeit auch erfahren. Tief und bis zur Seele. Denn nur so können wir verstehen, was ein Kind im Niemandsland der Kinderheime erlebt hat. Folter, sexuellen Missbrauch, Isolation, Angst. Die tiefste Ohnmacht.

Wut, Verzweiflung und Scham werden zum Alltag für Clemens. Aber wie auch die Lotosblume im Sumpf gedeiht, wachsen in Clemens – auf weise Art, voller Neugier, wie eine zarte Pflanze – Bewusstheit, Empathie und Mitgefühl. Und so entdeckt das noch kleine Kind, auf wunderbare und intuitive Art, mitten im Alltagsschmerz, eines Abends in einem imaginären Nachtflug zu einem anderen Planeten die Kraft des Geistes.

»Ich spürte die alles durchdringende Kraft meines Geistes. Er erhob sich im Nachtflug über all die Sorgen und Ängste und Zweifel und über die Wut meiner Existenz. Er durchbrach die Mauern von St. Niemandsland, um mir unendliche Freiheit zuteilwerden zu lassen.«

Und so öffnet Clemens – neben den inneren Stimmen der Selbstkritik, der Wut oder der Ohnmacht – einen neuen inneren Raum für Bewusstheit, Verständnis, Akzeptanz, Mitgefühl und Liebe.

Schattenkind, vergiss mein nicht, Clemens Maria Heymkinds zweites Buch, beschreibt diesen langen Weg aus der Ohnmacht in ein neues Leben: das Pestalozzi Kinderdorf, ein »Paradies« nach der Zeit im Heim. Clara und Clemens erleben zum ersten Mal das Gefühl des Zusammenwachsens in einer Gemeinschaft, mit allem, was so ein Zusammenwachsen mit sich bringt. Clemens wird wahrgenommen mit allen seinen vielen Facetten, und auch er öffnet sich langsam zu seiner inneren Heilung und entdeckt die Kraft des »Willensmenschen« in sich, die Kraft seiner inneren Potenziale.

Nicht alles geschieht reibungslos. Das Buch beschreibt lebhaft und mit treffenden Worten das Schicksal der beiden Kinder und den inneren, aufreibenden Kampf in Clemens' Gefühlswelt.

Die unsichtbaren Ketten der Treue zur quälenden Vergangenheit von St. Niemandsland und besonders zu Schwester C. werden Clemens noch lange Jahre begleiten. Sei es am Meer, sei es während einer Autofahrt oder in anderen Begegnungen. Das »Schattenkind« der Vergangenheit, das sich im Verlauf des beschriebenen Heilungsweges zum »Glückskind« hin entwickelt, bringt immer wieder in Erinnerung die alte Versagensangst, die Trennungsangst von Eva, der Mutter, Clara, der Zwillingsschwester, oder von Simone, der neuen Freundin. Das unsichtbare Gesicht der folternden Schwester C. erschien in allen Gesichtern, die er traf.

Ich begegnete Clemens zum ersten Mal in einem buddhistischen Kloster während einem meiner Kurse. Seine kraftvolle und warme Stimme, seine Präsenz und seine Geschichte berührten mich sehr. Seine beiden Bücher bedeuten für mich als Mensch und als Lehrende ein wahres Geschenk. Clemens hat für uns alle das Schweigen durchbrochen und den Gesichtern von Niemandsland einen Ausdruck gegeben.

Wie Clara und Clemens, so tragen wir alle in uns ein Niemandsland. Mehr oder weniger. Unsere tiefste Sehnsucht ist, geliebt zu werden. Unser tiefster Schmerz: der Schmerz der Nicht-Verbundenheit. Gleichzeitig verbindet uns aber dieser Schmerz. Er ist ein Teil unseres gemeinsamen Menschenseins. Wir alle erleben Schmerz. Die Kunst liegt darin, wie wir dem Schmerz begegnen.

Heute zeigt uns Clemens einen erlebten Weg zur Vergebung, zur Akzeptanz, zur Toleranz, zum Mitgefühl, zum Selbstmitgefühl. Er ist ein wunderbarer Vater, beruflich erfolgreich und vor allem Anker und Inspiration für viele Menschen. Er zeigt uns, dass wir alle Schmerz erleben, aber dass wir Leid transformieren können, wenn wir die Fähigkeit entwickeln, für unser »inneres, verwundetes Kind« auf heilsame Weise zu sorgen. Es liegt an uns, die Opferrolle zu verlassen und zu einer eigenständigen Autonomie zurückzufinden. Wir haben die Wahl, wir alle haben die Kraft dafür. Wenn wir unsere innere, wahre Natur kennen, steht uns nichts mehr im Weg.

Buddha sagt: Jedes Leiden hat Heilung. Wir müssen nur den Weg kennen.

Aus tiefstem Herzen: Danke, Clemens!

Dr. phil. Rodica Meyers
Leiterin Yuthok Zentrum für Tibetische Heilkunst

Prolog

Ich strebe nach Selbsterkenntnis,
denn Erkenntnis beseitigt Unwissenheit.
Ich strebe nach Entfaltung,
denn Entfaltung ermöglicht Wachstum.

Clemens Maria Heymkind

Mein erstes Buch *Verloren im Niemandsland – Autobiografische Erzählung eines Heimkindes* veröffentlichte ich 2015. In ihm schildere ich meine ersten zwölf Lebensjahre. Meine Zwillingsschwester Clara und ich verbrachten unsere Kindheit vom Säuglingsalter an in verschiedenen Krippen und Heimen. Wie Vieh wurden wir hin und her geschoben. Letztlich landeten wir in einem katholischen Kinderheim einer bayerischen Kleinstadt. In »St. Niemandsland« wurde ich – vornehmlich von einer Nonne, die ich Schwester C. genannt habe – seelisch gequält und körperlich schwer misshandelt. Die Nonnen deckten außerdem den sexuellen Missbrauch von zwei Priestern und einem »Mitarbeiter« des Kinderheimes.

Allein von 1949 bis 1975 waren laut Heimfonds Stuttgart schätzungsweise 1,2 Millionen Heimkinder vom seelischen, körperlichen und sexuellen Missbrauch in kirchlichen und öffentlichen Einrichtungen in Ost- und Westdeutschland betroffen. Die Dunkelziffer aufgrund verjährter und damit vernichteter Akten dürfte jedoch weitaus höher liegen.

Im Juli 20.. erschien in einer bayerischen Lokalzeitung folgender Artikel, in dem es um die Verabschiedung der Nonnen Schwester C., Schwester A. und Schwester N. aus dem Kinderheim St. Niemandsland geht.

Zum Abschied großen Dank und eine Umarmung

... (fro). Erinnerungen und Danksagungen waren die zentralen Begriffe bei der Verabschiedung der Mühlendorfer Franziskanerinnen. Diese betreuten 118 Jahre die ... Waisenhausstiftung im Pfaffenwinkel. Nun wurden die letzten drei Schwestern mit einem Gottesdienst in der Pfarrkirche ... und einer Feier im Gemeindehaus St. M. verabschiedet. „Sie haben ein Stück Stadtgeschichte geschrieben", meinte der Stiftungsleiter A. H. Die Waisenhausstiftung wurde von Stadtpfarrer J. L. 1887 gegründet. Um die Kinder adäquat betreuen zu können, bat der Pfarrer damals die Mühlendorfer Franziskanerinnen um Hilfe, und diese sagten zu. In den folgenden 118 Jahren leisteten insgesamt 86 Schwestern in Kinderkrippe, Kindergarten, Kinderhort und Heilpädagogischer Tagesstation der Stiftung karitative Arbeit. Nun werden auch die Oberin, Schwester C. und ihre verbliebenen Mitschwestern, Schwester A. und Schwester N., aus Altersgründen Marienburg verlassen und in ihr Mutterkloster nach Niederbayern zurückkehren. In dem Gedenkgottesdienst sprach Stadtpfarrer A. N., der zugleich Sitzungsvorstand ist, den Schwestern seinen Dank dafür aus, dass sie „von Generation zu Generation" den Menschen dienten und den Kindern gerecht wurden. N. moderierte

auch die anschließende Verabschiedung im Haus St. M. Dort erläuterte H. vor den geistlichen und weltlichen Ehrengästen sowie mittlerweile erwachsenen Besuchern des Kinderheims die Geschichte der Stiftung. Der ehemalige Stiftungspfleger A. N. erinnerte an die Zeit, als er vor dreißig Jahren der Stiftung vorstand: „Damals waren noch 90 Kinder in dem Kinderheim, heuer sind es nur noch fünf." Die Schwestern hätten den Kindern „Heimat, Brot, Erziehung und Liebe" gegeben. N.s plastische Schilderungen fanden bei den Ehemaligen zustimmendes Kopfnicken. Im Namen der Stadt bedauerte Oberbürgermeister B., dass die Schwestern Marienburg verlassen, schließlich sei die Betreuung der Kinder durchaus „entscheidend für die Stadt". Auch die Generaloberin des seit 150 Jahren bestehenden Ordens, Schwester M., bedauerte, „dass wir keinen Ersatz schicken können, obwohl sich das Gesicht der Not inzwischen geändert hat".
Der Abschied von den Schwestern sei die Zeit für zwei „Zauberwörter", fand R. B., ebenfalls Stiftungspfleger. Vor 118 Jahren habe sich Pfarrer L. das erste Mal an die Mühlendorfer Schwestern gerichtet, als er fragte, ob diese zur Betreuung der Kinder nach Marienburg kommen könnten: „Bitte."
Nun sei es an ihm, dem Stiftungspfleger, das zweite Zauberwort an die Schwestern zu richten: „Danke oder Vergelt's Gott." Schließlich be-

dankte sich auch noch der Vertreter der Ehemaligen bei den Schwestern, die sich „unendlich viel Mühe" mit ihren Schützlingen gegeben hätten. „Durch ihr Vorbild ist auch in uns noch Glauben vorhanden." Viele Ehemalige würden deshalb nach wie vor den Kontakt mit den Schwestern suchen, sagte er, um dann die Oberin zum Abschied zu umarmen.

Als unmittelbar Betroffener der Geschehnisse von St. Niemandsland trieb mir dieser Zeitungsartikel die Tränen in die Augen. Ich bin entsetzt darüber, dass die seinerzeit geschehenen Grausamkeiten in der Tagespresse eine solche Würdigung erfahren haben.

Ich erlaube mir daher diese Vervollständigung: Viele von uns Schutzbefohlenen wurden damals seelisch und körperlich schwer misshandelt. Die Bettnässer, zu denen auch ich gehörte, wurden mit unerbittlicher Härte bestraft und ausgegrenzt. Dazu gehörten tägliche Demütigungen vor der Gruppe, folterähnliches Abduschen mit eiskaltem Wasser (das sogenannte *Waterboarding* ist heute als Foltermethode geächtet) sowie Flüssigkeits- und Nahrungsentzug, um nur einige zu nennen. Die Art, wie über das Wirken der Schwestern im besagten Artikel geschrieben wird, demütigt die Opfer erneut.

Ein drittes im Artikel nicht erwähntes »Zauberwort« fällt mir dazu ein:

»Entschuldigung.«

Der Hölle von St. Niemandsland entrannen meine Zwillingsschwester Clara und ich mit dem Umzug in das Pestalozzi-Kinderdorf, Wahlwies am Bodensee.

Von den verheerenden seelischen Auswirkungen der ersten zwölf Lebensjahre auf die Kinderseele sowie von den ersten Schritten der Heilung und dem weiteren Verlauf meines Lebens berichte ich in diesem vorliegenden zweiten Buch.

Auszug aus den Jugendamtsakten vom 25.05.19..

Gründe für den Heimwechsel:
Die Schwester des Vaters, Frau M., die in der Schweiz lebt, hat sich immer sehr viel um die Kinder gekümmert. Sie hat besonders Clara immer in den Ferien zu sich geholt. Clemens kam in den Ferien meist zur väterlichen Großmutter nach J. Für Frau M. war es in all den Jahren doch recht umständlich, die Kinder von Marienburg abzuholen. Eine Verlegung in ein Heim, das näher an der Schweiz liegt, ist schon immer unser Plan gewesen. Bisher haben wir nur immer auf die Mutter Rücksicht genommen. Nun kümmert sich aber die Mutter trotz ihres Aufenthaltes in Marienburg (gemeint ist die Psychiatrie; *Anmerkung des Verf.*) so wenig um die Kinder, dass wir glauben, dass es für die Kinder besser wäre, wenn sie in der Nähe der väterlichen Verwandten wären.
Frau M. bat uns um eine Verlegung der Kinder in das Kinderheim L. bei Lindau. Nach einer Rücksprache mit dem Jugendamt Wangen möchten wir jedoch die Unterbringung der Kinder in das Kinderheim L. ablehnen. Um aber die Kinder näher bei den Verwandten des Vaters zu haben, wären wir sehr dankbar, wenn die Kinder bei Ihnen im Kinderdorf Aufnahme finden könnten.

      Riedlinger, Sozialarbeiterin

Auszug aus den Jugendamtsakten vom 08.07.19..

An das Pestalozzi-Kinderdorf Wahlwies

... Nachdem die Mutter durch den dauerhaften Aufenthalt im Nervenkrankenhaus ganz ausfällt und der Vater sich in Marienburg nicht um die Kinder kümmern kann, ist die Verlegung der Kinder in die Nähe des Vaters und auch näher an die Schweiz, wo die Tante lebt, für die Kinder doch so wichtig. Außerdem haben die Kinder bei Ihnen eine Familie, die sie so sehr entbehren.
Den Kindern hat es auch sehr gut gefallen (gemeint ist der erste Besuch im Kinderdorf; *Anmerkung des Verf.*), und sie hoffen sehr, dass sie aufgenommen werden können. Frau M., die Tante der Kinder, wäre voll und ganz für die Unterbringung bei Ihnen, sodass mit einer Zusammenarbeit zu rechnen ist.
... Mit der nochmaligen Bitte um Aufnahme der beiden heimatlosen Kinder und dem Dank für den Einblick, den wir durch Ihre Führung erhalten haben,
    grüßt herzlich das Stadtjugendamt Keppstadt.
                Riedlinger, Sozialarbeiterin

Auszug aus den Jugendamtsakten vom 24.08.19..

An das Stadtjugendamt Keppstadt

Betreff: Clemens und Clara Heymkind,
           geb. 07.09.1965

Sehr geehrte Frau Riedlinger,
wir freuen uns, Ihnen heute den Aufnahmetermin für die Geschwister mitteilen zu können. Unser Vorschlag wäre, wenn Sie die Kinder am Donnerstag, den 29.09.19.., nachmittags zu uns bringen können. Von Frau M. erhielten wir ein Schreiben, dass sich die Geschwister zurzeit bei ihr aufhalten, und wir möchten Sie bitten, uns mitzuteilen, wer die Kinder zu uns bringt und ob dieser Termin eingehalten werden kann.
Zur Aufnahme benötigen wir noch je ein Passbild, Kinderausweis, Krankenscheine, polizeiliche Abmeldung sowie eine Kostenzusage.

            Mit freundlichen Grüßen aus dem
            Pestalozzi-Kinderdorf

Auszug aus den Jugendamtsakten vom 29.08.19..

An das Pestalozzi-Kinderdorf Wahlwies

Kinder Clemens und Clara Heymkind,
geb. 07.09.1965

Wir danken vielmals für die Mitteilung bezüglich der Aufnahme der beiden Kinder Heymkind. Die Tante der Kinder hat nur Clara bei sich. Wir haben sie entsprechend verständigt und hoffen, dass sie Clara am 29.09.19.. zu Ihnen bringen wird. Clemens befindet sich auf einem Bauernhof hier bei uns in der Nähe und wird dann zu Ihnen überstellt. Da ich bis Ende September im Urlaub bin, wird ein Kollege von mir die Fahrt mit Clemens übernehmen.
Die angeforderten Unterlagen werden bei der Überstellung noch mitgebracht.
Mit freundlichen Grüßen,
Riedlinger

Umzug ins Paradies

Es war wieder so weit.
Aufbruch.
Neuanfang.

Den Tag der Abreise ins Pestalozzi-Kinderdorf hatte ich, der Zwölfjährige, seit dem Auszug aus St. Niemandsland herbeigesehnt. Schon bald würde ich meine Zwillingsschwester wiedersehen, die die Sommerferien bei meiner Tante Gerda in der Schweiz verbracht hatte, während ich auf einem Bauernhof gewesen war. Mit einem Gefühl von Anspannung und Neugier packte ich am Tag vor der Abreise meine Koffer. Während des Packens versuchte ich mir vorzustellen, wie es wohl im Kinderdorf sein würde. All die vielen Kinder, die Familien, die neue Schule …

Jochen, ebenfalls ein Heimkind, das die Ferien auf dem Bauernhof verbracht hatte, war schon Tage zuvor vom Hof abgefahren. Nun war ich an der Reihe! Weg von diesem Bauernhof, direkt ins Paradies. Das fühlte sich gut an, denn der bevorstehende Abschied von den Besitzern des Hofes, den Hofbaurs, bedeutete für mich tatsächlich eine Erleichterung. Nicht ganz so groß wie die, die ich empfunden hatte, als ich St. Niemandsland verlassen hatte, aber deutlich spürbar. Den Hofbaurs allerdings schien der Abschied zuzusetzen: Frau Hofbaur setzte sich, nachdem ich mich bettfertig gemacht hatte, an den Rand meines Bettes und sah mich schweigend an. Ich glaube, sie war sehr traurig, wie damals Schwester C., als sie in St. Niemandsland Abschied von mir nahm. Ich jedoch fühlte pure Vorfreude.

»Wenn du möchtest, kannst du bei uns bleiben«, sagte sie, während sie mir in die Augen sah und mir mit ihren Händen durchs Haar strich. Dieses Angebot hatten mir die Hofbaurs in den zurückliegenden Wochen mehrmals gemacht.

»Ich will Clara wiedersehen, weil ich sie so sehr vermisse«, erwiderte ich.

Da öffnete sich die Zimmertür und Herr Hofbaur trat ein. Schwerfällig, wie es seine Art war, bewegte er sich auf mein Bett zu, schnalzte in der für ihn typischen Art mit der Zunge und sagte: »Clemens, wenn du möchtest, kannst du bei uns bleiben.«

»Der Bub will aber nicht«, sagte Frau Hofbaur mit trauriger Stimme, ehe ich reagieren konnte.

Ich konnte es deutlich riechen: Herr Hofbaur war wieder einmal stark alkoholisiert. Sicherlich fängt er gleich wieder an zu weinen, dachte ich, wie er es oft tat, wenn er unter Alkoholeinfluss stand. Dann begann er tatsächlich, bitterlich zu weinen, wie ein kleines Kind. Das war mir peinlich. Nicht weil er weinte, sondern weil er wegen mir weinte. Das gab mir zu denken: Schwester C. war traurig gewesen, und nun waren es auch Frau und Herr Hofbaur. Die Trauer vermochte ich nicht so recht mit meiner Person in Verbindung zu bringen. Sie war mir fremd, wie dieser Bauernhof, auf dem ich die Sommermonate verbracht hatte.

Gewiss, ich hatte in den zurückliegenden Monaten deutlich gespürt, dass mich die Hofbaurs in ihr Herz geschlossen hatten. Ich mochte ihre Kinder Laura und Erhart. Aber ich traute mich nicht auszusprechen, dass ich während der ganzen Ferienzeit immer dieses mulmige Gefühl in mir hatte, auch bei ihnen in der

Fremde zu sein. Dieses Gefühl wurde auch durch die fremden Gerüche und die fremde Umgebung auf dem Land hervorgerufen. Und in der Tat, ich war bei den Hofbaurs nicht heimisch geworden. Im Kinderdorf aber würde ich mich sehr wohl fühlen, das spürte ich, obwohl ich nur einmal dort gewesen war. Auch mochte ich mich nicht mit der Rolle eines Pflegekindes auf dem Bauernhof identifizieren, dazu war ich zu sehr Heimkind.

Am schwersten wog aber, dass ich meine Zwillingsschwester Clara so sehr vermisste. Dieses innige Band, das mich mit Clara auch dann spürbar verband, wenn sie nicht in meiner Nähe war, war zu stark, als dass es jemand hätte trennen können. Während der Ferienzeit auf dem Bauernhof hatte ich oft gespürt, dass Clara an mich gedacht hatte. In diesen Momenten wehte, dem Hauch eines Windes gleich, frischer Atem in meine Seele. Auch von mir schien ein Strom der Sehnsucht zu ihr zu gehen. So berührten sich unsere Herzen. Ich spürte ihre Vorfreude auf unser Wiedersehen, auf unsere bevorstehende Kinderdorfzeit, die sich so sehr von den dunklen und kalten Mauern von St. Niemandsland unterscheiden sollte. All das war stärker als meine Gefühle zu den Hofbaurs. Ich hatte Angst, dass sie meine Vorfreude auf meine Zwillingsschwester und das Kinderdorf nicht verstehen würden. Deshalb schwieg ich.

Frau Hofbaur hatte ihren volltrunkenen und heulenden Mann inzwischen ins Bett gebracht. Ich ging hinüber in Lauras Zimmer. Auch sie war sehr traurig. Wir hatten oft miteinander gespielt und mit Jochen die Wälder und Wiesen durchstreift. Hatten zusammen gelacht, als wir den Nachbarn Streiche spielten. All diese Erlebnisse verbanden mich mit ihr. Als ich bei Laura auf dem Bett saß, konnte auch ich meine Trauer über den Abschied von ihr nicht verbergen, obgleich ich fühlte, dass der bevorstehende Neuanfang Licht und Freude in mein Leben bringen würde. Laura konnte das verstehen, und dieses Verstehen bestärkte mich in meinem Entschluss, endgültig Abschied von den Hofbaurs zu nehmen.

Am nächsten Morgen – es war ein Spätsommertag und wir saßen gerade beim Frühstück – hörte ich das Geräusch eines Autos. Ruckartig schob ich den Stuhl zurück, stürzte aus dem Haus und kam vor einem orangefarbenen VW-Käfer zum Stehen. Zwei Herren in Anzug und Krawatte stiegen aus dem Auto und fragten mich nach Frau Hofbaur.

»Gell, ihr seid doch wegen mir gekommen, um mich abzuholen?«, schoss es aus mir hervor.

»Wenn du der Clemens bist, dann sind wir wegen dir gekommen«, erwiderte einer der Herren mit einem aufgesetzten, amtlichen Lächeln.

»Gell, und ihr bringt mich jetzt zu meiner Zwillingsschwester ins Kinderdorf?«, fragte ich sicherheitshalber noch einmal nach.

Der andere Herr nickte und blickte mich dabei verschmitzt an.

Dann schob mich Frau Hofbaur zur Seite, ich hatte sie nicht bemerkt. Nachdem sie einige Worte mit den Herren vom Stadtjugendamt Keppstadt gewechselt hatte, wuchtete schon einer der beiden meine Siebensachen in den Kofferraum. Ich war gespannt wie ein Flitzebogen und sehr aufgeregt. Frau Hofbaur mahnte mich zur Ruhe, die Herren vom Jugendamt auch.

Das Wissen, dass wir nicht zurück nach Marienburg, sondern in das Kinderdorf am Bodensee, also in die Nähe meines Vaters fahren würden, löste in mir eine unbeschreibliche Freude aus. In dem Augenblick, als ich mich von den Hofbaurs verabschiedet hatte, geschah etwas Merkwürdiges: Ich musste plötzlich an

Schwester C. denken. Es fühlte sich an, als würde ich in diesem Moment auch Abschied von Schwester C. nehmen, obwohl sie gar nicht da war. Es war ein Abschied der besonderen Art: Die völlig irrationale und mich immer wieder verwirrende Sehnsucht nach Schwester C., die mich während des Aufenthalts bei den Hofbaurs oft überkommen hatte, wurde weniger und weniger. Von Augenblick zu Augenblick schien sie sich weiter von mir zu entfernen.

Das Gesicht von Schwester C. verblasste, die Erinnerungen an Marienburg – all das konnte ich nun hinter mir lassen.

Ankunft im Paradies

Als wir das Ortsschild Wahlwies passierten, drückte ich neugierig meinen Kopf an die Seitenscheibe. Ich war nervös und mein Herz pochte vor Aufregung. Ich erkannte die schmale Dorfstraße wieder, an der sich die Häuser so niedlich eins an das andere reihten, sah den Traktoren nach, die die erste Apfelernte auf Anhängern hinter sich herzogen. Dann gelangten wir zum Postbuckel, und als wir seine Anhöhe erreicht hatten, sah ich das Schild »Pestalozzi Kinder- und Jugenddorf«. Gleich würde ich Clara wiedersehen und Tante Gerda!

Langsam fuhren wir am Bauernhof des Kinderdorfes vorbei, der etwas außerhalb lag. Der Anblick der Hofscheunen und der Kühe erinnerte mich an die Hofbaurs. Eine alte Bauersfrau war mit einer jüngeren Bäuerin im Geschwätz vertieft. Ein Bauer machte sich an einem großen Scheunentor zu schaffen. Dann bogen wir in das Kinderdorf ein und kamen am Dorfzentrum zum Stehen. Da standen sie und warteten bereits auf mich: Clara und Tante Gerda. Mit aller Kraft drückte ich beide Hände gegen den Vordersitz. Die Herren vom Jugendamt wussten nicht so recht, wie sie mich beruhigen sollten. Als Clara mich sah, lief sie geradewegs auf unser Auto zu. Nun konnte mich niemand mehr halten.

»Clara!«, rief ich, und trommelte dabei mit den Händen gegen die Scheibe.

Einer der Herren vom Jugendamt schien zu verstehen. Hastig

stieg er aus, klappte den Sitz nach vorn, und ehe er sich versehen konnte, lagen Clara und ich uns in den Armen. Nun konnte uns niemand mehr trennen. Wir hatten uns wieder! Tante Gerda hatte Recht behalten, mit diesem Wiedersehen gehörten St. Niemandsland und mit ihm die Buben aus der Bubengruppe und Schwester C. endgültig der Vergangenheit an. Ich war überglücklich. Nachdem ich Tante Gerda begrüßt hatte, nahm ich die Kinderschar wahr, die sich um uns gebildet hatte. Neugierig sahen sie uns an und stellten Fragen.

»Zieht ihr heute bei uns ein? Und in welches Haus, zu welcher Familie?«

»Clara und ich ziehen heute in das Kinderdorf ein«, antwortete ich stolz.

Zwar wusste ich nicht, in welches Haus und zu welcher Familie, aber das sollte mir Herr Weglar bald mitteilen, einer der Dorfleiter und später mein Pflegevater, der sich inzwischen den Weg durch den Kinderhaufen gebahnt hatte. Er begrüßte zunächst die Herren vom Jugendamt, dann Tante Gerda. Kurz darauf forderte er die umherstehenden Kinder auf, zurück zu ihren Familien zu gehen. Ich erinnere mich noch genau daran, wie ich in Jeans, T-Shirt und giftgrünen Gummistiefeln, die mir die Hofbaurs zum Abschied geschenkt hatten, vor ihm stand. Nachdem er Clara begrüßt hatte, reichte er mir die Hand.

»Hallo Clemens, herzlich willkommen im Kinderdorf.«

Clara und ich waren »herzlich willkommen«, das konnte ich nicht fassen. Früher hatte man uns mit kalter Routine von einem Heim zum nächsten verfrachtet, wie Vieh. Damals fielen zur Begrüßung keine freundlichen Willkommensworte. Das war neu.

Herr Weglar sah ein wenig aus wie Prinz Eisenherz. Er hatte

einen Bart, der seinen Mund komplett umschloss und leicht über sein Kinn ragte. Seine schwarzen Haare waren topfschnittartig frisiert. Seine braunen Augen strahlten Warmherzigkeit aus, seine tiefe Stimme war sanft. Ich mochte ihn, das hatte ich bereits bei unserer ersten Begegnung gespürt. Das lag daran, dass er offen und warmherzig und für jeden Spaß zu haben war. Ihm konnte ich mein Vertrauen schenken. Er hatte nichts Bedrohliches.

»Was willst du denn mal werden?«, fragte er mich, während er mich in meinen Gummistiefeln musterte.

»Metzger!«, schoss es aus mir heraus.

Ja, Metzger wollte ich werden. Ich erzählte ihm auch, warum: Bei den Hofbaurs hatte ich zugesehen, wie wöchentlich am Schlachttag ein Metzger kam, eine Sau zwischen die Beine nahm und ihr mit einem Vorschlaghammer mit voller Kraft auf die Stirn schlug. Die Sau quiekte, fiel um und zitterte am ganzen Leib (Betäubung auf Bayerisch sozusagen). Danach schnitt er ihr den Hals auf, trieb ihr die Fleischerhaken durch die Hinterläufe und hängte sie auf. Anschließend zog er ihr die Haut ab. Die Herren vom Jugendamt und Tante Gerda sahen mich erschrocken an. Herr Weglar aber bewahrte die Ruhe und lächelte. Er schien mich zu verstehen: St. Niemandsland hatte deutliche Spuren hinterlassen. Sie drückten sich in meinem Berufswunsch aus.

»Nun besuchst du erst einmal die Waldorfschule und machst deinen Schulabschluss«, meinte er.

Ein wenig beschämt nickte ich. Das war mir auch in St. Niemandsland so gegangen, wenn ich glaubte, etwas »Falsches« gesagt zu haben. In diesen Momenten fühlte ich mich unsicher, wie damals, als Schwester C. mir glauben machte, mit mir sei etwas von Grund auf nicht in Ordnung. Dieser stille Selbstzweifel sollte noch viele Jahre in meiner Seele spuken.

Tante Gerda stimmte Herrn Weglar zu. Auf sie war ich immer noch sauer, weil sie mich in den Sommerferien nicht zu sich genommen hatte. Auch bevorzugte sie immer Clara, was in mir das Gefühl auslöste, nicht geliebt zu werden, obwohl ich ihr Neffe war.

Nachdem sich die Herren vom Jugendamt und Tante Gerda verabschiedet hatten, brachte uns Herr Weglar zur Familie T. ins Haus 10. Das Haus 10 lag in unmittelbarer Nähe der Waldorfschule und des Bolzplatzes. Ich erinnere mich noch genau daran, dass die Sonne schien und das Kinderdorf in helles Licht getaucht war – es war so ganz anders als das in Marienburg. Als wir das Haus betraten, hing ein handgemaltes Schild an der Haustür, auf dem stand:

»Herzlich willkommen Clara und Clemens.«

Und in der Tat, ich fühlte mich willkommen. Frau T. öffnete uns die Tür. Sie war, wie sich später herausstellen sollte, selbst Mutter von zwei Kindern. Ihr Mann arbeitete in der Druckerei des Kinderdorfes und war bei unserer Ankunft nicht zugegen. Herr Weglar verabschiedete sich, und Frau T. führte uns durch das Haus. Ich staunte nicht schlecht. Im Erdgeschoss befanden sich zwei Flure, die durch eine Zwischentür miteinander verbunden waren, ein größerer und ein kleiner. Vom großen Flur aus, der im Eingangsbereich lag, gelangte man in das Wohnzimmer, das Elternschlafzimmer, die Küche und die Gästetoilette. Im Wohnzimmer befand sich ein offener Kamin. Ihm gegenüber lagen großflächige Fenster, durch die das Spätsommerlicht drang. Man hatte einen weiten Blick auf den Dorfteich und die angrenzenden Häuser, denn das Haus lag auf einer Anhöhe. Der Fenstersims war mit schönen Pflanzen und Mineralien dekoriert. Ein großer Holztisch stand neben der Durchreiche zur Küche.

Um ihn herum gab es zwölf Stühle. Dort wurden in familiärer Atmosphäre die Mahlzeiten eingenommen.

Dann führte uns Frau T. hinüber zum kleinen Flur. An diesen grenzten drei Zimmer, in denen je zwei Pflegekinder untergebracht waren. Sie klopfte behutsam an eine der Türen. Das war die erste Regel, die ich zu lernen hatte: Man dringt nicht einfach in das Zimmer eines anderen ein, so wie Schwester C. es immer tat, wenn sie den Schlafsaal betrat.

»Herein«, erwiderte eine junge Männerstimme.

Ich durfte die Tür öffnen. Ich sah Uwe, meinen künftigen Pflegebruder, auf dem Bett sitzen, das neben dem Fenster stand.

»Hallo, ich bin der Uwe«, begrüßte er mich freundlich.

»Ich heiße Clemens«, erwiderte ich.

Uwe war mir auf Anhieb sympathisch. Er war ein ruhiger Typ, so ganz anders als ich. Er hatte halblanges, dunkles Haar. Seine Augen lagen tief in den Höhlen. Sein Blick war freundlich und er war von kräftiger Statur.

Nachdem ich die Koffer in meinem Zimmer abgestellt hatte, führte uns Frau T. in Claras Zimmer, das neben meinem lag. Auch ihre Freude über unser neues Zuhause war nicht zu übersehen. Nun durften wir ankommen im Schoß einer Familie. Wenn es auch nicht die eigenen Eltern und Geschwister waren, so war es doch immerhin eine Familie, nach der ich mich all die Jahre in St. Niemandsland gesehnt hatte.

Im Untergeschoss befanden sich der gemeinsame Wasch- und Duschraum sowie der Fahrrad- und der Waschkeller. Sie grenzten an den Bastelraum. Als Frau T. das Wort Bastelraum in den Mund nahm, erschrak ich. Erinnerungen an St. Niemandsland tauchten auf. Aber dieser Bastelraum war so ganz anders als der im Kinderheim: In der Mitte des Raums stand ein großer Holztisch mit Mal- und Bastelsachen darauf. Und es roch auch nicht nach Terpentin oder Kernseife. Die Wände waren mit Nadelholzpaneelen bestückt, die einen angenehmen Duft verbreiteten. Vom Bastelraum aus kam man ins Freie, direkt zum Teich. In diesem Bastelraum gab es also keine Bambusstöcke, die auf Kinderhände einschlugen.

Auch im Dachgeschoss lebten Pflegekinder, die wir begrüßten. Ich fühlte mich in unserem neuen Zuhause sofort heimisch. Über dem ganzen Kinderdorf lag eine Aura von Geborgenheit und Sein-Dürfen. Diese Atmosphäre ermöglichte das Ankommen. All das stellte einen großen Kontrast zu meinen früheren Erfahrungen in Kinderheimen und Krippen dar.

Auszug aus den Jugendamtsakten vom 10.05.19..

An das
Stadtjugendamt Keppstadt

Betreff: Pflegkostenrechnung I / 7.. vom 10.01.19..
Clemens und Clara Heymkind, geboren 07.09.1965

Sehr geehrte Damen und Herren,
bei der Überprüfung Ihres Kontos stellten wir fest, dass der Rechnungsbetrag für die beiden o.g. Rechnungen bei uns noch nicht verbucht ist. Wir bitten Sie daher zu überprüfen, wann die Beträge an uns überwiesen wurden.
        Mit freundlichen Grüßen
        aus dem Pestalozzi-Kinderdorf

Die erste Schlägerei

Nachdem Clara und ich unsere Koffer ausgepackt und unsere Zimmer eingerichtet hatten, durften wir noch raus zum Spielen. Es war wunderbar, es gab keine Nonnen, die uns argwöhnisch beobachteten, keine Spielverbote wegen des Bettnässens. Auf der Spielwiese, die in unmittelbarer Nähe unseres Hauses lag, bolzten Kinder. Clara schien sich während der Sommerferien verändert zu haben. Ihr sonst stilles und verträumtes Wesen schien einem draufgängerischen Verhalten gewichen zu sein. Wie sich herausstellte, wollte Clara fortan sein wie wir Jungs, wild und ungezogen.

Als wir die Spielwiese erreichten, trat ein Junge auf mich zu. Markus war in derselben Pflegefamilie wie wir, was ich aber bei dieser Begegnung noch nicht wusste. Er war ein Jahr älter und etwa einen Kopf größer als ich. Er war kräftig, und seine schwarzen Haare und stechend braunen Augen flößten mir Respekt ein. Als ich vor ihm stand, fragte er uns, ob wir mitbolzen wollten.

Ich bemerkte allerdings, dass Markus mehr im Schilde führte. Aufgrund zahlreicher Prügeleien in St. Niemandsland war ich erfahren genug zu spüren, wenn sich eine Prügelei anbahnte. So auch bei Markus. Er wollte sich mit mir messen. Das lag auch daran, dass ich während des Bolzens den Coolen markierte, der sich vor nichts zu fürchten schien. Auf diese Provokation sprang er an. Obwohl ich wusste, dass Markus stärker als ich war, scheute ich vor einer Prügelei nicht zurück. Das konnte ich schon deswegen nicht, weil Clara mich anfeuerte, nicht den Schwanz einzuziehen. Clara glaubte tatsächlich, dass ich stärker sei als Markus.

Die Spannung stieg, und ich begann, nach einem nichtigen Anlass zu suchen, der die Bombe zum Platzen bringen würde. In St. Niemandsland hatte ich ein gewaltiges Aggressionspotenzial aufgebaut, das mir Kraft und Mut verlieh. Ich dachte in Momenten wie diesen mit Markus oft an Schwester C. und an die Kraft, die aus ihr herausbrach, bevor sie auf mich einschlug. Es war eigenartig: Obwohl ich Markus sympathisch fand und mich eigentlich nicht mit ihm prügeln wollte, trieb mich eine ungeheure Kraft dazu, es doch zu tun. Diese Kraft, diese Aggression, konnte ich nicht kontrollieren, ich wurde von ihr beherrscht. In diesen Momenten »fühlte« ich Schwester C. Dieses Spannungsgefühl war verbunden mit dem Bild ihrer Fratze, die dann vor meinem inneren Auge auftauchte.

Markus trat entschlossen auf mich zu, ohne jegliche Angst. Ich holte mit der Faust aus. Sie fand ihr Ziel nicht. Er lachte, während meine Schläge weiterhin nicht trafen. Inzwischen hatte sich eine Traube von Kindern um uns herum gebildet, die dem Spektakel zusahen. Ich versuchte es erneut, konzentrierte mich auf sein Gesicht. Wieder ein Faustschlag, der nicht traf. Markus reagierte schnell, wich aus – und was das Schlimmste für mich war: Er lachte dabei immer wieder. Clara feuerte mich an, die anderen Kinder stellten sich hinter Markus.

Angst stieg in mir auf. Meine Erinnerung gab Bildfetzen aus St. Niemandsland frei: Ich erblickte in Markus' Gesicht die hautlose Fratze, wie ich sie bei Schwester C. und anderen Menschen oft gesehen hatte. Dieses Bild verstärkte meine Angst und lähmte mich. Ehe ich reagieren konnte, hatte Markus mich mit seinen Händen zu Boden gedrückt und in den Schwitzkasten genommen. Ich schrie vor Angst, weil ich glaubte zu ersticken, wie damals in der Badewanne von St. Niemandsland, als Schwester C. mir den kalten Duschstrahl ins Gesicht gedrückt hatte.

Wenig später ließ Markus ab von mir. Er hatte mir nicht ins Gesicht geschlagen, hatte mich nicht getreten, nur in den Schwitzkasten genommen. Mit diesem Kampf waren die Fronten geklärt. Ich hatte erneut zu akzeptieren, dass es stärkere Buben gab als mich. Es fiel mir schwer, dieser Tatsache ins Auge zu sehen. Ich fühlte mich ohnmächtig, wie in der Badewanne oder wenn der Tatzenstock von Schwester C. auf mich einschlug. Auch hatte ich oft das Gefühl, in Claras Gegenwart stark und unverwundbar sein zu müssen. Sicherlich war diese Haltung auch meiner Erziehung in St. Niemandsland geschuldet, die ich im Laufe der Jahre verinnerlicht hatte: Dort durften wir Buben nicht weinen, keine Schwäche zeigen. Wir hatten die täglichen Gewaltausbrüche und Demütigungen von Schwester C., die wir wegen des Bettnässens einzustecken hatten, klaglos auszuhalten. Mit diesem Gefühl der inneren Isolation, das ich mit niemandem teilen konnte, steckte ich auch die Niederlage gegen Markus ein, hielt sie aus und schämte mich dafür. Markus war nicht nachtragend. Ich erinnere mich noch genau, wie überrascht ich war, als wir später gemeinsam am Abendbrottisch saßen, den Mutter T. liebevoll für uns gedeckt hatte.

Am nächsten Tag begleitete mich Markus in die nahegelegene Schule und zeigte mir unser Klassenzimmer. Er war zwar eine Klasse über mir, aber seine und meine Klasse teilten sich einen Raum, und wir hatten auch dieselben Lehrer. Markus war eine Frohnatur, und er fragte mich, wie es mir ginge, als ich auf meinem Stuhl Platz nahm. Ich spürte, dass Markus keine Feindschaft gegen mich hegte, obwohl ich die Prügelei angezettelt hatte. Das war ungewohnt. Schwester C. hatte oft tagelang nicht mit mir gesprochen, wenn ich ins Bett gemacht oder mich in der Schule danebenbenommen hatte. Sie behandelte mich wie Luft, entzog mir die ersehnte Liebe. Nicht so Markus.

Ich hatte das Bedürfnis, mich für mein Verhalten bei ihm zu entschuldigen, was ich auch tat. Er reichte mir seine Hand und so wurden wir Freunde. Das war ein gutes Gefühl.

<u>Auszug aus den Jugendamtsakten vom 23.07.19..</u>

An das
Pestalozzi-Kinderdorf

Betreff: Bekleidungsbeihilfe

Wir erklären uns in stets widerruflicher Weise damit einverstanden, dass für die ab dem 01.07.19.. bei Ihnen von Seiten des Stadtjugendamtes im Rahmen der öffentlichen Jugendhilfe untergebrachten Jugendlichen

       Heymkind Clara; geb. 07.09.1965
       Heymkind Clemens; geb.07.09.1965

die angefallenen Bekleidungskosten pauschal bis zu einem Betrag von je 750 DM jährlich von Ihnen, d.h. vom Heimträger mit dem Stadtjugendamt mit der jeweiligen Heimkostenrechnung abgerechnet werden.
... Des Weiteren gehen wir davon aus, dass die Heimleitung dafür Sorge trägt, dass die <u>notwendige</u> Bekleidung nach den Grundsätzen der Sparsamkeit und Wirtschaftlichkeit beschafft wird.
      Stadtjugendamt Keppstadt
      H. (Jugendamtsleiter)

Der Bauernhof und das Abendessen

Mittlerweile waren einige Monate vergangen. Wir hatten uns bei Familie T. gut eingelebt, Clara und ich genossen unsere Freiheit, und wir lernten rasch neue Freunde kennen, mit denen wir in der Waldorfschule eine Klasse besuchten und unsere Freizeit gestalteten. So bolzten wir an den Nachmittagen oft auf dem Platz, fuhren mit unseren Fahrrädern Rennen oder besuchten uns gegenseitig in den Familienhäusern. Diese Unbeschwertheit, die ich in St. Niemandsland manchmal während der Ausflüge zum Ferienhaus empfunden hatte, wurde hier im Kinderdorf innerhalb kurzer Zeit zum Grundgefühl. Das ermöglichte Verbindlichkeit, erzeugte Vertrauen und bot Geborgenheit. Die Umgebung tat das Ihrige: Ich liebte die Ausflüge mit dem Fahrrad in die Obstplantagen, in denen wir uns die Taschen mit Äpfeln vollstopften, liebte den Geruch, den die satten Wiesen und Felder verströmten, liebte die Frische der Luft und das gleißende Licht, das der Bodenseegegend so eigen ist. Clara und ich hatten in jeder Hinsicht Neuland betreten.

Und das war noch nicht alles. Eines Tages wurde ich auf den dorfeigenen Bauernhof aufmerksam. Clara, einige Mitschüler und ich kamen gerade von einer Fahrradtour zurück, als wir vor dem Bauernhof anhielten.

»Ich muss noch die Milchkanne abholen«, sagte David.

Im Kinderdorf war es eine Zeit lang üblich, die Milchkannen direkt am dorfeigenen Bauernhof befüllen zu lassen. Dazu benutzte jede Kinderdorffamilie eine eigene Kanne. Im Rahmen der Hausdienste übernahmen die Kinder abwechselnd den Milchdienst. Dazu brachte man die leere Milchkanne zum Bauernhof und ließ sie dort befüllen. Oder man brachte sie am Morgen hin und holte sie abends wieder ab. In St. Niemandsland hatte es nie frische Milch gegeben. Hier im Kinderdorf jedoch schien alles im Überfluss vorhanden zu sein: Frisches Gemüse, Gebäck, Obst, Milch, Käse … All diese Leckereien wurden selbst hergestellt. Ich fühlte mich wie im Schlaraffenland.

»Ihr beiden seid doch neu hier bei uns im Kinderdorf«, vernahm ich plötzlich eine tiefe Männerstimme hinter mir, während ich neugierig beobachtete, wie ein Lehrling frische Milch in die Kanne schüttete. Ich liebte den Duft warmer Kuhmilch. Das war schon bei den Hofbaurs so gewesen. Warme, frische Kuhmilch, direkt aus dem Melkbottich. Später, als ich selbst zum ersten Mal Milchdienst hatte, trank ich auf dem Nachhauseweg oft die halbe Kanne leer, weil ich von der Milch nicht genug bekommen konnte. Zu Hause angekommen, füllte ich den bescheidenen Rest dann wieder mit Wasser auf …

»Ja«, antwortete ich. »Meine Zwillingsschwester Clara und ich haben jetzt auch Eltern, sie heißen T., Haus 10«, antwortete ich stolz. Der Mann bemerkte meine Freude darüber, dass Clara und ich uns bei den Pflegeltern wohlfühlten.

»Ich bin Herr F.«, stellte sich der vor Kraft strotzende, große Mann vor. Auf meine Feststellung hin, er sei wohl der Landwirt, entgegnete er mit Nachdruck: »Nein, ich bin kein Landwirt, ich bin Bauer.«

»Ich habe auch schon auf einem Bauernhof mitgearbeitet«, fuhr ich fort. Stolz berichtete ich Herrn F. von der Schweine- und

Kuhzucht, die die Hofbaurs im Allgäu betrieben. Berichtete von den Unimogfahrten mit Erhart, mit dem ich das Heu wenden durfte. Allerdings verschwieg ich, dass ich drei Kätzchen zu Tode geworfen hatte.

»Das scheint dir ja gut gefallen zu haben, bei den Hofbaurs«, meinte Herr F.

»Schon, aber ich habe Clara so vermisst, weil sie damals bei Tante Gerda in der Schweiz die Sommerferien verbrachte«, antwortete ich.

Herr F. musterte mich für einen Augenblick mit seinen dunklen Augen, bevor er fortfuhr: »Wenn du möchtest, kannst du am Nachmittag bei uns aushelfen.«

Natürlich wollte ich! Herr F. bestand allerdings darauf, dass ich zuvor die Erlaubnis meiner Pflegeeltern einholte.

Ein paar Tage später war es so weit. In Gummistiefeln und Jeans betrat ich den Kuhstall. Es war eigenartig: In diesem Moment musste ich an die Hofbaurs denken, an die zu Tode geworfenen Kätzchen. Immer wieder tauchten diese Bilder auf, die mich nach wie vor traurig stimmten. Ich konnte auch im Kinderdorf mit niemandem über die Geschehnisse bei den Hofbaurs reden, nicht einmal mit Clara. Wie würde ich reagieren, wenn es auf diesem Bauernhof wieder kleine Kätzchen gäbe? Wohin dann mit meinen Aggressionen?

Bald darauf durfte ich im Silo die Silage mit einer Mistgabel zur Fütterung herunterwerfen. Die Arbeit auf dem Bauernhof tat mir gut, das Ausmisten des Kuhstalls, das Füttern des Pferdes und der Hühner. Ich hatte das Gefühl, gebraucht zu werden, und das stärkte mein Selbstwertgefühl. Auch fand ich Gefallen daran, bei der Arbeit schmutzig zu werden. Hier war es nicht so wie in

St. Niemandsland, wo man uns Kinder immer gestriegelt in die einheitliche Heimkleidung gezwängt hatte. Wenn ich auf dem Bauernhof arbeitete, wurde ich »Bauer«. Ich erfreute mich an den schmutzigen Händen nach getaner Arbeit, an der schmutzigen Kleidung und an den mit Dreck behangenen Gummistiefeln. Dadurch fühlte ich mich zugehörig. Dieses Zugehörigkeitsgefühl gab mir Halt und Sicherheit.

Eines Abends bemerkte ich auf dem Nachhauseweg, dass sich – wie so oft – ein ungeheures Spannungsgefühl in mir breitmachte. Ich sah wieder und wieder die hautlose Fratze von Schwester C. vor meinem inneren Auge. Später taufte ich das damit einhergehende Gefühl »den apokalyptischen Zustand«. Es war eine Mischung aus Angst, Wut und Ohnmacht. Diese Gefühle kamen überfallartig. Sie klopften nicht an, sondern verhielten sich wie ein Einbrecher. In diesen Momenten stieg mein Bewegungsdrang enorm an, als wäre ich vor irgendetwas auf der Flucht. Waren es die schrecklichen Erinnerungen an St. Niemandsland, die aus der Tiefe meiner Seele emporstiegen? Hinzu kam das Bedürfnis, jemanden schlagen zu wollen. Verzweifelt suchte ich nach einem Ventil, um des unerträglichen Spannungsgefühls Herr zu werden.

Ich trat mit aller Kraft in die Fahrradpedale. Völlig außer Atem und verschwitzt erreichte ich unser Zuhause, wo die Familienmitglieder bereits ihr Abendessen einnahmen. Da ich zu spät gekommen war, sollte dieses für mich ausfallen. Für mich war dieses Nein nicht auszuhalten. Es fühlte sich wie damals an, als ich in St. Niemandsland hinter dem Fernseher am »Bettnässertisch« saß, ausgeschlossen von der Gemeinschaft. Diese Ausgrenzung war der Tropfen, der das Fass zum Überlaufen brachte. Ich schäumte vor Wut. An den Gummistiefeln hing noch der Mist vom Kuhstall. Herr T., der ein ruhiger und friedfertiger Mensch war, forderte mich mehrmals auf, mich zu duschen, die Kleidung zu wechseln und dann auf mein Zimmer zu gehen.

»Ich habe aber Hunger!«, brüllte ich ihn an.

Letztlich hatte er nicht die Durchsetzungskraft, um mir die Grenzen zu setzen, nach denen ich unbewusst suchte. Er hielt mich am Arm fest, um mich am Betreten des Wohnzimmers zu hindern. Ich riss mich mit aller Kraft von ihm los, sprang mit einem Satz auf den gedeckten Abendbrottisch und trat so lange mit den verschmutzten Gummistiefeln gegen Brotkörbe, Teekannen, Teller und Tassen, bis alles völlig zerstört war. Ich nahm gar nicht wahr, dass ich die Pflegeeltern und -geschwister mit meinem Verhalten schockierte.

Augenblicke später waren meine Gefühle von Angst, Wut und Ohnmacht verschwunden. Ich kann mich nicht mehr daran erinnern, wie der Abend für mich nach dieser Entgleisung endete. Im Grunde war es zu diesem Zeitpunkt noch derselbe Mechanismus wie in St. Niemandsland: Im Zustand der Wut und Verzweiflung war ich ein völlig anderer Mensch: unberechenbar, rücksichtslos und ohne jegliches Mitgefühl für meine Umwelt, wie damals Schwester C., wenn sie zuschlug, wenn sie zerstörte. Gleichgültig aber, in welchen Extremen ich mich bewegte, der Wut und Verzweiflung folgten quälende Schuldgefühle. Das Spannungsgefühl, das sich daraus ergab, war der Nährboden von diffusen Ängsten. Fast war es so, als wollte ich mit meinen Gewaltausbrüchen die Verbindung zu Schwester C. wiederherstellen, die ich doch so sehr hasste.

Herr T. sprach später mit mir über diesen Vorfall. Geduldig und einfühlsam zeigte er mir auf, was mein Verhalten bei den Familienmitgliedern ausgelöst hatte: Entsetzen, blankes Entsetzen. Ich war beschämt. Dann regte er an, ich solle mir eine Wiedergutmachung überlegen. Eine Wiedergutmachung? Nachdem er mir erklärt hatte, was eine Wiedergutmachung ist, schlug ich ihm Folgendes vor:

»Ich werde hundert Mal schreiben: Ich darf nicht mit den Gummistiefeln über den Abendbrottisch laufen.«

Das lehnte Herr T. ab.

»Es sollte eine Wiedergutmachung sein, die der Familiengemeinschaft zugute kommt«, wandte er ein.

Zunächst fiel mir nichts ein. Die Strafen, die ich von St. Niemandsland kannte, wie etwa Tatzen, Streifen mit Terpentin vom Boden schrubben, Spielverbot, Eckenstehen, bis die Beine schmerzten, oder, oder, oder, schienen für die Familiengemeinschaft nicht tauglich.

»Was hältst du davon, dass du eine Woche lang eine Stunde früher vom Stalldienst kommst und den Abendbrottisch vorbereitest?«, schlug er vor. Hannelore, seine Frau, könne mir dabei helfen.

Meine Augen begannen zu leuchten. Das sollte eine Bestrafung sein?, dachte ich ungläubig. Keine Tatzen, keine Ohrfeigen, keine Tritte wegen meines Fehlverhaltens? Diese Milde stimmte mich nachdenklich.

»Ja, ich bin einverstanden«, antwortete ich.

Tatsächlich trugen mir auch die anderen Familienmitglieder mein Fehlverhalten nicht nach, so wie es Schwester C. immer getan hatte, wenn ich ins Bett gemacht oder ich mich sonst »falsch« verhalten hatte. Das war neu. Herr T. führte mich quasi auf den Weg der Einsicht. Dadurch lernte ich. Mein schlechtes Gewissen war nun vollends verschwunden.

Familienwechsel

Clara und ich wohnten schon einige Monate bei Familie T. Wie sich aber bald zeigte, war Hannelore von »labilem« Charakter. Ich sah sie oft weinen, ohne zu verstehen warum. Zunächst bezog ich ihr Weinen auf mich und mein Verhalten. Ich glaube, Clara ging es genauso. Unser Temperament bahnte sich seine Wege, und damit waren die Konflikte, sei es in der Schule oder in der Familie, vorprogrammiert. Wir waren beide Raufbolde, hielten immer zusammen.

Dieser Zusammenhalt gab uns ein Gefühl von Stärke und Verbundenheit. Dann aber stellte sich heraus, dass Hannelore und ihr Mann ernstliche Eheprobleme hatten. Diese führten dazu, dass sie das Kinderdorf etwa drei Monate später verließen – und Clara und ich wieder an demselben Punkt standen wie bei unserer Ankunft.

Herr Weglar rief uns in sein Büro, das im Dorfzentrum gelegen war, und teilte uns mit, dass wir in den kommenden Tagen zu Familie G. ins Haus 11 ziehen würden. Ich hatte bereits den dunkelblauen Opel Diplomat mit Berliner Kennzeichen wahrgenommen, als die Familie G. ins Nachbarhaus eingezogen war. Vom flüchtigen Sehen kannte ich sie also. Neu war, dass sie einen Hund hatten. Clara und ich mochten Hunde. Familie G. kam aus Berlin-Schöneberg. Die Pflegegeschwister würden auf andere Familien verteilt werden und Uwe, mein Zimmergenosse, würde ins Jugendhaus ziehen.

Damit waren die Würfel gefallen. Clara und ich hatten uns an eine neue Familie zu gewöhnen. Ein wenig fühlte ich mich an die Wechsel unserer frühen Kindheitstage erinnert. Raus aus der vertrauten Umgebung, hinein in eine neue Welt. Allerdings wurde der Wechsel in die neue Familie dadurch abgemildert, dass er innerhalb des Kinderdorfes stattfand. Außerdem blieben Clara und ich auch in der neuen Familie zusammen. Wir wurden nicht getrennt! Davor hatten wir die größte Angst gehabt. Von Clara getrennt zu werden, hätte alte Wunden aufgerissen. Das spürte Herr Weglar, und er nahm Rücksicht darauf.

Schon vom ersten Besuch an spürte ich, dass ich mich in der neuen Pflegefamilie nicht so wohl fühlen würde wie in der alten. Frau G. war eine große, hagere Frau mit einer eher kühlen Ausstrahlung. Sie hatte ihren Mann »unter der Fuchtel« und kommandierte ihn nach Belieben. So ging sie auch mit uns Kindern um. Nur mit ihrem etwa fünf Jahre alten Sohn Chris nicht. Dennoch hatte sie auch warmherzige Seiten. Herr G. war ein eher ruhiger Typ. Zugleich aber liebte er Waffen. Er hatte in Berlin als Sicherheitsbeamter gearbeitet. Hier war er jetzt der Dorfmeister.

Clara und ich hatten bereits die Kartons für den Umzug gepackt. Als sehr schmerzhaft empfand ich, dass alle Pflegekinder der Familie T. in verschiedene Familien verteilt wurden. Auch der Abschied von Frau T. kostete mich Tränen. Ich hasste Abschiede! Leider habe ich nie wieder etwas von ihnen gehört. Das ist einer der Nachteile, wenn man nicht von den leiblichen Eltern erzogen wird.

Wie sich bald zeigen sollte, gerieten Clara und ich vor allem mit Mutter G., die wir wie die Nonnen zu siezen hatten, aneinander. Wir litten unter ihrer Strenge und Willkür. Auch das Schreiben von Strafarbeiten – häufig für Banalitäten verhängt, etwa weil wir uns bei einem Waldspaziergang unerlaubt zu weit entfernt hatten – erinnerte mich an Schwester C. Die Pflegeeltern G. schienen keine Vorstellung davon zu haben, in welcher Wunde sie da bohrten. Unsere Reaktionen waren Auflehnung und Widerstand.

Auszug aus den Kinderdorfakten (ohne Datum)

Brief an meinen Vater

Hallo Papa!
Wir bedanken uns recht herzlich für die Geschenke. Seitdem Du uns besucht hast, haben wir mit Familie G. Krach. Sie lassen uns Strafarbeiten schreiben, bis uns die Finger wehtun. Das Beweisstück hast Du ja (Ich hatte meinem Vater zwei Seiten meiner Strafarbeit zugeschickt, auf denen sich wiederholende Sätze wie „Ich darf nicht ‚auser' Sichtweite gehen" niedergeschrieben waren; *Anmerkung des Verf.*).
... Wir waren im Wald. Wir hatten uns so weit entfernt, deshalb mussten wir schreiben. Wir freuen uns, wenn Du uns holst. Hoffentlich kommen wir nicht wieder in ein blödes Heim. Familie G. spottet über Dich, dass Du ein reicher Klos wärest und Du uns so viel geschenkt hast ...
... Ich habe eines Tages von Herrn G. eine gefotzt (bayerischer Ausdruck für „eine runtergehauen") bekommen, bloß weil ich keine Antwort gab ...
      Für heute liebe Grüße
      Dein Clemens

Etwa sechs Monate später sagte uns Herr Weglar, dass den Pflegeeltern G. gekündigt worden sei und somit wieder ein Familienwechsel anstünde. Zunächst fühlte ich mich verunsichert, denn ein weiterer Wechsel bedeutete für uns auch die Trennung von liebgewonnenen Menschen wie den Pflegegeschwistern. Deshalb kam mir auch dieser Wechsel vor wie ein schwerer Bruch, der nur langsam heilte. Wie ich im Nachhinein erfuhr, zweifelte die Kinderdorfleitung an der pädagogischen Kompetenz der Eheleute G. Es hatten sich auch andere Pflegegeschwister über sie beschwert.

Dieser Familienwechsel bedeutete für Clara und mich allerdings die endgültige räumliche Trennung. Unser gemeinsames Familienleben bei Familie T. und Familie G. hatte gerade mal sieben Monate gewährt. Mit unserer Vorgeschichte waren das zwei Brüche zu viel. Ich kam in das Haus von Herrn und Frau Weglar, Clara zu Familie S.

Auszug aus den Jugendamtsakten vom 29.06.19..

Entwicklungsbericht
Betrifft: Clemens Maria Heymkind, geb. 07.09.1965

... Nach einem Wechsel (es waren zwei; Anmerkung des Verf.) innerhalb unserer Pflegefamilien mussten wir die Zwillinge trennen. Die Probleme der beiden Kinder waren so massiv, dass sie gemeinsam in einer Kinderdorffamilie nicht zu tragen waren.

Mutter Weglar oder der Engel

Bis heute verspüre ich stets Freude, wenn ich an Mutter Weglar denke. Sie war die erste Frau in meinem Leben, die selbstlos war und mit reinem Herzen zu geben verstand. Sie sorgte mit mütterlicher Hingabe für die Belange der ihr anvertrauten Pflegekinder. Sie hatte Mitgefühl und Verständnis und immer ein offenes Ohr, wenn ich in Not war. In ihrer Nähe fühlte ich mich geborgen und geliebt. Da durfte ich so sein, wie ich war. In ihrer Seele schien ein helles Licht. Sie war die Liebe selbst.

Mutter Weglar war eine groß gewachsene Frau, der Erscheinung nach »typisch« norddeutsch. Ihr blondes Haar reichte über ihre Schultern. Ich habe oft beobachtet, wie sie ihre Haare sanft über die Schultern strich, wenn sie ihr ins Gesicht gefallen waren. Ihre großen blauen Augen verrieten Tiefe. Ihr Blick war voller Anteilnahme und Klarheit. Ihre fülligen Lippen und die feine Nase, die ebenmäßige Stirn gaben ihrem Gesicht etwas Engelhaftes. Ich mochte sie von Anfang an.

In einer der ersten Nächte in der Pflegefamilie Weglar wurde ich durch einen bösen Albtraum aus dem Schlaf gerissen. Zu dieser Zeit konnte ich oft nicht einordnen, wo ich aufwachte. Oft meinte ich, in meinem Stockbett in St. Niemandsland zu sein. In diesen Momenten schossen mir Gedanken durch den Kopf, wie: Du musst dich rüber zur Bubentoilette schleichen und das eingenässte Bettzeug trockenreiben. Auch verspürte ich eine tief sitzende Angst, dass Schwester C. in Kürze das Licht anknipsen würde, um mich vor den anderen Buben zu demütigen und mich in die kalte Badewanne zu zwingen.

Diese »Aufwachphasen« konnten bis zu einer Stunde lang dauern. Erst nach und nach realisierte ich, dass der Albtraum nichts mit der Wirklichkeit zu tun hatte. Im fahlen Laternenlicht, das von draußen in mein Zimmer fiel, erkannte ich schließlich, dass ich mich nicht im Schlafsaal der Bubengruppe befand, sondern in meinem eigenen Zimmer bei der Pflegefamilie. Keine Schwester C., keine Demütigungen vor den Buben, keine bedrohliche Badewanne. Erst mit dieser vollständigen Erkenntnis verspürte ich Erleichterung. Ich war in Sicherheit.

Mit zwölf Jahren nässte ich noch regelmäßig ein, meine Seele »weinte« im Stillen. So saß ich Augenblicke später am Rand meines Bettes und strich mit der Hand über das nasse Leintuch. Da ich erst kürzlich bei Weglars eingezogen war, konnte ich noch nicht einschätzen, welche Konsequenzen dies haben würde. Obwohl Mutter und Vater Weglar mir vertrauenswürdig erschienen, überwog in diesen Momenten das Misstrauen, die Angst vor einer Wiederholung der zurückliegenden Ereignisse. Würden mich die Weglars auch kalt in der Badewanne abduschen, bis ich zu ersticken drohte? Würden sie die Pflegebrüder auf mich hetzen, die dann mit den Pantoffeln auf mich einschlugen? Musste ich auch hier hundert Mal schreiben: »Ich darf nicht ins Bett machen«? Fragen über Fragen, auf die ich keine Antwort hatte und die sich in eigentümlicher Schwere in meinen Gedanken eingenistet hatten. Nachdem ich mich zurück in mein eingenässtes Bett gelegt hatte, warf ich den Kopf von einer Seite auf die andere. So wurde ich müder und müder, bis ich wieder einschlief.

Dann wurde ich – der Tag war bereits angebrochen – durch Stimmen aus dem Schlaf gerissen. Da die Zimmer der Pflegegeschwister nebeneinander lagen, wurde es morgens schlagartig laut. So schnell ich konnte, riss ich meine Bettdecke zur Seite. So, wie es Schwester C. immer getan hatte. Dann machte ich einen Satz hinter den Kleiderschrank, der als Raumteiler diente, und wartete ab. Jemand öffnete die Zimmertür. Ich hielt vor Angst den Atem an. Da hörte ich Mutter Weglars Stimme.

»Guten Morgen, Clemens.«

Ich antwortete nicht. Wegen des eingenässten Bettes wäre ich am liebsten im Boden versunken.

»Clemens, wo bist du denn?«, fragte sie sanft.

Bevor ich mich hervorwagen konnte, stand sie plötzlich vor mir.

»Guten Morgen, Clemens, was machst du denn hinter dem Kleiderschrank?«

Was hätte ich antworten sollen? Ich sah Mutter Weglar ratlos an. Ich glaube, sie spürte meine Angst, nahm meine Beschämung wahr. Liebevoll und ohne weitere Worte, beugte sie sich zu mir hinab, ergriff meine Hände und zog mich an sich, sodass mich ihre Arme sanft umfingen. Ich fühlte mich in diesem Moment wie ein Aussätziger, wie ein Bettnässer. Und so jemanden nahm sie in ihre Arme? Diese Art von Zuwendung kannte ich nicht. Weder Schwester C. noch Mutter T. oder Mutter G. hatten mich je in den Arm genommen. Ich fühlte mich von Mutter Weglar zutiefst angenommen, als Clemens der Bettnässer, als schwer erziehbares Kind. Plötzlich brachen die Tränen aus mir hervor. Diese Art von Zuwendung, so dachte ich, habe ich nicht verdient. Sie war mir fremd. Ich fühlte mich wegen des Bettnässens auch bei den Weglars oft schuldig, hatte das Gefühl, etwas falsch gemacht zu haben. Mutter Weglar aber schwieg und streichelte behutsam mein Haar, während sie mich in den Armen hielt. Oft fühlte ich in diesen Momenten ihre bedingungslose, mütterliche Liebe, die meine Seele zutiefst berührte und Heilung ermöglichte. Dann fragte sie erneut, während sie mir in die Augen sah: »Warum versteckst du dich hinter dem Kleiderschrank?«

Ich sah in die Augen eines Engels, konnte ihr aber nicht antworten. Ich fühlte mich wie ein mutiertes Wesen, das dem Schweigen seiner Seele verhaftet war. Hätte ich Mutter Weglar von den menschenverachtenden Gewaltexzessen von St. Niemandsland erzählen sollen? Ich konnte es nicht, selbst wenn ich gewollt hätte.

»Clemens, ich habe eine Überraschung für dich«, fuhr sie nun fort.

Langsam führte sie mich zu meinem Bett und zog schweigend das eingenässte Bettzeug ab. Dann bat sie mich, den nassen Schlafanzug auszuziehen und ihr zu reichen. Ich wollte nicht so recht, weil ich mich schämte, nackt vor ihr zu stehen. Damals in St. Niemandsland war es bei Strafe verboten, sich nackt zu zeigen. Nacktheit galt als etwas »Schmutziges«, als etwas »Teuflisches«. Deshalb wurden wir Bettnässer auch immer in Unterhosen kalt abgeduscht. Nachdem Mutter Weglar mir einen Bademantel gegeben hatte, drehte sie sich um. Erst dann konnte ich die eingenässten Sachen ausziehen. Sie nahm die Wäsche unter den Arm und ergriff meine Hand. Dann führte sie mich in den Wäscheraum im Keller.

Ich durfte, nachdem Mutter Weglar die Wäsche in die Waschmaschine gelegt hatte, das Waschpulver einfüllen und den Startknopf drücken. Ich sah, wie das Wasser in die Wäschetrommel lief und sich mit dem Waschpulver vermengte. In St. Niemandsland gab es diesen Luxus für uns Bettnässer nicht. Da hieß es täglich, die »Seicherwäsche« von Hand auszuwaschen, bis keine gelben Ringe mehr zu sehen waren. Das war eine Sklavenarbeit. Mit einem Lächeln auf den Lippen sah ich Mutter Weglar an. Meine Befürchtungen, für mein Bettnässen bestraft zu werden, lösten sich in Luft auf. Die Erleichterung erfüllte mich mit Freude.

An diesem Morgen begann ich auch zu verstehen, dass Schwester C. all die Jahre sinnloses Leid über uns Bettnässer gebracht hatte. Es waren ihre tiefe Lieblosigkeit und Gewaltbereitschaft, es war ihre trostlose Existenz als Nonne, die eine blinde Wut in ihr erzeugt hatte, welche sie dann hemmungslos an uns abreagierte. Sie selbst war eine Getriebene, die beharrlich verdrängte. Sie war die Braut des Teufels im Nonnengewand.

Und nun stand ein Engel vor mir, der liebevoll auf mich einging. Obwohl ich Vater und Mutter Weglar zu dieser Zeit noch siezte, kamen sie mir an diesem Morgen als Pflegeeltern ein ganzes Stück näher.

Im Laufe der Zeit stellte sich heraus, dass Mutter Weglar eine tief spirituelle Frau war, die das anthroposophische Menschenbild tief in ihrem Herzen trug. Als junger Mann habe ich mich oft mit ihr über Sinnfragen des Lebens wie etwa die Existenz Gottes unterhalten. In diesen Gesprächen, die ein Stück weit meine Geisteshaltung geprägt haben, ließ sie mich an der Tiefe ihrer Gedanken teilhaben.

So lehrte sie mich – um nur ein Beispiel zu nennen –, dass außerhalb des »gewöhnlichen Denkraums« des Menschen noch eine geistige, unsichtbare Welt existiere, die nur in der Stille des Herzens – also in der Innenschau – erfahren werden könne. Und nur im sich dann auftuenden »universellen Raum« entfalten sich wahrhaftige Liebe und Freiheit. In diesem Sinne war Mutter Weglar ein Kind der Liebe und der Freiheit.

Bereits im fortgeschrittenen Alter hatte sie eine Ausbildung zur Heilpraktikerin gemacht, lernte Querflöte zu spielen und malte wunderschöne Aquarellbilder. Die musischen Anlagen, die jeder Mensch in sich trägt, wurden durch unsere Pflegeeltern gefördert. Das dürfte erheblich zur Heilung von Claras und meinen seelischen Wunden beigetragen haben.

Von Zeit zu Zeit sah ich Mutter Weglar weinen, etwa wenn sie sich von ihren Eltern, nahen Verwandten oder Freunden, die uns in regelmäßigen Abständen besuchten, verabschiedete. Dieser Abschieds- oder besser gesagt Trennungsschmerz verband mich mit ihr. Zeigte er doch, dass sie empfindsam auf zwischenmenschliche Begegnungen reagierte. Sie war eine sensible Seele. Sie hatte ihren Vater als junges Mädchen in den Kriegswirren zu früh entbehren müssen. Wenn ich mich recht erinnere, hatte er in Russland gekämpft und die Qualen der Gefangenschaft überlebt. Auch das verband mich mit ihr, denn immer, wenn es um das Thema »Überleben« ging, fühlte ich mich angesprochen. Das war mir vertraut wie mein Atem. Dieser Schmerz der frühen Vaterentbehrung, die Mutter Weglar als junges Mädchen erlebt hatte, trat vor allem in den Momenten des Abschieds zutage. Ihre Tränen berührten mich.

Auch an ihre Auftritte als Erzengel Gabriel bei den Oberuferer Weihnachtsspielen erinnere ich mich gern. Herr Weglar mimte den Teufel oder König Herodes. Die Weihnachtsspiele fanden in drei Akten statt: das Paradeisspiel, das Christgeburtsspiel und das Dreikönigsspiel. Auf die Weihnachtsspiele, die eine tiefe Wirkung in meiner Seele hinterließen, freute ich mich lange im Voraus.

Ich hatte zuvor noch nie Menschen auf einer Bühne spielen sehen. Es gab Könige, Hirten und das Jesuskind. Die Bühne befand sich im Speisesaal. Im farbenprächtigen Bühnenlicht und mit den echt wirkenden Requisiten tauchte ich bei der Betrachtung des Schauspiels in eine Welt erfüllender Bilder, Worte und Gesänge ein, die mich beseelten. All das unterschied sich so sehr von den morgendlichen öden und leblosen Andachten, vom Rosenkranzbeten und von den Sonntagsmessen, die ich von St. Niemandsland her kannte. Hier im Kinderdorf wurde uns die Kunst in ihren vielfältigen Formen nahegebracht. Auch lehrte man uns, der Natur, den Tieren und den Menschen mit Achtsamkeit und Respekt zu begegnen.

Diese Achtsamkeit und das Wohlwollen der Weglars uns Pflegekindern gegenüber zeigte sich auch in einem sich wöchentlich wiederholenden Ritual: Jeden Sonntagmorgen stand wie von Engelshand hingestellt für jedes Pflegekind ein Überraschungsteller vor der Zimmertür. Dieser war mit allerlei Leckereien bestückt, wie etwa Schokolade, Bonbons, Keksen und Obst. Ich erinnere mich noch gut daran, dass ich oft am Samstagabend in Vorfreude auf den Überraschungsteller so aufgeregt war, dass ich nicht einschlafen konnte. Diese liebevolle Zuwendung tat uns Kindern unendlich gut!

Jener Morgen, an dem wir also vor der Waschmaschine standen und an dem Mutter Weglar mich liebevoll in die Arme schloss, wird mir mein Leben lang in Erinnerung bleiben. Hierfür danke ich dir aus der Tiefe meines Herzens, Mutter Weglar.

Vater Weglar

Vater Weglar erinnerte mich an einen Ritter aus dem Mittelalter. Er war belesen und kannte sich in der Geschichte vorzüglich aus. Ich erinnere mich noch gut an seine lebhaften Erzählungen von König Artus und den Rittern der Tafelrunde. Sein Erzählstil nährte meine Phantasie, ließ Bilder in mir aufsteigen, etwa wenn er von Ritterkämpfen, Königen und den Minnegesängen berichtete. Wenn wir Kinder Vater Weglars Geschichten aus dem Mittelalter lauschten, herrschte gespannte Ruhe unter den Pflegegeschwistern. Er erzählte stets mit großer Leidenschaft. Auf jede Frage von uns Kindern wusste er eine Antwort.

Diese familiäre Runde ließ mein Vertrauen wachsen wie eine Blume, wenn sie sich der Sonne zuneigt. Ich öffnete mich Stück für Stück für das Familienleben, nahm die führende Hand meines Pflegevaters dankend an. Und er sorgte gut für uns. Er war ganz Vater mit allen Facetten des Vaterseins – ein Familienmensch, der seine Berufung ernst nahm. Er stellte sich schützend vor uns, wenn es Beschwerden aus der Schule gab. Er war nicht nachtragend und hatte stets ein offenes Ohr, wenn wir seinen Rat brauchten. Gewiss konnte er bisweilen auch aufgebracht werden, wenn wir Kinder über die Stränge schlugen. Er konnte uns Grenzen setzen, wie sie ein Vater setzt, wenn sie notwendig werden. Diese Grenzsetzungen erfolgten aber in angemessenem Maße.

So erinnere ich mich daran, dass ich wegen meines Verhaltens öfter eine Ohrfeige verdient gehabt hätte. Vater Weglar jedoch schien zu spüren, dass ich in St. Niemandsland in einem System der Gewalt und Angst aufgewachsen war, das mit seinen Vorstellungen von Kindeserziehung nichts, aber rein gar nichts, gemein hatte. Zwar musste ich wegen meiner teilweise schweren Entgleisungen Strafarbeiten verrichten, wie etwa Aufsätze schreiben oder Gedichte auswendig lernen. Diese Bestrafungen waren jedoch nicht demütigend, denn sie schulten meinen Geist und bargen keine Gewalt in sich. Deshalb fühlte ich mich von ihm respektiert und geliebt.

All das waren neue Erfahrungen in meinem Leben. Sie zeigten, dass man auch mit vielen Kindern nicht zwangsläufig in den Zustand der Überforderung und der damit einhergehenden Lieblosigkeit abgleiten musste, die letztlich in menschenverachtenden Gewaltexzessen mündeten. Und mit all diesen Erfahrungen nahm mein Vertrauen in die Menschen mehr und mehr zu.

Die Seelentrümmer, die Schwester C. aufgrund ihres Erziehungsstils bei mir hinterlassen hatte, die tief sitzenden Wunden, die sie geschlagen hatte, bluteten zwar noch. Mit der Zeit jedoch heilten sie. Aus den Wunden wurden Wunder. Ich lernte, mich selbst mehr und mehr anzunehmen – und damit auch meine Mitmenschen. Schon die ersten Schritte der Selbstannahme bescherten mir wachsenden Seelenfrieden. Ich wurde ruhiger und gewann an Klarheit, was sich wiederum positiv auf mein Verhalten auswirkte.

Was Vater Weglar außerdem auszeichnete, waren seine Weltoffenheit, sein freier Geist und sein Durchsetzungsvermögen. Er war Mitglied der Führungsriege des Kinderdorfes. Im beratenden Kreis, der sich regelmäßig zur Besprechung einfand, trafen sich alle Mitarbeiter des Kinderdorfes, um über dringende Fragen der Erziehung und der Organisation zu sprechen.

Aus Erzählungen von Claras Pflegevater erfuhr ich im Erwachsenenalter von folgendem Ereignis: Da Clara und ich als »schwer erziehbar« galten, beabsichtigte die Mehrheit der Mitglieder des beratenden Kreises, dass Clara und ich in ein »Geschlossenes Heim für Schwererziehbare« abgeschoben werden sollten. Auffällig bei dieser Bezeichnung war, dass das Wort »Kinder« fehlte. Das Wort zu erwähnen, hielt die deutsche Amtssprache offenbar nicht für nötig. Ich empfinde dies als eine fortgesetzte Stigmatisierung der betroffenen Kinderseelen. So, als wolle man sie aufs Abstellgleis schieben. Bei genauerer Betrachtung hätten jedoch die Nonnen dorthin gehört, einschließlich der geistlichen Würdenträger, die sich der Gewaltausübung oder der Pädophilie schuldig gemacht hatten. Doch sie genossen den Schutz der katholischen Kirche, die wohl nach wie vor glaubt, ihr Rechtssystem stehe eigenständig über dem des Staates. Daran hat sich auch nach knapp zweitausend Jahren Kirchengeschichte wenig geändert.

Unsere beiden Pflegeväter aber verhinderten die Abschiebung. Aus den Erzählungen von Vater Weglar weiß ich, dass er die Familienmitglieder über meine Aufnahme in seine Familie abstimmen ließ. Mit einer Gegenstimme wurde ich schließlich dort aufgenommen. Das war meine Rettung vor dem sicheren Seelentod. Ein »Heim für Schwererziehbare« wäre wahrscheinlich die Fortsetzung von St. Niemandsland gewesen: seelische und körperliche Gewalt, sexueller Missbrauch, Willkür, Demütigungen und vieles mehr. In vielen solchen Heimen, das weiß ich aus Erzählungen Betroffener, ist der Erziehungsstil darauf angelegt,

Kinderseelen gefügig zu machen, wie es bei der Verwahrung von Strafgefangenen üblich ist. Vor einem »Geschlossenen Heim für Schwererziehbare« hatten Clara und ich Angst – Todesangst. Vater Weglar und Vater S. bewahrten uns jedoch vor einer solchen Erfahrung. Gott sei Dank!

Ich denke auch gerne an die Auftritte von Vater Weglar, etwa wenn er im Speisesaal Musik oder Schauspielensembles ankündigte. Oder wenn er Besuchergruppen durch das Kinderdorf führte, den Teufel im Paradeisspiel oder den König Herodes im Christgeburtsspiel darstellte. Dies tat er, wie so vieles, mit Leidenschaft. Ein Ausdruck von Stärke ging stets von ihm aus. An dieser väterlichen Kraft ließ er uns Kinder teilhaben. Auch sie war es, die Heilung in der Tiefe ermöglichte.

Das Familienleben war ihm wichtig: So ließ er uns immer zusammenkommen, auch wenn es nur scheinbare Kleinigkeiten zu besprechen gab. Bei diesen Besprechungen war er immer darauf bedacht, dass keines der Pflegekinder ungerecht behandelt wurde. Sein Interesse am gemeinsamen Leben zeigte sich auch daran, dass er oft mit uns spielte. Das tat er mit ganzem Herzen. Das Schönste für mich aber war das gemeinsame Trompetenspiel. So spielten Vater Weglar und ich zusammen in einem Quartett, mit dem wir zuweilen sogar öffentlich auftraten. Es war ein Lebensgeschenk für mich, mit so einem »Vater« zusammenleben zu dürfen. Danke, Vater Weglar.

Auszug aus den Jugendamtsakten vom 17.02.19..

An das Stadtjugendamt Keppstadt
Betreff:
Musikunterricht für Clemens Maria Heymkind

Sehr geehrte Damen und Herren,
wie Sie wissen, ist das Erlernen eines Musikinstruments eine wesentliche therapeutische Hilfe in der Erziehung von Kindern.
In diesem Zusammenhang möchten wir Sie heute um Ihre Hilfe bei der Finanzierung des Trompetenunterrichtes für Clemens bitten. Der monatliche Betrag würde sich auf 80 DM belaufen, wobei wir bereit sind, 20 DM pro Monat selbst zu übernehmen.
Es erscheint uns außerordentlich wichtig, Clemens in seinem Wunsche nach Erlernung des Trompetenspiels zu unterstützen und ihn damit im kreativen Bereich zu fördern.
Gerne erwarten wir Ihren positiven Bescheid und verbleiben.
        Mit freundlichen Grüßen
        aus dem Pestalozzi-Kinderdorf

Auszug aus den Jugendamtsakten vom 06.03.19..

An das Pestalozzi-Kinderdorf
Betreff:
Musikunterricht für Clemens Maria Heymkind

Sehr geehrte Damen und Herren,
für den Obeng. übernehmen wir die Kosten des Musikunterrichts für Trompete in Höhe von mtl. 60 DM und bitten Sie, die verauslagten Kosten in die nächsten Pflegekostenrechnungen einzusetzen.
    Krause
    Stadtjugendamt Keppstadt

Die Geburt der Freiheit

In Wahlwies lebte Dorfpfarrer M. Seine Erscheinung flößte mir von Anfang an Respekt ein. Er gab sich stets Mühe, freundlich und verständnisvoll zu wirken, aber es haftete ihm auch etwas Strenges, etwas Geheimnisvolles an. Heute glaube ich, dass er ein Machtmensch war. Er trug eine rahmenlose Brille, und sein graumeliertes Haar war stets ordentlich nach hinten gekämmt. Sein Gesicht hatte auffällig kantige Züge. Er hatte schmale Lippen, war klein gewachsen und trug die typischen schwarzen Pfarrersanzüge mit weißem aufgestecktem Kragen. Dazu stets polierte schwarze Schuhe. All das ließ ihn seriös erscheinen. Er trat auf, als wäre er das Gewissen des Dorfes. Von seiner äußeren Erscheinung her ähnelte er jenen Pfarrern, die ich aus St. Niemandsland kannte. Das wirkte nicht gerade vertrauenserweckend, in Anbetracht der Erfahrungen, die einige meiner Heimgenossen in St. Niemandsland mit dieser Spezies Mensch gemacht hatten. Oft sah ich ihn Zigarre rauchend durchs Dorf schlendern. Immer wenn er mir begegnete, nickte er mir freundlich zu, ohne weitere Worte zu verlieren. Sein Blick drang in mich ein – und damit auch seine Strenge. Aber da war noch etwas, das ich nicht zu fassen bekam. Nicht sichtbar, aber für mich deutlich wahrnehmbar, schwang etwas in seiner Persönlichkeit mit, das mich misstrauisch machte. Etwas, das mich auf einer subtileren Ebene zutiefst abstieß.

Außerdem kursierten Gerüchte über ihn im Dorf. Er lebte mit einer Haushälterin zusammen, und es wurde gemunkelt, dass er mit ihr eine Affäre habe. Nun ja, wo Menschen sind, menschelt es. Das dachte ich mir damals schon. Heute bin ich der Meinung, dass das Zölibat eine der größten Fehlleistungen der katholischen Kirche ist. Zu sehr dringt es in die natürlichen Grundbedürfnisse des Menschen ein, zu sehr überschreitet es Grenzen und verursacht Leid. Schon im Kinderheim wunderte ich mich, wie es möglich sein sollte, sich sexuell zu enthalten.

Noch heute glaube ich, dass der liebe Gott dem Menschen die Fortpflanzungsorgane auch deshalb geschenkt hat, damit er sie verantwortungsvoll im »heiligen und damit heilsamen Akt der Liebe« einsetzt. Die Fähigkeit zum ekstatischen Hochgefühl der Liebe – sei sie körperlicher oder geistiger Natur – verstehe ich daher als unmittelbaren Ausdruck der Liebe Gottes seiner Schöpfung gegenüber. Die Nonnen jedoch hatten uns Kindern eingebläut, dass es eine schwere Sünde sei, wenn wir Buben uns selbst befriedigten. Im schlimmsten Falle würden wir dafür im Fegefeuer landen. Stürme aber, die in der Natur aufziehen, lassen sich nun einmal nicht bändigen. Da helfen auch kein Zölibat oder Verbote. Diese Regungen sind offensichtlich vom Schöpfer so gewollt.

Der größte Widerspruch zum Zölibat waren die pädophilen Entgleisungen der geistlichen Würdenträger, wie sie in St. Niemandsland an der Tagesordnung waren. Jene Moralapostel vermochten den Stürmen ihrer eigenen Lust nicht zu widerstehen, die einige in unserer Bubengruppe bei ihnen auslösten. So, als wären die Buben ihre »Lieblingsspeise«. Erst Jahre später wurde mir im Hinblick auf die Missbrauchsfälle von St. Niemandsland Folgendes klar: Es war ausnahmslos egoistischer, leerer und verantwortungsloser Sex, den die geistlichen Moralapostel den Kinderseelen all die Jahre über aufgezwungen hatten. Die von Machthunger und Sexgier getriebenen Würdenträger begingen abscheuliche Taten, denen stets der faule Geruch des Missbrauchs anhaftete, gleichgültig, ob diese sexuell, seelisch grausam oder körperlich züchtigend motiviert waren.

Verantwortung? Einsicht? Liebe? Fehlanzeige! Tief und leidvoll sind die Wunden, die sie bei all den namenlosen Kinderseelen geschlagen haben. Jene, die von sich behaupteten, im Dienste Gottes zu stehen, beschädigten nachhaltig die Integrität und Sicherheit der ihnen anvertrauten Kinder und verstießen damit gegen das höchste Gebot Gottes: das der Nächstenliebe.

Mit diesen Erinnerungen und Erfahrungen begegnete ich Pfarrer M.

Eines Tages in der Schulpause trat er an mich heran. Rein zufällig. Nachdem er mich nach meinem Namen gefragt hatte, wollte er wissen, welcher Konfession ich angehöre. Er fügte gleich an, dass er dem Herrn die verlorenen Schafe heimbringen wolle. Dabei sah er mich mit durchdringendem und ernstem Blick an. Ich fühlte mich bedrängt. *Verlorenes Schaf? Dem Herrn heimbringen?*

Dann fuhr er fort, dass er einige meiner Klassenkameraden auf die Firmung vorbereite. Wenn ich wolle, könne ich seinem Unterricht einen Probebesuch abstatten. Firmung. Dieses Sakrament ist in der katholischen Tradition die Fortsetzung der Kommunion und soll den Glauben festigen. Ich kannte die Firmung von St. Niemandsland her. Auf diese Weise hatten einige meiner Kameraden die Gabe des Heiligen Geistes empfangen. Diese sollte helfen, sich auf einer tieferen Ebene mit Christus und damit auch mit der katholischen Kirche zu verbinden.

Im Kinderheim war ich aber vom Kreis der Heiligen-Geist-Empfänger kategorisch ausgeschlossen gewesen. Auch deshalb, weil ich Protestant und – was noch schwerer wog – weil ich Bettnässer war. Deshalb durfte ich auch nie ministrieren. Ich pflegte aber meine eigene Beziehung zu Gott und Jesus, indem ich mich nach innen wandte, hin zu meinem Herzen.

Nun stand also Pfarrer M. vor mir und wollte mich, das verlorene Schaf, zurück zum Herrn bringen. Diesem Angebot haftete der Duft der Heuchelei an. Angesichts der zurückliegenden Erfahrungen mit der katholischen Kirche und ihren Einrichtungen konnte ich zu dieser Institution kein Vertrauen fassen. Vielleicht war mir Herr Pfarrer M. auch deshalb unheimlich, weil er auf »Schaf-Fang« aus war. Diese Energie des Eingefangen-Werdens vermochte mein Herz nicht zu berühren. Im Gegenteil, sie ängstigte mich.

In dieser Zeit dachte ich wieder vermehrt an Schwester C. Es war eigenartig, aber in der Tiefe meiner Seele vermisste ich sie immer noch. Sie erschien mir oft in meinen Träumen, so als ob sie mich suchte. Deshalb dachte ich tatsächlich noch einmal darüber nach, den katholischen Religionsunterricht von Pfarrer M. zu besuchen. Vielleicht, so dachte ich mir, kann ich Schwester C. auf diese Weise nahe sein?

Doch dann geschah etwas, das mir eine deutliche Antwort auf all meine Fragen gab: F., ein Klassenkamerad, besuchte den Unterricht bei Pfarrer M. Ich kann mich nicht mehr an die Ursache des Konfliktes zwischen ihnen erinnern, aber auf jeden Fall schlug Pfarrer M. auf F. ein, weil er etwas verweigerte, das er im Firmunterricht von ihm gefordert hatte. F. aber schlug zurück, entgegen dem Ratschlag, den Jesus der Menschheit einst mit auf den Weg gegeben hatte: »Wenn dir jemand auf die eine Wange schlägt, halte auch die andere hin.«

Mein Gefühl hatte mich nicht getäuscht. Herr Pfarrer M. schien mit aller Macht die Lehre der katholischen Tradition durchsetzen zu wollen. Der Heilige Geist aber zeigt sich nicht, wenn Gewalt im Spiel ist. F. nahm den Vorfall gelassen hin und zeigte unverhohlen seinen Stolz, dass er sich gewehrt hatte. Er verließ daraufhin den Religionsunterricht für immer. Damit entzog er sich weiterer Unterwerfung.

Der Weg der Befreiung, so meine Erfahrung, beginnt im Inneren. Kein anderer sollte ungebeten in die Seele eines Menschen eindringen, wenn es um Glaubensfragen geht. Ansonsten ist dies ein Akt der Gewalt und nicht der Nächstenliebe. Entsprechende Resultate präsentiert uns täglich die Presse. Jeder hat die Freiheit, dem Ruf seines Herzens zu folgen. Unterwerfe ich jemanden, beraube ich ihn seiner Freiheit. Das aber ist spiritueller Missbrauch. Wir Menschen sind alle Kinder der Freiheit. Das ist das höchste Gesetz Gottes. Gott ist unbewegter Geist, aus dem alles hervorgegangen ist. In dessen Ur-Essenz, oder anders ausgedrückt: Paradies, werden wir Gotteskinder zurückkehren, wenn wir innere Befreiung erlangt haben. Befreiung von den Fesseln unserer Vorstellungen, unserer Wünsche und den daraus resultierenden Gewohnheiten. Befreiung von der Lieblosigkeit uns selbst und unseren Mitmenschen gegenüber. Jesus nannte den Weg der inneren Befreiung Liebe. Buddha nannte ihn Mitgefühl. Beide aber sind Sendboten Gottes. Es dauerte noch Jahrzehnte, bis ich lernte, die Sanftheit und Güte, die die Liebe erzeugt, wirklich annehmen zu können.

Doch zurück zu Herrn Pfarrer M. Einige Tage später kam er erneut auf mich zu. Ich spürte, dass er mich nochmals wegen des

Religionsunterrichtes ansprechen wollte. Mir war jedoch nach dem Vorfall mit F. klar geworden, dass schon aufgrund meiner Erlebnisse in St. Niemandsland die Brücke zum Katholizismus niemals mehr geschlagen werden konnte.

Im anthroposophisch geprägten Kinderdorf dagegen, wo auch andere Glaubenstraditionen Raum hatten, wurde mir viel Verständnis und Liebe zuteil. Das galt nicht nur fürs Bettnässen, sondern auch im Umgang mit meinem Verhalten. Ich fühlte mich wahrgenommen, fühlte mich akzeptiert, als Mensch, als Bettnässer. Im anthroposophischen Menschenbild ist die Achtung vor Mensch und Natur tief verwurzelt. Alle Menschen, die seit der Entlassung aus St. Niemandsland mit meiner Erziehung betraut waren, bemühten sich darum, dieses Grundideal zu verwirklichen. Es prägte sich im Laufe der Zeit in meine Seele ein. Zwischen dem Weltbild der Anthroposophen und dem der katholischen Kirche, das ich ja trotz allem in meiner frühen Kindheit verinnerlicht hatte, klafften Welten.

Deshalb sah ich mich zu einer Entscheidung gezwungen. Und bei diesem Entscheidungsprozess halfen mir auch die Worte Jesu: »An den Früchten werdet ihr sie erkennen.« Dieser Satz war mir schon in St. Niemandsland durch den Kopf gegangen. Nun auch im Kinderdorf. Ich war seit meiner frühesten Kindheit durch die *Früchte der Gewalt* vergiftet worden und sollte deshalb noch eine lange Zeit unter ihnen leiden. Dennoch fiel mir die Entscheidung, der katholischen Kirche den Rücken zuzukehren, sehr schwer. Mit ihr verlor ich auch ein Stück Vertrautheit.

Etwa zwei Jahre später ließ ich mich von einer Pfarrerin der Freien Christengemeinschaft konfirmieren. Ich hatte sie im Religionsunterricht der Waldorfschule kennengelernt. Schon dass es eine Pfarrerin war, sprach mich an. Dort ging ich gerne hin.

Der Irrweg

Inzwischen hatte ich mich bei den Weglars gut eingelebt. Für meinen ausgeprägten Bewegungsdrang gab es genug Raum: Ausgedehnte Streifzüge durch Apfelplantagen, Wiesen und Felder, Baumhüttenbauen in den nahegelegenen Wäldern, Fahrradfahrten über holprige Feldwege und, und, und.

Es gab aber auch Raum für die alltäglichen Bedürfnisse der Kinder. Im Kinderdorf war es nicht so wie in St. Niemandsland, wo sich die Nonnen gegenüber uns Kindern abgrenzten, etwa wenn es um das gemeinsame Mittagessen im Speisesaal ging. In St. Niemandsland nahmen die Nonnen ihre Mahlzeiten in dem eigens dafür vorgesehenen Refektorium ein. Zum Refektorium hatten wir Kinder unter Androhung von Strafe keinen Zugang. Nicht so im Kinderdorf. Im Speisesaal, der im Gebäude des Dorfzentrums untergebracht war, nahmen alle Bewohner des Kinderdorfes täglich ihr gemeinsames Mittagessen ein. Hierbei entstand so etwas wie eine großfamiliäre Stimmung. Ich aß dort gerne, weil die Dorfgemeinschaft mir Halt und Sicherheit gab. Ich fühlte mich hier nicht wie ein Ausgestoßener, fühlte mich hier nicht wie ein Heimkind, wie ich es von St. Niemandsland her kannte. Das Gemeinschaftsgefühl wurde auch dadurch gefördert, dass wir Kinder, abwechselnd aus jeder Familie, den sogenannten Tischdienst im Speisesaal übernahmen. Dieser bestand darin, dass wir, nachdem das Mittagsgebet von einem der Dorfleiter gesprochen worden war, von den einzelnen Tischen die leeren Schüsseln einsammelten. Dann stellten wir sie auf die dafür vorgesehenen Servierwagen. Sobald wir genug Schüsseln eingesammelt hatten, schoben wir sie in die benachbarte Großküche, wo sie wieder befüllt wurden. Die Kunst bestand nun darin, sich zu merken, welche Schüssel zu welchem Tisch gehörte. Hier lernte ich eine wichtige Lektion fürs Leben: »Übung macht den Meister.«

Wenn ich mir den Tisch nicht gemerkt hatte, von dem ich die Schüssel entgegengenommen hatte, wurde ich durch laute Zurufe daran erinnert. Die hungrigen Mäuler taten ihr Übriges. Ich verrichtete den Tischdienst gerne. Bei diesem Dienst an der Gemeinschaft geschah aber noch etwas: Ich merkte mir die Gesichter der Kinder, Jugendlichen und Mitarbeiter sowie deren Namen. Dies erleichterte mir deren Zuordnung zu den Familien beziehungsweise ihre Funktion im Kinderdorf und ermöglichte es mir, Freundschaften zu schließen. So auch zu Herrn Schütz, einem der Dorfleiter.

Herr Schütz saß am Mitarbeitertisch, gewöhnlich an der Seite seiner Frau, die neben ihrer Pflegemutterrolle auch für die Kinderdorfkasse zuständig war. Herr Schütz war ein älterer Herr. Sein fülliges schneeweißes Haar trug er zurückgekämmt. Seine Gesichtszüge waren weich und filigran, sein Blick klar und freundlich. Alles in allem strahlte Herr Schütz etwas Würdevolles aus. Ich mochte ihn auf den ersten Blick, weil nichts an ihm haftete, was mich hätte ängstigen können. Genauso ging es mir mit seiner Frau. Sie war eine resolute Erscheinung, jedoch stets liebe- und verständnisvoll, wie eine Mutter. Beide waren Menschenfreunde, wie übrigens die meisten Anthroposophen, die mir im Kinderdorf begegneten.

Herr Schütz war neben seiner Funktion als Dorfleiter auch

für die Ballonpost zuständig. Das Kinderdorf hatte einen eigenen Heißluftballon, mit dem bestimmte Post auch tatsächlich transportiert wurde. Herr Schütz war der »Kapitän« des Heißluftballons. Oft hatte ich ihm zusehen dürfen, wenn er diesen auf dem Bolzplatz für Testzwecke mit Heißluft füllte und mir erklärte, dass er ihn bald wieder durch die Weiten des Himmels lenken würde. Das war spannend, und am liebsten wäre ich mitgeflogen.

Eines Tages nahm mich Herr Schütz nach dem Mittagessen zur Seite und fragte, ob ich an ein oder zwei Nachmittagen pro Woche Zeit hätte. Er suche jemanden, der ihm beim Ausbeulen der Druckplatten für die Ballonpost zur Hand ginge. Hierbei war es ihm wichtig, dass ich zuerst die Erlaubnis meiner Pflegeeltern einholte.

Das war eine völlig neue Erfahrung für mich. In St. Niemandsland wurden wir – ohne Wenn und Aber – zu den Haus- oder Strafdiensten verdonnert. Hier im Kinderdorf hatten wir zwar auch Hausdienste zu erledigen, wie etwa den täglichen Geschirrabwasch oder das Reinigen der Gemeinschaftsräume und Toiletten. Die Einteilung in die besagten Dienste erfolgte aber immer im Einvernehmen mit uns Kindern. Wenn einmal niemand diese Dienste übernehmen wollte, entschied das Los. Diese Rücksichtnahme auf die Bedürfnisse der Kinder empfand ich als ungewöhnlich. Ich erinnere mich noch in aller Deutlichkeit an das anfängliche Unwohlsein, das mich überkam, wenn ich von Pflegeeltern, Lehrern oder anderen Dorfbewohnern nach meinem Befinden gefragt wurde. Sofort ging ich in Habachtstellung und fühlte mich bedroht. Es waren dieselben Gefühlsreaktionen von Angst und Unsicherheit, wie ich sie in St. Niemandsland empfunden hatte, wenn mich Schwester C. ansprach. Ich hatte Angst, gedemütigt, geschlagen, ausgegrenzt oder ausgelacht zu werden. Ich hatte keine Möglichkeit, solche Fragen einzuordnen. Aufgrund dieser Angst- und Spannungszustände führte ich auch im Kinderdorf oft ein angsterfülltes, einsames Leben. Ich versuchte, dies teilweise mit hochprovokativem Verhalten gegenüber meinen Mitmenschen zu kompensieren. Gefühle wie Wohlwollen, Anerkennung und Sanftmut waren für mich fremdes Terrain. Aber ich sollte dazulernen.

Ich erhielt die Erlaubnis für das Ausbeulen der Druckplatten von den Weglars. Als ich das sogenannte Großelternhäuschen erreichte, in dem die Ballonpost verwaltet und bearbeitet wurde, klopfte ich an die schwere Holztür. Von innen war die tiefe Stimme von Herrn Schütz zu hören.

»Herein bitte.«

Im Großelternhäuschen hatte bis zu seinem Tod einer der Gründer des Kinderdorfes, der liebevoll *Großvater* genannt wurde, zusammen mit seiner Frau gewohnt. Leider waren beide, kurz bevor Clara und ich hierherkamen, verstorben. Ich hatte sie also persönlich nicht kennengelernt. Ihr Geist aber schien auch nach ihrem Tod im Kinderdorf weiterzuleben. Das spürte ich besonders, als ich das Großelternhäuschen zum ersten Mal sah.

Es lag am Rande des Kinderdorfes, und man erreichte es über einen Plattenweg. Das Großelternhäuschen bestand aus nur einer Etage. Es hatte seinen eigenen Charme. Fast könnte man sagen, dass es ein heiliger Ort war. Für mich war es jedenfalls einer.

Zunächst betrat ich einen kleinen Flur. Dort befand sich eine Garderobe, in der ich meinen Mantel ablegte und die Schuhe abstellte. Dann öffnete Herr Schütz die Zwischentür, die den Zugang zu einem weiteren Raum freigab, dessen Wände mit zahlreichen Schwarzweißbildern aus frühen Kinderdorftagen dekoriert waren. Im Raum befand sich ein großer Holztisch, auf dem Kuchenstücke und Getränke bereitstanden. Dann führte er mich in das angrenzende Zimmer, das als Büro und Arbeitsraum diente. An den Wänden hingen Fotos, die Herrn Schütz bei den Ballonfahrten zeigten. Ich empfand Ehrfurcht vor den Räumen des Großelternhäuschens, irgendetwas lag hier in der Luft, das mir diese Ehrfurcht einflößte. Nichts Bedrohliches, nein, etwas Würdevolles, Magisches, das ich bis zum heutigen Tage nicht in Worte fassen kann. Der Geist von »Großmutter und Großvater« war nach wie vor zu spüren. Die Räume hatten kleine Holzfenster, die das Tageslicht nur spärlich hereinließen. Das tat der Gemütlichkeit jedoch keinen Abbruch. Das Großelternhäuschen erinnerte mich ein wenig an das Hexenhäuschen auf dem Gelände des Ferienhauses von St. Niemandsland. Nur gemütlicher und einladender war es. Auch befanden sich keine überdimensionalen Kruzifixe an den Wänden. Dies galt für das ganze Kinderdorf. Man kam dort ohne Kreuze und Bilder aus, die den Kreuzweg Jesu darstellten.

Nachdem ich ein Stück Kuchen verzehrt und eine heiße Schokolade getrunken hatte, erklärte mir Herr Schütz, wie man aus den Druckplatten die Adressen herausstanzte, um so Platz für Neues zu schaffen. Die Arbeit machte mir Spaß, und in dem Maße, wie ich lernte, konzentriert bei meiner Arbeit zu bleiben und damit Herrn Schütz zu entlasten, nahm auch sein Lob zu. Diese Wertschätzung tat mir gut. Lob war in St. Niemandsland Mangelware gewesen.

Herr Schütz saß oft am Schreibtisch neben mir und erledigte seine Büroarbeit. Dabei war er konzentriert, aber immer mit der ihm eigentümlichen Leichtigkeit. Das fiel mir sehr schnell auf. Wenn ich einmal nicht weiterwusste, half er mir väterlich und voller Geduld. So einen Vater hatte ich mir immer gewünscht. Herr Schütz war auch ein guter Erzähler und ein ebenso guter Zuhörer. Er erzählte mir viel über die Großeltern und die Gründerzeit des Pestalozzi-Kinderdorfes: So hatte Großvater, der aus der Schweiz kam und Musikwissenschaftler war, zusammen mit dem schlesischen Landwirt Adalbert Graf von Keyserlingk 1947 die »Pestalozzi Siedlung für Kinder« gegründet. Damals schlossen sie mit der alliierten Verwaltung einen Pachtvertrag über ein verlassenes Gelände mit zwölf Baracken ab. Zwei davon standen noch zu meiner Zeit. In der einen Baracke war die Töpferei, in der anderen die Bäckerei. Von den Dorfbewohnern aus Wahlwies wurden wir oft als »Lozzis« bezeichnet. Auch die Schwarzweißbilder mit Luftaufnahmen der frühen Kinderdorftage zeugten vom Pioniergeist der Gründerväter. Es war spannend, Herrn Schütz zuzuhören. Seine Worte lebten. Fast war es so wie an jenen Märchenabenden mit Schwester B. im Kinderheim, wenn Bilder in mir aufstiegen und meinen Geist erfüllten.

Ich aber traute mich nicht, von mir und meinen Gewalterfahrungen in St. Niemandsland zu erzählen. Zu groß waren mein Misstrauen, meine Angst und meine Scham. Was mir jedoch auffiel, war, dass die hässliche, hautlose Fratze von Schwester C., die sich auch in der Kinderdorfzeit oft vor meinem geistigen Auge zeigte, ausblieb, wenn ich Herrn Schütz begegnete. Dies lag, so glaube ich, daran, dass er klar im Geiste und rein im Herzen war. Auch in der Gegenwart meiner Pflegeeltern zeigte sich dieses Bild nicht.

Eines Nachmittages, Herr Schütz musste einen Auswärtstermin wahrnehmen, saß ich allein vor der Stanzmaschine und verrichtete meine Arbeit. Mir war schon zuvor eine Glasdose aufgefallen, die auf seinem Schreibtisch stand, in der einige D-Mark-Münzen lagen. In der Grundschule hatte ich häufiger von Mitschülern Geld gestohlen, um mir davon Süßigkeiten oder Spielsachen zu kaufen, die in St. Niemandsland nicht zu bekommen waren. An diesem Nachmittag, an dem ich allein an der Stanzmaschine saß und meinen Blick auf die Glasdose richtete, versuchte ich zunächst, die Gedanken an einen Diebstahl zu verdrängen. Konzentriere dich auf deine Aluplatten, dachte ich mir.

Irgendeine Kraft zwang mich jedoch dazu, immer wieder zur Glasdose zu schielen. Nun komm, Clemens, eine Münze mehr oder weniger, das fällt doch niemandem auf, redete ich mir ein. Die Kraft der Versuchung wurde mit jedem Blickkontakt zur Glasdose größer. Nein, so viel Anstand hatte ich. Herr Schütz, der es immer gut mit mir meinte, den würde ich nicht beklauen. Das käme einem Hochverrat gleich. Wenn es die Glasdose von Schwester C. gewesen wäre, hätte ich wahrscheinlich ohne Skrupel zugegriffen. Bei Herrn Schütz hingegen konnte ich das nicht. Zunächst zumindest.

An den folgenden Nachmittagen hatte Herr Schütz immer häufiger Auswärtstermine. Die Stimme der Versuchung meldete sich wieder: Clemens, nur *ein* Markstück, davon kannst du dir im Dorfladen eine Handvoll Süßigkeiten kaufen. Wieder kämpfte ich mit meinem Gewissen. Tu es nicht, Clemens, rief ich mir zu. Doch Augenblicke später erlag ich jener »dunklen Stimme«, die mein Gewissen übertönte. Hastig griff ich in die Dose und nahm mir ein Markstück. Kurz darauf stopfte ich mir die Süßigkeiten, die ich im Laden gekauft hatte, in den Mund. So ging das einige Nachmittage. Aus einem Ein-Mark-Stück wurde ein Zwei-Mark-Stück. Aus einem Zwei-Mark-Stück ein Fünf-Mark-Stück. So hatte ich es in St. Niemandsland gelernt. Nimm dir, was du kriegen kannst, so wirst du überleben. Es war ein Irrweg, wie sich zeigen sollte.

Eines Tages nahm mich Herr Schütz nach dem Mittagessen freundlich, aber bestimmt zur Seite. Ich ahnte, was mir blühte.

»Clemens, deine Arbeit im Großelternhäuschen hat sich erledigt«, sagte er.

Mir trieb es die Schamesröte ins Gesicht. Ich konnte dem klaren Blick und den Worten von Herrn Schütz nicht standhalten. Er war im Bilde und fuhr fort: »Stehlen tut man nicht!«

Demütig hielt ich meinen Kopf gesenkt, wie ich es bei Schwester C. immer getan hatte, wenn sie mich wegen des Bettnässens abstrafte. Nur dieses Mal erfolgte die Konfrontation wegen meines Fehlverhaltens zu Recht, das wusste ich.

»Ich werde mit niemandem über deine Klauerei sprechen«, sagte Herr Schütz in ruhigem Ton. Ich hätte vor Scham in den Boden versinken können, so elend fühlte ich mich. »Bringe das wieder in Ordnung, Clemens«, forderte er mich fast liebevoll auf.

Ich nickte. Dann ging er. Das war der größte Schmerz für mich. Herr Schütz, der es immer gut mit mir gemeint hatte, verließ mich. Und mit ihm verlor ich ein Stück der heilenden Welt der Liebe. Ich hatte im Großelternhäuschen fortan nichts mehr zu suchen. Das löste Angst aus, Trennungsangst, die ich selbst verschuldet hatte. Ich hatte einen Menschenfreund verloren. Das war der Preis meiner Gier.

Erst Jahre später gelang es mir, mich bei Herrn Schütz für mein Verhalten zu entschuldigen und die Tat zu bereinigen. Bis zu diesem Zeitpunkt trug mir Herr Schütz mein Fehlverhalten in keiner Weise nach. Im Gegenteil. Bei unseren späteren flüchtigen Begegnungen grüßte er mich freundlich und respektvoll, wie er es auch vor meiner Fehlleistung schon getan hatte. So ermöglichte er es mir, meine Würde zu bewahren. Auch hatte er mich nicht bei meinen Pflegeeltern verpfiffen. Das zeichnete ihn aus. Jene flüchtigen Begegnungen erinnerten mich immer schmerzlich daran, dass ich ihm eine Wiedergutmachung schuldig war. Danke, Herr Schütz, für diese heilsame Belehrung.

Vom Kräftemessen mit dem Esel

Irgendwann wurde ich auf einen Esel aufmerksam, der nahe den Obstplantagen auf einer Weide stand. Es war der Kinderdorfesel. Ich kletterte oft über den Weidezaun und beobachtete ihn. Wenn er Gras fraß, lauschte ich seinem Kauen. Regelmäßig brachte ich ihm Äpfel oder Mohrrüben mit. Es bereitete mir große Freude, wenn er aus meiner Hand fraß. Sein graues zotteliges Fell fühlte sich rau an, sein Maul aber war weich, wie mein Kopfkissen in St. Niemandsland.

Oft sprach ich mit ihm. Dabei bewegten sich seine großen Ohren hin und her. Und obwohl er nicht antworten konnte, hatte ich das Gefühl, dass er mich verstand. Ich sah ihm in seine dunklen Augen und hatte dabei das Gefühl, dass er auch durch sie mit mir sprach. Eigenartig, sein dunkles Fell hatte nahezu die Farbe des Nonnenschleiers von Schwester C. Nur war der Esel wesentlich entspannter als sie. Vor ihm hatte ich überhaupt keine Angst. Im Gegenteil. Der Esel und ich genossen es, wenn ich sein Fell streichelte, wenn ich ihn fütterte. Eigentlich war es das erste Mal in meinem Leben, dass mich diese Berührungen nicht ängstigten. Es gab eine Zeit, in der mich Körperkontakt, etwa wenn mich jemand in die Arme nahm, wie es Mutter Weglar immer wieder tat, einengte. Dann tat sich in mir ein Gefühl der Beklemmung auf. Die Kontakte zu Schwester C. hatten nur darin bestanden, dass sie mir entweder in den Schritt griff, um zu prüfen, ob die Schlafanzughose feucht war, oder dass sie mit dem

Duschkopf, aus dem eiskaltes Wasser kam, oder mit dem Tatzenstock auf mich einschlug. Der Esel hatte nichts von alledem.

Nur in einem unterschieden die beiden sich nicht: Bei unserer ersten Begegnung war ich von der Lautstärke sehr erschrocken. Wie aus dem Nichts begann der Esel plötzlich laut I-ah zu rufen. Dabei hob er seinen Kopf, wobei sein ganzer Körper vibrierte. Fast erinnerte mich das an die Wutausbrüche von Schwester C., die oft unerwartet und überfallartig aus ihr herausbrachen. Beim Esel ging ich auf Abstand und hielt mir die Ohren zu. Oder ich äffte ihn einfach nach, indem ich lautstark zurück iahte. Da wurde er ruhig und sah mich verdutzt an. Bei Schwester C. hätte diese Technik bestimmt nicht funktioniert. Es hätte eine Tracht Prügel gegeben. Beim Esel jedoch fühlte ich mich sicher.

Eines Tages stand der Esel nicht auf der Weide. Das beunruhigte mich. Es war spät am Nachmittag, und das Weidentor stand weit offen. Ich entschloss mich zu warten und setzte mich auf den Zaun. Nach einer Weile sah ich eines der Kinder, wie es auf dem Esel saß und langsam auf die Weide zuritt. Das machte mich neugierig. Auf einem Esel zu reiten, das würde mir auch gefallen.

»Ist es schwer, auf einem Esel zu reiten?«, fragte ich das Kind.

»Nein«, antwortete es. »Einfach draufsetzen und losreiten.«

Ich war erstaunt. Einfach draufsetzen und losreiten? So einfach konnte das Leben sein.

Ein paar Tage später durfte ich den Esel ausführen. Ich hatte beim Obstbauern um Erlaubnis gefragt und war gespannt wie ein Flitzebogen. Ich wollte alleine mit dem Esel sein, und deshalb erzählte ich auch Clara nichts von dem bevorstehenden Ausritt. Ich band dem Esel ein Seil um den Hals und führte ihn von der Weide. Schließlich erreichten wir einen steinigen Feldweg. Ich hatte zuvor meine Taschen mit Äpfeln, Mohrrüben und frisch gerupftem Gras gefüllt.

Als wir an ein Wiesenstück kamen, schwang ich mich mit einem Satz auf seinen Rücken. Zuvor hatte ich beobachtet, dass der Esel immer dann zu laufen anfing, wenn man ihm mit den Hacken in die Flanken trat. Bei mir jedoch blieb dies ohne Erfolg. Also wieder runter vom Esel. Ich griff in meine Jackentasche und reichte ihm einen Apfel. Genüsslich vernaschte er ihn. Ich wieder rauf auf den Esel. Wieder spornte ich ihn an. Ohne Erfolg. Na gut, dachte ich. Aller guten Dinge sind drei.

Ich griff erneut in meine Tasche und reichte ihm dieses Mal ein paar Mohrrüben und, um mein Wohlwollen zu unterstreichen, auch vom frisch gerupften Gras. Dann wieder rauf auf seinen Rücken. Erneutes Anspornen. Der Esel wollte sich nicht rühren. Da saß ich nun auf dem Esel und überlegte angestrengt, was zu tun sei. Dann kam ich auf eine Idee. Ich hatte mich Schwester C. immer dann gebeugt, wenn sie den Tatzenstock aus der Vase vor dem Bastelraum zog. Deshalb stieg ich ab und teilte dem Esel mit, dass ich nun einen Stock vom Baum brechen und ihm damit den Hintern versohlen würde, wenn er nicht gehorchte. Der Esel aber schaute mich verständnislos an. Na warte, dachte ich mir. Das Kräftemessen trat in eine entscheidende Phase.

Nachdem ich mir einen Stock besorgt hatte, schwang ich mich wieder auf seinen Rücken. Ein, zwei Hiebe auf seinen Allerwertesten. Keine Reaktion. Bei Schwester C. hätte ich spätestens an dieser Stelle getan, was sie von mir verlangte. Nochmals zwei, drei Hiebe. Der Esel wollte sich einfach nicht bewegen. Als ich gerade im Begriff war, nochmals mit dem Stock auszuholen, geschah das Unglaubliche: Wie von der Tarantel gestochen galoppierte der Esel los. Beinah wäre ich von seinem Rücken gefallen, gerade eben noch konnte ich mich mit den Händen an der Mähne festhalten. Mein Körper hüpfte auf dem Rücken hin und her, und ich hatte alle Mühe, mich oben zu halten. Der Esel aber wurde immer schneller. Panisch brüllte ich ihn an: »Stopp, nicht so schnell.«

Auch hier aber blieb der Esel stur. Er galoppierte einfach weiter. Über Wiesen und Felder, durch Obstplantagen. Die Zweige der Bäume schlugen mir ins Gesicht. Jetzt schrie ich! Ich bekam Angst, weil der Esel einfach nicht aufhörte zu rennen. Ich hatte keine Kontrolle mehr. Nach einer Weile kam er ruckartig zum Stehen. Ich flog in hohem Bogen durch die Luft und landete unsanft auf dem Boden. Auch dies erinnerte mich an Schwester C. Auch bei ihr war ich oft auf dem Boden gelandet. Dann wieder ein lautes Iah. Der Esel kehrte einfach um und rannte zurück. Das hatte ich nun davon. Gott sei Dank hatte ich mich bei dem unrühmlichen Abwurf nicht verletzt.

Ich war erstaunt, dass der Esel wieder auf der Weide stand, als ich zurückkehrte. Genüsslich labte er sich am frischen Gras. Es dauerte einige Tage, bis ich wieder Vertrauen zu ihm fassen konnte. Trotz dieses Vorfalls aber blieben wir gute Freunde.

Mama und Papa sagen

Es macht sich ein unerträglicher und trauriger Zustand der Leere breit, wenn ich daran denke, wie es wäre, Eltern zu haben. Leibliche Eltern, die für einen da sind. Zu dieser Vorstellung gibt es kein Gefühl, nur ein Bild eines schwammigen Untergrunds, auf dem man kein Haus bauen kann. Besonders in der Jugendzeit, in der ich oft von meinen Freunden nach meinen Eltern befragt wurde, bediente ich mich der Notlüge, um den Schmerz der frühen Elternlosigkeit erst gar nicht aufkommen zu lassen. So behauptete ich, dass meine Eltern glücklich verheiratet und zufrieden in einer Kleinstadt im Allgäu lebten. Dass ich dort, bei ihnen, eine sorgenfreie und glückliche Kindheit zusammen mit meinen Geschwistern verbracht hätte. Auf diese Weise fühlte ich mich mit jenen Jugendlichen, die aus einem »heilen« Elternhaus stammten, verbunden. Sie hatten ein Elternhaus. Ich auch!

Die Lüge aber vermochte die Wahrheit nicht zu übertünchen. Oft fühlte ich mich elend, wenn ich an meine Eltern Eva und Hubert dachte. Nicht ein einziges Mal hatte ich sie als Eltern zusammen erlebt. Die kurzen Begegnungen mit meinen leiblichen Eltern erschienen mir wie die flüchtigen Abrisse eines Kalenderblattes. Die Begegnungen waren problematisch und reichten nicht aus, um mich mit ihnen verbunden zu fühlen. Sie reichten nicht aus, um ein Fundament zu schaffen, auf dem eine sichere Bindung hätte gedeihen können. Diese Elternentbehrung fühlte sich an wie eine Amputation, die einen tiefen Schmerz in meiner

Seele hinterlassen hatte, und die erst im Erwachsenenalter langsam nachließ. Der Mensch vergisst irgendwann.

»Ich werde nie wie mein Vater«, so hatte ich es meiner Großmutter einmal versprochen. Dieses Versprechen hat mich lange belastet. Musste ich doch einen Menschen verleugnen, den ich in Wahrheit liebte. Dennoch wurde ich das »Suchbild« von ihm nicht los. Mein Vater, der stets vor sich selbst flüchtete, blieb mir zeitlebens ein Fremder. Er hatte sich selbst verraten, hatte seine Familie aufgegeben. Er war Opfer seiner Verdrängungsmechanismen, war alkohol- und sexsüchtig. Er war einer, der das Unglück in sich trug, ohne es zu bemerken. Er trug es wie ein Geschwür in sich und versuchte es durch seinen aufwändigen Lebensstil zu übertünchen. Dadurch kam er mir vor wie ein lebender Toter.

Auch wollte ich nie wie meine Mutter Eva werden. Die zurückliegenden Erfahrungen hatten gezeigt, dass Eva aufgrund ihrer psychischen Erkrankung regelmäßig in den Zustand der »totalen Selbstentfremdung« geriet. Diese Selbstentfremdung sogen Clara und ich mit der Muttermilch auf. Eva war Wunde, Eva war Qual. Unsere Kindheit in St. Niemandsland war auch Wunde, war auch Qual. Und dennoch, vor meinen Freunden verbarg ich dieses tragische Familiengeheimnis.

Bereits seit etwa einem halben Jahr befand ich mich im Schoß der Familie Weglar, die all das auffing, was mich quälte. Die mich mit ihrer Zuneigung und Liebe umhüllte. Aber da gab es noch etwas Unvollendetes. Ich siezte meine Pflegeeltern noch.

Ich erinnere mich gern daran, wie wir im vertrauten Kreis am Abendbrottisch auf einem Campingplatz am Fuß des französischen Berges Montségur saßen – auf der Suche nach dem heiligen Gral, wie einst der Ritter Parzival. Es waren Ferien, und ich hatte im Stillen oft das tiefe Bedürfnis, meine Pflegeeltern mit Mama und Papa anzusprechen. So, wie es die anderen Pflegegeschwister bereits taten. Wegen des »Sie« fühlte ich mich nur bis zu einem gewissen Grad der Familie zugehörig. Diese Hürde, die mich von der Pflegefamilie trennte, galt es zu überwinden. Mich dürstete nach Familie, nach Geborgenheit und danach, Vertrauen fassen zu dürfen. Wann endlich konnte ich diesen Durst stillen?

Nach dem Abendessen wurde ich von Mutter Weglar in den Wohnwagen gebeten. Zunächst hatte ich nur eine leise Vorahnung, eine stille Hoffnung. Würde es nun so weit sein? Oder hatte ich etwas verbrochen? Der Zweifel, der mir so vertraut war, nagte an mir. Er nährte die Gefühle von Angst und Verwirrung.

Mutter Weglar sagte: »Clemens, wenn du möchtest, kannst du mich mit Mama ansprechen.«

Und Vater Weglar, der auch mit in den Wohnwagen gekommen war, sagte: »Clemens, wenn du möchtest, kannst du Papa zu mir sagen.«

Ich war sprachlos und von dem Vertrauen, das sie mir entgegenbrachten, schier überwältigt. Tränen der Freude brachen aus mir heraus. Ich wusste nicht, wie mir geschah, so intensiv, so berührend wirkten diese Worte. Dann Stille. Ich schaute auf zu Mutter Weglar und sah in die mit Freudentränen benetzten Augen eines Engels. Auch Vater Weglar war berührt. Eine Atmosphäre der Liebe war entstanden. Der Heilige Gral war Wirklichkeit geworden.

»Ja, das möchte ich von ganzem Herzen!«, antwortete ich.

Mit diesem Ja nahmen die Weglars, nahm ich die letzte Hürde, um meinen Platz in der Familie einzunehmen, den sie für mich bereithielten. Ich war überglücklich, obwohl es sich zunächst ungewohnt anfühlte, meine Pflegeeltern mit Mama und Papa anzusprechen. Fast empfand ich Scham, weil sie mir plötzlich so nahe waren. Die Freude aber, die Erleichterung über dieses Ja erfüllte dennoch mein Herz. Ich fühlte mich angenommen wie noch nie in meinem Leben. Ich hatte meinen Platz in der Familie gefunden. Das war Heilung.

Nach unserer Rückkehr teilte ich Clara sofort mit, dass nun auch ich Mama und Papa sagen durfte. Zur gleichen Zeit durfte auch Clara zu ihren Pflegeeltern Vati und Mutti sagen. Den freudigen Glanz in ihren Augen werde ich nie vergessen.

Auszug aus den Jugendamtsakten vom 29.06.19..

Entwicklungsbericht

... Innerhalb der Pflegefamilie hat Clemens zwar seinen Platz gefunden, doch hat er das Bedürfnis, diesen ständig zu verteidigen ...
... Zu den Familienpflegeeltern hat er ein gutes Verhältnis. Er bemüht sich, bestehende Kontakte zu vertiefen ...
... Es ist für den Erzieher schwer, einen Zugang zu Clemens zu finden, da Gespräche nicht verinnerlicht werden. So befindet er sich auch gegenüber der Erwachsenenwelt in ständiger Verteidigungsposition.

Konzentrationslager Dachau

Es waren Pfingstferien, ich war 13 Jahre alt. Wir waren mit den Weglars ins Bayerische gefahren, genauer gesagt, auf einen Campingplatz in der Nähe von München. Langsam fand ich Gefallen an den familiären Campingausflügen, obgleich sich vor jeder Abreise dieses mulmige Gefühl, die ›Angst vor der Fremde‹, in mir breitmachte, wie damals in St. Niemandsland oder bei den Hofbaurs. Während der Ferien machte Vater Weglar den Vorschlag, das Konzentrationslager in Dachau zu besuchen. Zuvor klärte er uns Kinder auf, was sich in den Konzentrationslagern ereignet hatte: Während des Zweiten Weltkriegs seien dort Juden, Künstler sowie politisch Verfolgte, die gegen das Naziregime aufbegehrt hatten, inhaftiert und auf bestialische Weise ermordet worden. Allein über sechs Millionen Juden seien in deutschen Konzentrationslagern zu Tode gekommen. Für mich als Jugendlichen war das eine unvorstellbare Zahl. Auch heute als Erwachsener ist mir die Zahl der 1,2 Millionen vom Missbrauch betroffenen Heimkinder – alleine von 1949 bis 1975 – in deutschen Heimen genauso unvorstellbar, obwohl ich selbst Betroffener bin.

In den Konzentrationslagern also, so Vater Weglar weiter, seien viele Menschen gefoltert oder vergast worden, mit dem Schädlingsbekämpfungsmittel Zyklon B, das aus Duschköpfen in die Gaskammer strömte. Dort erstickten die Häftlinge auf grausamste Weise. Auch mussten die Lagerinsassen Hunger und Durst leiden, bis sie der Hungertod schließlich dahinraffte. An einigen von ihnen wurden sogar Menschenversuche vorgenommen, wie etwa das Hineinlegen in eiskaltes oder kochendes Wasser.

Ich erinnere mich noch in aller Deutlichkeit an den kalten Schauer, der mich überfiel, als ich den Erzählungen Vater Weglars zuhörte: eiskaltes Wasser, Erstickungstod, Hunger und Durst leiden. Diese Worte genügten, um die bösen Geister von St. Niemandsland in meiner Erinnerung lebendig werden zu lassen.

Auf der Fahrt nach Dachau nahm ich zuerst ein flaues Gefühl in der Magengegend wahr. Irgendwie fühlte ich mich schwach und unsicher. Als ich auf dem Parkplatz aus dem Auto stieg, nahm ich eine sonderbare, bedrückende Stimmung wahr. Es war der Geruch des Missbrauchs und der Vernichtung, der aus dem KZ Dachau zu mir herüberwehte. Ich atmete ihn ein, und mit jedem Atemzug nahm meine Angst zu, dem Grauen begegnen zu müssen. Es war, als wären alle Geister der ermordeten Häftlinge anwesend und als würden sie sich über die in der Luft liegende Stimmung bemerkbar machen. All das nahm ich deutlich wahr, am liebsten wäre ich davongelaufen.

Ein wenig erinnerte mich diese Stimmung auch an die des Heimalltags in St. Niemandsland. Auch dort lag oft der Geruch des Missbrauchs und der Seelenvernichtung in der Luft, der durch polierte Böden und steril wirkende Räume übertüncht wurde. Vielleicht spürte ich auch deshalb einen wachsenden Widerstand, die Gedenkstätte Dachau zu betreten.

Mutter Weglar schien diesen Widerstand wahrzunehmen.

»Was ist los, Clemens?«, fragte sie mich.

»Mama, nimmst du diese Stimmung hier nicht wahr?«

Mutter Weglar sah mich schweigend an.

»Was meinst du damit, Clemens?«, fragte sie.
Ich konnte ihre Frage nur vage beantworten.
»Hier ist es kalt, und eine sonderbare Energie liegt in der Luft.«
Ich wusste selbst nicht genau, was mich so ängstigte. Jedoch spürte ich mit jedem Atemzug einen zunehmenden Druck in der Brust, der mir das Atmen erschwerte. Irgendetwas schien mir den Hals abzuschnüren.

Dann, irgendwann schoss es aus mir heraus: »Ich will nicht mit rein.«

Mutter Weglar sah mich mit großen Augen an.

Dann legte ich entschlossen nach: »Da bringen mich keine zehn Pferde rein. Niemals!«

Ich hielt meine Arme verschränkt vor die Brust und wartete, was nun passieren würde. Am liebsten hätte ich losgeheult, weil ich mich von der Aura des KZs so bedroht fühlte.

»Warte hier, ich spreche mit Papa«, gab sie mir zu verstehen.

Dann beobachtete ich, wie sie miteinander sprachen. Meine Pflegegeschwister blödelten derweil herum. Nach einer Weile kam Vater Weglar zurück.

»Clemens, wenn du nicht möchtest, brauchst du da nicht mit reinzugehen.«

Mit Nachdruck wiederholte ich meinen Entschluss: »Mich kriegen da keine zehn Pferde rein. Niemals!«

Vater Weglar nickte.

»Das ist in Ordnung, Clemens«, fuhr er fort. »Warte hier auf uns, bis wir wieder zurück sind.«

Stumm nickte ich, setzte mich auf einen Bordstein und wartete. Hier saß ich nun, in Bayern, rund neunzig Kilometer von Marienburg entfernt, und dachte an Schwester C., während meine Pflegefamilie das Konzentrationslager Dachau besuchte.

Gott sei Dank bin ich da nicht reingegangen, dachte ich und fühlte mich erleichtert.

Als sie zurückkamen, fielen mir sofort die nachdenklichen Gesichter auf. Irgendwie wirkten sie bedrückt, so wie ich mich zuvor bedrückt gefühlt hatte. Die Geister der ermordeten Häftlinge schienen sie berührt zu haben. Auf der Rückfahrt zum Campingplatz konnte keiner von ihnen über seine Eindrücke sprechen. So ruhig war es in unserem Bus schon lange nicht mehr gewesen. Nur Michael erzählte mir von den Öfen, in denen man die Häftlinge zuhauf verbrannt hatte. Und er berichtete von den Tafeln, in die die Namen der vielen Ermordeten eingraviert waren.

Erst Jahrzehnte später wurde mir klar, dass ein möglicher Grund für meinen Widerstand das Folgende gewesen sein könnte: Mein älterer Bruder Harry hatte im Jahr 2015 umfangreiche Recherchen über das Schicksal meines Großvaters väterlicherseits angestellt, der im KZ Dachau inhaftiert gewesen war. Mein Bruder hatte sich dafür interessiert, ob unser Großvater hinter oder vor dem KZ-Zaun gearbeitet hatte. Die Recherche ergab, dass im Zuge der »Juniaktion 1938«, die den Nazis zur Vorbereitung der Reichskristallnacht diente, zwölftausend Arbeitskräfte gesucht worden waren. Diese Arbeitskräfte bestanden schließlich aus zweitausend jüdischen Häftlingen und zehntausend Deutschen. Unter ihnen befand sich auch mein Großvater. Seine Häftlingsnummer war 33679, NS-Häftlingskategorie: AZ (Arbeitszwang-Gemeinde) und AZR (Arbeitszwang-Reich), Schwarzer Winkel.

Zur Inhaftierung kam es unter anderem, weil Großvater sich seinen Unterhaltsverpflichtungen für seine sechs Kinder entzogen haben soll. Ein weiterer Grund bestand laut Aussage meines

Onkels väterlicherseits darin, dass er sich negativ über das Naziregime geäußert hatte. Großvater hatte auf die Hauptstraße seines Dorfes mit Kreide Anti-Nazi-Parolen geschrieben. Großvater war ein Rebell. Das Dachauer KZ diente auch als politisches Umerziehungslager. Inwieweit die »politische Umerziehung« bei meinem Großvater gelungen war, bleibt im Dunkeln. Auf jeden Fall wurde er am 3. März 1939 wieder aus dem KZ entlassen.

Nach dem Krieg wurde mein Großvater in seiner Eigenschaft als Stuckateurmeister beim Aufbau eines Gipsergeschäfts in Keppstadt durch die amerikanischen Besatzer großzügig unterstützt. Er erhielt Baugeräte, Materialien und Ähnliches. Die Ursache dieser Unterstützung war ebendieser KZ-Aufenthalt. Ich gehe davon aus, dass die politische Umerziehung gescheitert war. Solche Unterstützung ist alteingesessenen Nazis in Keppstadt nicht widerfahren. Wie sich herausstellte, hatte mein Großvater über fünfzig Beschäftigte. Sein Gipsergeschäft florierte im zerstörten Nachkriegsdeutschland. Obwohl ich meinen Großvater nie kennengelernt habe, hat sein Lebensweg bei mir einen tiefen Eindruck hinterlassen. Außerdem war er Boxer, wie mein Vater auch.

Aktenauszug aus der Gedenkstätte Dachau
vom 17.04.20..

Sehr geehrter Herr Heymkind,
nach Durchsicht der Namenslisten und Zugangsbücher, die der KZ-Gedenkstätte Dachau vorliegen, können wir bestätigen, dass Ihr Großvater im KZ Dachau bzw. seinen Außenlagern inhaftiert war.
... Unter Regie der Kripo wurden ab Juni 1938, auch bezeichnet als „Juniaktion", soziale Außenseiter in Vorbeugehaft genommen und in die Konzentrationslager eingewiesen.

Das Meer sehen

Die Sommerferien hatten begonnen. Für uns Kinder waren Ferien stets eine Befreiung von den Alltagspflichten, wie Schule, Hausaufgaben und dergleichen mehr. Bei Familie Weglar fühlte ich mich inzwischen wohl. Daran änderte auch die Tatsache nichts, dass Clara zwei Familienhäuser entfernt von mir lebte. Im Kinderdorf war es nicht so wie in St. Niemandsland, wo wir uns beim Mittagessen heimlich Geschenke zuschoben, um uns unserer Geschwisterliebe zu vergewissern. Im Kinderdorf blieben wir trotz der räumlichen Trennung ein Herz und eine Seele. Wir sahen uns in der Schule, spielten mit den anderen Kindern des Kinderdorfes bis in die Abendstunden hinein Fußball und Verstecken oder rasten mit unseren Fahrrädern über Schotterwege, die abseits des Kinderdorfes an Obstplantagen und Wäldern entlangführten.

»Wohin fährst du in die Sommerferien?«, fragte ich Clara neugierig.

»Wir fahren nach Bornholm«, antwortete Clara stolz. »Und wohin fährst du?«

»Wir fahren nach Südfrankreich an das Meer«, antwortete ich.

Für Clara und mich waren unsere Ferienpläne wie eine Weltreise: Bornholm in Dänemark, Südfrankreich, das große blaue Meer.

»Ich denke ganz fest an dich, wenn ich in Südfrankreich bin«, fuhr ich fort.

»Ich auch an dich«, erwiderte Clara mit sanfter Stimme.
Natürlich hatten wir zu diesem Zeitpunkt noch keine Vorstellung davon, wie sehr wir uns trotz der Geborgenheit in unseren Pflegefamilien vermissen würden.

Vater Weglar bepackte unseren Wohnwagen, der hinter den grünen VW-Bus gespannt wurde, den wir »Laubfrosch« nannten. Wir Pflegekinder, etwa zehn an der Zahl, waren aufgeregt, denn wir fuhren für sechs Wochen weg. Da gab es viel zu tun. Michael und Manfred, meine Pflegebrüder, hatten am Vorabend noch die Batterien unserer Taschenlampen ausgewechselt und damit die Nachtbeleuchtung unseres Dreimannzeltes sichergestellt. Michael war ein begabter Bastler. So konnte er undichte Luftmatratzen flicken, Angelruten reparieren oder Vorrichtungen für die Taschenlampen im Zelt bauen. Manfred und ich waren handwerklich eher ungeschickt. Unsere Stärken lagen – wie sich zeigen sollte – im Auffinden von verschlungenen Wegen oder im Heranschaffen von Pfirsichen oder Weintrauben, die es in Südfrankreichs Plantagen zuhauf gab.
Die Vorfreude auf die Frankreichreise war bei allen groß. Ich jedoch fühlte, als ich am Vorabend unserer Abreise in meinem Bett lag, den mir vertrauten Trennungsschmerz, der mich nach dem Verlassen von St. Niemandsland so sehr belastet hatte. Ich dachte an Clara. Plötzlich spürte ich Angst bei dem Gedanken, dass ich während unserer Urlaubsreise nicht mehr in meinem eigenen Bett schlafen, ja, nicht mehr die Vertrautheit meines Zimmers genießen würde. Meine Angst wurde durch die Vorstellung verstärkt, wir würden überhaupt nicht mehr aus Frankreich zurückkehren. Gewiss, ich vertraute meinen Pflegeeltern, dass sie uns wohlbehütet zurück ins Kinderdorf bringen und die Reise ein gutes Ende

nehmen würde. Dennoch wollte meine innere Unruhe nicht weichen. Was, wenn Clara nicht mehr zurückkäme, ich sie nie wiedersehen würde? Es fehlte mir an Urvertrauen. Mein flaues Gefühl im Magen erinnerte an das Gefühl, zu fallen. Vielleicht drückten sich darin jene frühen Trennungssituationen von meiner Mutter aus, in denen ich ihr aus den Armen entrissen wurde.

Bei Familie Weglar jedoch war ich in Sicherheit. Das wusste ich von unserem Kurzurlaub im Elsass an Pfingsten. Gleichwohl reichte diese Erfahrung nicht aus, um Vertrauen zu fassen. Wie früher warf ich am Abend vor der Abreise meinen Kopf auf dem Kissen hin und her, bis ich endlich einschlief.

Nach dem gemeinsamen Frühstück ging die Reise los. Wir waren eine der letzten Familien des Kinderdorfes, die abreisten. Als ich im VW-Bus saß, blickte ich neugierig hinüber zur Einfahrt der Familie S. Sie waren vor uns abgereist. Nach Norden. Wir in den Süden. Das schmerzte. Meine Pflegefamilie lenkte mich von meinen Gedanken ab. Knuppi, unser Haushund, hechelte im hinteren Teil des Busses unruhig vor sich hin. Es war ein heißer Sommertag.

Während der Fahrt sangen wir gemeinsam Lieder, lösten Rätsel oder spielten Karten. Vater Weglar steuerte den VW-Bus sicher zu unserem ersten Ziel, einem Campingplatz im Osten Frankreichs. Wie ich es schon von den Pfingstferien her kannte, gab es auch auf diesem Campinglatz einen großen Wasch- und Duschsaal für die Damen und einen für die Herren. Dort roch es ebenso steril wie in den Waschsälen von St. Niemandsland. Als ich meine Zähne putzte, musste ich plötzlich an Schwester C. denken. Der Geruch genügte. Michael, der Blondschopf mit Nickelbrille, stand gerade neben mir, als ich zu weinen begann.

»Was ist denn los mit dir, Clemens?«, fragte er.

»Ich vermisse Clara und Schwester C.«, antwortete ich.

Mich hatte dieselbe merkwürdige Sehnsucht ergriffen wie damals, als ich St. Niemandsland verließ. Michael jedoch tröstete mich. Natürlich war ich froh darüber, dass ich zusammen mit meiner Pflegefamilie diese Reise erleben durfte, zumal ich noch nie in meinem Leben das Meer gesehen hatte.

»Wie sieht das Meer aus?«, fragte ich Michael, nachdem ich mich beruhigt hatte.

»Groß und blau. Wasser, wohin du siehst, bis zum Horizont«, antwortete er.

»Ist das Meerwasser denn kalt?«, fragte ich neugierig nach.

»Man kann darin baden, weil es nicht so kalt ist«, fuhr er fort. »Und es gibt große Sandstrände und Sanddünen, wo wir Sandburgen bauen können.«

Ich hatte keine Vorstellung davon, was Strände, geschweige denn Sanddünen waren, also hakte ich nach.

»Strände sind große Sandböden, auf die Meerestiere wie Muscheln oder Krebse gespült werden. Sanddünen hingegen sind Sandberge, von denen man runterspringen kann«, meinte er.

Michaels Beschreibungen brachten mich weg von meinen quälenden Gedanken an Clara und Schwester C. Sie katapultierten mich ins Hier und Jetzt, trugen mich fort von den belastenden Erinnerungen meiner Vergangenheit. Vage Bilder stiegen in mir auf, wie das Meer und die Strände wohl aussehen würden. Diese Bilder fühlten sich so ganz anders an als die Erinnerungen an St. Niemandsland. Dort hatte es nur sterile Säle, dunkle Flure, ungemütliche Schlafräume, düstere Heizungskeller und die Hauskapelle gegeben. Auch die vielen Kruzifixe mit dem geschundenen Erlöser daran belasteten meine Erinnerungen.

Immer wieder fragte ich mich: Wie sieht das Meer aus? Ich konnte mir einfach nicht vorstellen, dass es so viel Wasser gab, dass es bis zum Horizont reichte. Deshalb übte ich mich in Geduld und versuchte, meine Neugier im Zaum zu halten.

Nach einigen Tagen erreichten wir die *Dune du Pilat* an der Atlantikküste, die höchste Sanddüne Europas. Hinter dieser bis zu einhundertzehn Meter hohen Düne schien sich das Meer zu verstecken.

»Sieh, Clemens! Das sind die Sanddünen«, schoss es aus Michael heraus.

Im Bus brach Chaos aus. Alle versuchten den besten Blick aus den Fenstern zu erhaschen. Dann, plötzlich, nach einer scharfen Kurve, gaben die Dünen den Blick aufs Meer frei. Vom Südwind aufgepeitschte Wellen rasten auf die Küste zu. Ich kam aus dem Staunen nicht heraus. Was für ein Anblick! Der blaue klare Himmel schien, genau wie es Michael vorausgesagt hatte, mit dem Meer am Horizont zu verschmelzen. Es sah aus, als würden die Wellen aus ihren Kämmen Wasserdampf speien. Diese Kraft der Natur überwältigte mich. Keine Vorstellung, kein Gedanke konnte solch kraftvolle Bilder hervorbringen wie die Natur selbst. Fast verspürte ich ein wenig Angst, nein, Ehrfurcht, als ich eine Brandungswelle nach der anderen auf die Küste zurasen sah. Noch nie hatte ich etwas Vergleichbares in meinem Leben gesehen. Auch der blaue, lichtdurchflutete Himmel nahm mich in seinen Bann. Man hätte meinen können, dass auch der Himmel ein Meer wäre, ein Himmelsmeer sozusagen, nur ruhiger, ohne sichtbare Bewegung.

Kurz darauf stiegen wir an einem Strandabschnitt aus, und ehe Vater Weglar noch etwas sagen konnte, stürmten wir Kinder bereits auf die hohen Sanddünen zu. Er ließ uns gewähren. Das war seine Stärke: Er ließ uns alle Freiheiten. Wir winkten unseren Pflegeeltern freudig zu, während wir auf die majestätisch anmutenden Dünen zuliefen. Die Luft schmeckte salzig, und ein kräftiger Wind wehte feinsten Sand über unsere Köpfe. Die Schönheit und die Kraft der Natur hatten mich in ihren Bann gezogen. Mehr noch, ich ging in ihr auf. Noch nie zuvor hatte ich mich so vertraut gefühlt mit der Natur. Das war eine völlig neue Erfahrung. Wir Kinder kletterten die Dünen hinauf, um uns Augenblicke später in den weichen Sand fallen zu lassen. An meine Ohren drangen die Geräusche sich überschlagender Wellen und der Gesang der Möwen.

»Komm, lass uns zum Meer laufen«, rief mir Michael freudig zu.

Barfüßig und unbeschwert rannten wir die Dünen hinab. Dabei versanken unsere Füße so tief im weichen, heißen Sand, dass wir Mühe hatten, uns fortzubewegen. Wir hatten einen Riesenspaß. Dieser Urlaub unterschied sich so sehr von den langen Sommerferien, die ich früher im Heim oder bei meinen Verwandten verbracht hatte. Ich spürte, dass die Natur meine tiefsten Sehnsüchte und Ängste aufnahm und in pure Lebensfreude verwandelte.

Dann, Augenblicke später, wurden meine Füße von den Ausläufern einer Welle umspült. Ich empfand große Freude, als ich in das Wasser trat und dieses durch meine Tritte aufspritzte. Es war herrlich. Die Erde trug mich, der Himmel beschützte mich, das Meer berührte mich.

Angekommen am See

Langsam neigten sich die Sommerferien dem Ende entgegen. Die letzte Etappe unserer Reise sollte uns in Richtung Montpellier führen. Es hieß Abschied nehmen vom Atlantik, von der *Dune du Pilat*, dem bunten Treiben auf dem Campingplatz und den mit Sonnenanbetern bevölkerten Stränden. Freunde, die wir kennengelernt hatten, verließen wir wieder. Auf diesen Reisen lernte ich, dass keine Begegnung, kein Ort von Dauer ist. Diese Abschiede stimmten mich vor allem dann traurig, wenn ich mich an einem Ort besonders wohlfühlte. In diesen Momenten kämpfte ich wieder mit dem Abschiedsschmerz. Mutter Weglar schien das zu spüren. So durfte ich während der Fahrt oft zusammen mit ihr auf dem Vordersitz des Busses sitzen. Die Tatsache, dass ich auf dem Vordersitz zwischen meinen Pflegeeltern Platz nehmen durfte, gab mir das Gefühl von Geborgenheit und ein neues Gefühl, »Eltern« zu haben. Dies war, wie so manches im Kinderdorf, ein großer Kontrast zu meinen Einsamkeitserfahrungen in St. Niemandsland, etwa wenn ich alleine am Bettnässertisch hinter dem Fernseher saß.

Nach einigen Stunden Fahrt in glühender Hitze stellten wir fest, dass wir den falschen Weg erwischt hatten. Statt nach Montpellier zu gelangen, stießen wir plötzlich auf einen großen See. Die Straße führte quasi mitten in ihn hinein. Vater Weglar, der, wenn ihm etwas nicht gelang, hin und wieder zu cholerischen Anwandlungen neigte, war von der Hitze so überwältigt, dass er, statt mit Ärger zu reagieren, mit Freude in den See sprang. Es war das aufregendste Familienbad, das ich bis dahin erlebt hatte: Im heillosen Durcheinander planschten wir Kinder im Wasser herum und tauchten in die Tiefe, um rote Gesteinsbrocken zu bergen. Unser Hund, der ausgezeichnet schwimmen konnte, bellte dabei im Wasser. Einer meiner Pflegebrüder kam kurz darauf aufgeregt herangelaufen und sagte, er hätte einen Campingplatz mit einer vorgelagerten Insel entdeckt. Kurz darauf schlugen wir dort unsere Zelte auf. Seit diesem Jahr wurde der *Lac du Salagou*, von uns nur kurz Lac genannt, regelmäßig unser Urlaubsziel. Das sprach sich auch im Kinderdorf herum und andere folgten.

In den folgenden Tagen tauchten immer wieder Löschflugzeuge auf. Neugierig konnten wir beobachten, wie sie sich im Sinkflug der Wasseroberfläche näherten, um ihre »Bäuche« beim Berühren derselben mit Wasser zu füllen. Dann erhoben sie sich wieder in die Luft, um mit dem Wasser Sommerbrände in der näheren Umgebung zu löschen.

Der Lac ist ein Stausee, durch den der Fluss Salagou fließt. Er wurde in den 1960er Jahren angelegt und liegt im Lodève-Becken, benannt nach der nahegelegenen Kleinstadt Lodève. Dort fuhr Vater Weglar jeden Morgen mit einem von uns Kindern hin, um frisches Baguette und Croissants für das Frühstück zu kaufen. Jedes Mal nahm er einen anderen von uns mit. Er ließ es sich nicht nehmen, beim Bäcker seinen Morgen-Espresso zu trinken. Uns lud er zu Eis oder anderem Gebäck ein.

Diese kurzen Ausflüge waren für mich immer etwas Besonderes. Schon am Vorabend, wenn ich mit offenem Schlafsack im Zelt lag, freute ich mich, wenn ich wusste, dass ich am nächsten Morgen dabei sein würde. Ich erlebte das »Dabeisein-Dürfen« als eine Wertschätzung, die mich mit Glück erfüllte.

Auffällig an der Landschaft rund um den Lac waren die tiefroten Farben der Hügel und die schmalen Schluchten. Die Vegetation war von kleinwüchsigem Buschwerk und zarten Grasbüscheln geprägt, die wie grüne Farbtupfen auf dem tiefroten Boden wirkten. Im Hochsommer war das Gestein so heiß, dass es unmöglich war, barfuß zu laufen. Deshalb trug ich Sandalen, wie damals in St. Niemandsland. Eidechsen, frei laufende Hunde, kleine Schlangen und anderes Kleingetier gab es zuhauf. Außerdem erinnere ich mich an den Mistral, einen Sommerwind, der vor allen Dingen dann erfrischend wirkte, wenn man direkt aus dem Wasser kam.

Am spannendsten aber war für Michael und mich, dass ein Teil des verlassenen Dorfes am Rande des Sees unter Wasser lag. In dem Dorf lebte tatsächlich noch ein Fischer, den Michael und ich oft besuchten. Ich meine, er hieß Joseph. Er lehrte uns, mit der Angelroute umzugehen. Auch zeigte er uns stolz die präparierten Fänge, die die Wände seiner Räume zierten. Joseph war das Urgestein dieses Dorfes, er war dort aufgewachsen und nun der einzige Bewohner. Michael und ich besuchten ihn regelmäßig, weil er viel zu erzählen und zu zeigen hatte. Wir unterhielten uns mit Händen und Füßen. Im Spiel wurde das verlassene Dorf »unser« Dorf. Auch wenn Joseph einmal nicht da war, kletterten wir in den Ruinen der Häuser herum. Was für eine Freude! Vater Weglar ließ uns gewähren. Wir mussten immer nur sagen, wohin wir gingen.

Das Beste kam aber noch: Nach ein paar Tagen wurde Michael und mir bewusst, dass die kleine Insel vor dem Campingplatz unbewohnt war. Das brachte uns auf die Idee, dort einmal unter freiem Himmel zu übernachten. Aber wer fragte Vater Weglar? Diese Aufgabe übernahm ich. Als Gegenleistung bot ich Vater

Weglar an, zusammen mit Michael den morgendlichen Abwasch, der ansonsten täglich rotierte, für eine Woche zu übernehmen. Dann ging es los. Luftmatratzen aus den Zelten gezogen, Taschenlampen und Lebensmittel in Rucksäcke verstaut und ab ins Wasser. Nach kurzer Zeit erreichten wir zusammen mit unserem Hund die Insel. Von nun an mussten wir »unsere Insel« gegen unerwünschte Eindringlinge, wie unsere Pflegegeschwister, verteidigen. Knuppis Gebell half uns dabei.

Wow, noch nie hatten wir eine eigene Insel in Besitz genommen! Michael und ich waren stolz. Nachdem wir in der Dämmerung unsere Schlafstätte errichtet hatten, entzündeten wir ein Lagerfeuer. Das Holz dafür hatten wir zuvor auf der Insel gesammelt, die von allerlei Buschwerk bewachsen war. Es war ein wunderschöner Anblick, als wir nach Einbruch der Dunkelheit die feuerroten Funken in den Nachthimmel stieben sahen. Am gegenüberliegenden Ufer konnten wir die Umrisse der Hügel erkennen, in denen unser Campingplatz lag. Neben ihm befanden sich großzügig angelegte Weinfelder, die vom Patron des Campingplatzes gegen unerwünschte Eindringlinge verteidigt wurden. Sanft drang die Musik von der Tanzbar des Campingplatzes an unsere Ohren. Der Campingplatz war, wie der Nachthimmel auch, mit zart anmutenden Lichtpunkten übersät. Michael und ich lagen auf unseren Luftmatratzen am Lagerfeuer und betrachteten den Himmel. Die Sterne waren zum Greifen nahe. Es wehte ein lauer Sommernachtswind.

Dann plötzlich, von einem Moment zum anderen, geschah etwas Unerwartetes: Ich bekam es mit der Angst zu tun. Sie warf ihre dunklen Schatten auf meine Seele und drohte mich zu vernichten. Ich dachte an meine Zwillingsschwester. Bildfetzen aus St. Niemandsland tauchten in meiner Erinnerung auf: Die

Badewanne, in der ich damals von Schwester C. malträtiert wurde und in der ich mich noch Jahre später im Traum als faulende Kindsleiche liegen sah, die Holzbank, auf der ich lag, als die Pantoffeln auf mich einschlugen.

Erinnerungen wie diese tauchten in meiner Jugendzeit oft auf. Aber in dieser Nacht, als ich auf der Luftmatratze auf unserer Insel lag, erschienen sie mir kraftvoll, unbarmherzig und gewaltig. Unter dem mit Sternen übersäten Nachthimmel fühlte ich mich plötzlich verloren, wie damals in St. Niemandsland. Unsere kleine Insel bot uns keinen Schutz mehr. Ich fühlte mich auf ihr wie ein Gestrandeter, ohne Heimat, abgeschnitten von der Familie, abgeschnitten vom Rest der Welt. Deshalb wollte ich zurück in das mir vertraute Zelt. Ich glaube, Michael ging es auch so. Fast panikartig verließen wir kurz darauf mit unseren Luftmatratzen die Insel und kehrten zum Zeltplatz zurück. Der Spott, der vor allen Dingen von den älteren Geschwistern kam, ließ nicht lange auf sich warten. Unsere Rückkehr hatte aber auch etwas Gutes, denn am nächsten Tag konnten die älteren Pflegegeschwister die Insel in Besitz nehmen.

Ich war erleichtert, als ich zusammen mit Michael wieder in unserem vertrauten Zelt lag. Mutter Weglar setzte sich neben uns, und das erste Mal gelang es mir, über meine Angst zu sprechen. Ich erzählte Mutter Weglar davon, dass ich mich in dieser Welt oft verloren fühlte, dass es mir an Halt fehlte, ja, von meiner nicht weichen wollenden Einsamkeit. Das war das Schlimme an meinen Ängsten: Sie hatten keine Form, keine Farbe, keinen Klang, nur Gefühl – ein Gefühl der Nacktheit, wie wenn mir jemand bei lebendigem Leib die Haut abzöge. Und dabei wurde es mir kalt, bitterkalt.

Mutter Weglar hörte mir aufmerksam zu. Sie erklärte mir, dass die Angstzustände, die ich verspürte, ein Teil von mir waren. Sie waren ein Teil von uns Menschen, die es anzunehmen und nicht zu bekämpfen galt. Das gab mir zu denken.

Am nächsten Tag suchten Michael und ich uns ein neues Plätzchen in den nahegelegenen Hügeln. Wichtig war, dass der Platz in der Nähe des Campingplatzes lag. Das gab mir Sicherheit.

Auszug aus dem „Brief aus Wahlwies", Herbst 1978, Heft 60
(Dies ist mein erster veröffentlichter Erfahrungsbericht, im Alter von zwölf Jahren geschrieben; *Anmerkung des Verf.*)

Nächte in den Bergen
Michael und ich wollten einmal gerne in den Bergen schlafen. Wir fragten Mama, ob wir in den Bergen schlafen dürften. Mama war mit dem Vorschlag einverstanden, und so fingen wir an, uns einen guten Platz in den Bergen auszusuchen. Als wir einen Platz hatten, da fingen wir an, eine Bahn für die Kieselsteine zu bauen. Wir ließen Kieselsteine herunter und verschönerten damit den Platz. Dann sprach Michael: „Wieso wollen wir uns nicht eine Mauer bauen?"
Um zu sehen, wie schön der Platz aussieht, legten wir zuerst die Steine davor. Es sah sehr schön aus, und so bauten wir uns eine Grenzmauer. Als wir mit der Arbeit fertig waren, sprach ich: „So, nun können wir Mama holen." Wir kletterten wieder an der steilen Wand zurück. Dann waren wir fast unten, da sagte Michael zu mir: „Wir können Mama doch nicht antun, dass sie hier auf den Felsen herumklettern soll."
Also suchten wir einen Weg, wo man bestimmt gut laufen könnte. Als wir bei Mama ankamen, sprach sie: „Nach dem Essen schaue ich euren Platz an." Also aßen wir zuerst noch die gute

Mahlzeit. Nach dem Essen trugen wir all unsere Kleider, Schlafsäcke, Proviant, Schuhe, Luftmatratzen usw. in unser Lager. Als Mama in unser Lager kam, sprach sie: „Ihr habt es euch hier ja ganz schön und gemütlich eingerichtet, hier könnte ich auch sehr gut schlafen."
So lobte Mama unser Lager, bis Papa wiederkam. Als er das Lager sah, begann wieder alles von Neuem. Michael und ich waren natürlich sehr stolz auf dieses Lob und fühlten uns sehr wohl. So, sagte Mama, jetzt wird noch nach oben gegangen, um auf die Toilette zu gehen. Wir sagten dann noch gute Nacht und gingen los. Wir setzten uns noch auf den Felsen, um zuzuschauen, wie die anderen mit dem Floß und dem Kerzenlicht hinüber zur Insel paddelten. Dann sprach ich: „Komm, nun wollen wir in unser Lager gehen und dort unsere erste Nacht verbringen."
Am nächsten Morgen wachten wir schon sehr früh auf, denn irgendetwas hatte uns aus dem Bett geholt: Es war ein Frosch! Wir aßen als Erstes unseren Proviant und sprangen dann ins Wasser. Den Tag verbrachten wir eigentlich sehr schön, aber als wir am Abend in unser Lager kamen, da roch es sehr merkwürdig. Am nächsten Tag, wo wir abbrachen, sahen wir lauter Hundeschitte. Das war der Grund, warum wir die Nase so voll hatten.

Clemens

Der Mann, der vom Himmel fiel

Die Pflegeeltern Weglar unternahmen mit uns Kindern auch an den Wochenenden ausgedehnte Ausflüge. In den Sommermonaten fuhren wir mit Fahrrädern an den nahe gelegenen Bodensee, um uns im kühlen Nass zu erfrischen. Zunächst fiel es mir schwer, im kalten Wasser zu schwimmen. Unbewusst brachte ich das mit den Kaltduschexzessen von St. Niemandsland in Verbindung, fühlte den Schmerz des kalten Wassers auf meiner Haut. Mit der Zeit jedoch überwog die Freude am Spiel mit meinen Pflegegeschwistern. So tauchten wir oft gemeinsam, sprangen von Bootsstegen oder spielten Wasserfangen. Wenn wir spielten, konnte ich loslassen, die Bewegung ließ mich die Kaltduschexzesse vergessen. Auch wollte ich kein Feigling oder gar ein Spielverderber sein, der sich nicht traute, ins kalte Wasser zu springen.

In den Herbst- und Wintermonaten unternahmen wir ausgedehnte Spaziergänge, die uns durch Wälder und über brach liegende Felder und Wiesen führten. Ich genoss die frische Luft und die milden Sonnenstrahlen. Sie erfrischten mein Gemüt, das oft von einem bleiernen Gefühl der Leere und Niedergedrücktheit belastet wurde. Wo immer ich lief, spielte, atmete und weinte, spürte ich die anhaltende Verbindung zu Schwester C., die ich zunächst vergessen geglaubt hatte. Die unheilvolle Vergangenheit lebte in mir fort, nagte an meinem Herzen.

Bei diesen Spaziergängen nahm ich zunehmend wahr, dass mich Wälder ängstigten. Das düstere Licht des Waldes, die dicht aneinander stehenden Bäume lösten in mir Unbehagen aus, engten mich ein, berührten alte Wunden. Vielleicht lag dieses Unwohlsein auch daran, dass ich in St. Niemandsland häufig nachts durch dunkle, schmale Flure geschlichen war, um meine »Seicherwäsche« in der Toilette trocken zu reiben. Auch waren die Spiel- und Schlafsäle von St. Niemandsland düster gewesen. Zwar fiel es mir leichter, den Wald auszuhalten, wenn ich mit der Familie unterwegs war, alleine jedoch waren mir solche Spaziergänge nicht möglich. Hinzu kam, dass die Furcht nicht verschwand, wenn die Laubbäume im Herbst ihre Blätter abwarfen. Ich hatte Angst, dass diese im Frühjahr nicht mehr nachwachsen würden. Durch diese Angst kam ich immer wieder mit den frühen Todesängsten in Berührung, die ich in der Badewanne bei den morgendlichen Kaltduschexzessen von St. Niemandsland auszuhalten hatte.

Die Angst vor den Wäldern überwand ich erst im Erwachsenenalter. Die Angst jedoch, dass der Frühling keine neuen Blätter hervorbringen würde, ist bis heute nicht verschwunden. Allerdings habe ich im Laufe meines therapeutischen Prozesses gelernt, diese nüchterne Tatsache zu akzeptieren und mit ihr umzugehen: Mache dir keine Vorstellungen von der Zukunft, hänge nicht der Vergangenheit nach. Akzeptiere das Hier und Jetzt!

Die Ausflüge waren fester Bestandteil unseres Familienlebens. Damit wurden sie auch fester Teil meines Lebens. Das gab mir Halt und Sicherheit. Ich lernte, mich auf das Familienleben einzulassen – und damit auch auf mich und meine Gefühlsreaktionen. In St. Niemandsland wurde ich wegen des Bettnässens und meines unruhigen Verhaltens von der Gruppe ausgegrenzt. Die Erfahrung, alleine am Bettnässertisch zu sitzen und trockenes Brot zu essen, während die »Trockengebliebenen« *Reiberdatschi* mit Apfelkompott aßen, hielt mich gefangen.

Die inneren Schutzmauern, die ich im Lauf der Zeit aufgebaut hatte, erschwerten das Familienleben. Das hatte ich schon bei den anderen Pflegefamilien bemerkt. Ich tat mich schwer, in einer Gruppe von Kindern zu spielen, und suchte gezielt Freunde aus, die ebenfalls Einzelgänger waren und mit denen ich alleine spielen konnte. Meine Pflegeeltern Weglar aber erkannten mit der Zeit diesen Mangel und taten mit viel Liebe und Verständnis das Ihre, um mir einen sicheren Platz in der Familie zu ermöglichen. Es gab Tage, an denen konnte ich mich auf das Familienleben einlassen. Es gab aber auch Tage, an denen ich das Alleinsein suchte, indem ich mich, ohne mich abzumelden, davonschlich und mit dem Fahrrad drauflos fuhr, ohne festes Ziel, einfach so. Im Winter genoss ich die eiskalte Luft. Ich spürte die Kälte nicht, wenn ich im T-Shirt bei Minusgraden mit dem Fahrrad unterwegs war. Mutter Weglar war entsetzt, als sie mich im tiefsten Winter einmal so im Haus in Empfang nahm.

»Frierst du denn nicht?«, fragte sie mich.

Ich hatte den Weglars nie von den Kaltduschexzessen in St. Niemandsland erzählt. Ich konnte einfach nicht darüber sprechen. Da war es besser, mit dem T-Shirt bei Eiseskälte in der Gegend herumzufahren. Vielleicht war das meine Sprache, die sie verstanden.

»Nein, ich spüre die Kälte nicht!«, sagte ich.

Aber ich spürte den Wind, die eiskalte Winterluft, die ich in meine Lungenflügel einsog, spürte die Kraft meiner Bewegungen, wenn ich in die Fahrradpedale trat, fühlte die Freiheit, die meine Erinnerungen an die Mauern von St. Niemandsland zum Bersten brachte. Und das war ein gutes Gefühl! Ich lebte. Und dieses neue Leben floss durch meinen Körper, durchdrang mein Sein.

Es war spät am Nachmittag, als wir einmal von einer unserer Fahrradtouren zurückkehrten. Es muss ein Frühsommertag gewesen sein. Als wir vor unserem Haus zum Stehen kamen, beobachteten wir ein Kleinflugzeug, das über den nahegelegenen Flugplatz von Stahringen flog. Ich weiß nicht, was meine Aufmerksamkeit erregte. Auf jeden Fall folgten meine Blicke unermüdlich dem Flugzeug. Dieser Anblick hatte etwas Magisches.

Was muss das für ein Gefühl sein, so hoch oben im Himmel zu fliegen, dachte ich. Herr Schütz hatte mir oft von seinen Ballonfahrten berichtet, von den unendlichen Weiten des Himmels, von der Losgelöstheit von allem Irdischen. Pure Unbeschwertheit und Freiheit. Aber jede Freiheit, jede Losgelöstheit birgt auch Gefahren, wie sich zeigen sollte.

Das wurde mir schlagartig klar: Kurz nachdem ich das Flugzeug erblickt hatte, sah ich, wie ein Fallschirmspringer nach dem anderen heraussprang. So etwas hatte ich zuvor noch nie gesehen. Unglaublich, wie sich diese fliegenden Pilze, einer nach dem anderen, der Erde näherten. Dann noch einer! Er fiel wie ein Stein vom Himmel, der Fallschirm hatte sich nicht geöffnet. Mir stockte der Atem. Uns stockte der Atem. Sichtbar für jeden, verwandelte sich die zunächst gelebte Unbeschwertheit und Freiheit der fliegenden Pilze in Tod, der uns Menschen unerwartet und überall ereilen kann.

Da überfiel es mich wieder, jenes Gefühl, das ich oft in der Badewanne hatte aushalten müssen. Ich hatte beim Anblick des

Mannes, der vom Himmel fiel, das Gefühl, ersticken zu müssen. Ich umgriff mit voller Kraft den Fahrradlenker, suchte Halt. Ich war Zeuge, nein, wir waren Zeugen eines Todessprungs geworden. Ich konnte es nicht fassen, dass das Leben so nüchterne, so trostlose Momente hervorbrachte, die mein Innerstes von einem auf den anderen Moment erschütterten. Auf einmal war ein Leben erloschen, einfach so, von einer Sekunde auf die andere. Augenblicke später hörten wir in der Ferne Martinshörner heulen.

Erinnerungen brachen hervor: Ich hatte jeden verfluchten Tag in der Badewanne überlebt, der sich immer wie ein freier Fall aus dem Orbit anfühlte. Ich hatte Glück gehabt. Mein »Fallschirm« war immer in dem Moment aufgegangen, als ich wieder atmen konnte, als ich dem Erstickungstod entronnen war.

Ich habe noch oft an den Fallschirmspringer gedacht, an das jähe Ende eines Lebens, das nur wenige Augenblicke zuvor noch von Unbeschwertheit und Freiheit durchdrungen gewesen war. Gleichwohl war es mir nach wie vor nicht möglich, über die Geschehnisse in St. Niemandsland zu sprechen. Nicht mit meinen Pflegeeltern, nicht mit Clara. Zu groß war meine Angst, daran zu ersticken.

Schildkröten backen

Eines Tages schickte mich Herr von B., der den Musiklehrer vertrat, nach Hause, nachdem er mir eine schallende Ohrfeige verpasst hatte. Was war geschehen?

Herr von B. war einer der Kinderdorfleiter, und es kam häufiger vor, dass erkrankte Lehrer von den Mitarbeitern des Kinderdorfes vertreten wurden. Herr von B. war etwa zwei Meter groß, er hatte schütteres rötliches Haar. Seine Augenbrauen waren buschig. Sein Blick war freundlich, sein Wesen ruhig und gelassen. Ich hatte Respekt vor ihm. Wenn er lief, zog er ein Bein nach. Erst später erfuhr ich, dass er im Zweiten Weltkrieg einen Unterschenkel verloren hatte und ein Holzbein trug. Herr von B. erzählte uns Schülern oft aus seinem Leben. Er hatte in Stalingrad gekämpft und überlebt. Als Doktor der Biologie kannte er sich gut mit Pflanzen aus. So initiierte er die sogenannte Dorfverschönerung.

Einmal im Monat an einem Samstag trafen sich Mitarbeiter und Kinderdorfkinder für ein paar Stunden, um die Grünanlagen des Kinderdorfes zu verschönern. Herr von B. tat dies stets mit großer Hingabe. Man merkte, dass ihm die Natur am Herzen lag. Das Ergebnis konnte sich sehen lassen: Wir mähten den Rasen, schnitten Bäume, zupften Unkraut, pflanzten im Frühling bunte Blumen. Auch dieser Dienst an der Dorfgemeinschaft verband mich mit meiner Umgebung. So lernte ich viel über das Wesen der Bäume und anderer Pflanzen. Erst Jahre später wurde mir die tiefe Bedeutung des Wesens der Natur bewusst: Sie wirkt heilsam und erfüllt die Seele mit Freude.

In der Klasse tat ich mich von Anfang an schwer, meinen Platz zu finden. Das war schon in der Grundschule und auch später in der Hauptschule so. In der Grundschule hatte ich mich wegen meiner Heimkleidung und wegen meines Verhaltens von den Mitschülern ausgegrenzt gefühlt. In der Waldorfschule jedoch war die Heimkleidung nicht mehr das Problem, die hatte ich mit dem Verlassen von St. Niemandsland für immer abgelegt. Was ich jedoch nicht abgelegt hatte, waren meine schrecklichen Erinnerungen, die ihre unübersehbaren Schatten auf mein Verhalten warfen: Wenn ich die Klasse betrat, fühlte ich mich oft unsicher, wusste nicht, wo mein Platz war.

Clara erging es genauso. Es war nicht so, dass wir nicht wussten, wo unsere Schulbank stand. Nein, vielmehr lösten die vielen Mitschüler – die sechste und siebte Klasse waren zusammengelegt, sodass wir etwa vierzig Schüler waren – ein Gefühlschaos in mir aus. Ich fühlte mich orientierungs- und haltlos, fühlte mich von vornherein ausgegrenzt, ohne jeglichen Anlass, wie damals, als ich hinter dem Fernseher am Bettnässertisch saß. Diese Achterbahnfahrt der Gefühle riss mich mit und legte jene Kräfte frei, die eine Selbstkontrolle unmöglich machten. Es war eine unbeschreibliche Kraft. Sie war die Triebfeder meiner Aggressionen. In diesen Momenten überfiel mich ein Gefühl des Getrieben-Seins. Eine Welle von Wut, Provokation, dem Drang zu prügeln brach aus mir heraus, der ich nichts entgegensetzen konnte. Ihr zugrunde lagen tief sitzende Ängste. Ich begann meine Mitschüler zu provozieren oder, wenn diese auf meine Provokationen nicht ansprangen, die Lehrer anzupöbeln. Dabei bedachte ich weder die Konsequenzen meines Verhaltens, noch achtete ich die Grenzen meiner Mitmenschen. Ich agierte. Dieses Gefühlschaos hatte aber auch etwas Berauschendes: Von einem gewissen Punkt an spürte ich keine Angst mehr.

Ich kann mich nicht mehr genau daran erinnern, welche Umstände mich an diesem Morgen wieder in Rage gebracht hatten. Auf jeden Fall setzte mich Herr von B. wegen nachhaltigen Störens kurzerhand vor die Tür. Das machte mich noch wütender, da ich mich nun vollends ausgegrenzt fühlte. Nachdem ich mir eine Handvoll Sand vom nahe gelegenen Spielplatz besorgt hatte, öffnete ich die Tür des Klassenzimmers und bewarf damit die Mitschüler und Herrn von B. Das war der hilflose Versuch, meiner Ohnmacht zu entkommen.

Aber Fehlanzeige! Ehe ich mich versehen konnte, kam Herr von B. schnellen Schrittes auf mich zugehumpelt und versetzte mir eine schallende Ohrfeige. Kein Problem! Ich holte daraufhin mit dem Fuß aus und trat ihm gegen sein Holzbein. Das Ende vom Lied: Schulausschluss für eine Woche. Das hatte ich nun davon.

Clara verstand meine Reaktion. Herr von B., die Mitschüler und meine Pflegeeltern allerdings nicht. Das gab mir zu denken. Im Kinderdorf war es in einigen Familien üblich, eine Wiedergutmachung zu leisten. Was eine Wiedergutmachung war, kannte ich ja bereits von früher. Bei Weglars hatten wir hinter dem Haus ein Schildkrötengehege. Im Sommer war ich oft mit einem meiner Pflegebrüder dabei, wenn er sie fütterte. Im Winter vergruben wir sie, um sie vor der Kälte zu schützen. Ich erinnere mich noch gut daran, wie ich an den Nachmittagen am Gehege saß und die Schildkröten beim Fressen beobachtete. Ihr langsamer Gang hatte eine beruhigende Wirkung auf mich. Ich mochte unsere Schildkröten. Dies brachte mich nach reiflichen Überlegungen auf folgende Idee: Ich wollte für alle Kinderdorfbewohner eine Wiedergutmachung leisten. Da sich die Beschwerden über Clara und mich gehäuft hatten, war es an der Zeit, mein Verhalten durch etwas Positives auszugleichen.

Ich fragte Mutter Weglar, ob ich in unserer Küche für alle Dorfbewohner Schildkröten backen dürfe. Zunächst glaubte Mutter Weglar, ich wollte unsere lebenden Schildkröten im Ofen backen. Was für eine verrückte Idee! Dann klärte ich sie auf.

»Aus Teig möchte ich eine große Kugel formen. Diese drückt man dann so lange auf eine harte Oberfläche, bis sie die Form einer Halbkugel hat. Mit dem Messer schneidet man dann Ritzen auf die Fläche der Halbkugel, damit ist der Schildkrötenpanzer fertig. Nun noch fünf kleine Kugeln rollen, vier für die Beine, eine für den Kopf. Die drücke ich dann an den Panzer. Dann noch zwei Rosinen als Augen. Ab in den Backofen, und fertig ist die Schildkröte.«

Ich malte mir aus, wie schön goldgelb die Schildkröte dann aussehen würde. Mutter Weglar sah mich für einen kurzen Moment mit ihren großen blauen Augen an. Dann strich sie mir, wie sie es oft tat, liebevoll mit ihrer Hand durchs Haar.

»Unsere Küche ist zu klein für so viele Schildkröten«, antwortete sie mir. »Gerne können wir aber unseren Bäcker, Herrn R., anrufen. Vielleicht kannst du sie ja bei ihm in der Bäckerei backen.«

Gesagt, getan. Etwa zwei Tage später rührten wir den Hefeteig in einer großen Teigtrommel an. Herr R., der selbst Kinderdorfvater war, erklärte mir alles geduldig, Schritt für Schritt. Ich hatte einen Riesenspaß bei der Arbeit. Die Vorstellung, dass ich damit mein Ansehen im Kinderdorf verbessern würde, motivierte mich zusätzlich.

Nachdem ich etwa achtzig Schildkrötenpanzer und vierhundert kleine Kugeln von Hand geformt und sie an die Schildkrötenpanzer gedrückt hatte, kam der große Moment. Herr R. zeigte mir, wie man das Backwerk auf einen Holzschieber legte und ihn dann vorsichtig in den Backofen schob. Da nur etwa vier Schildkröten auf einen Schieber passten, hatte ich viel zu tun. Bei dieser Arbeit spürte ich mich: Holzschieber nehmen, in den Backofen schieben, ruckartig wieder herausziehen, sodass die Schildkröten im Ofen zurückblieben. Ich schwitzte, wischte mir mit den Armen den Schweiß von der Stirn. Mein Körper war in ständiger Bewegung. Das tat gut!

Neugierig beobachtete ich, während ich mir eine Handvoll Rosinen in den Mund stopfte, wie die Schildkröten im Backofen langsam größer und größer wurden. Der Geruch von frischem Gebäck machte sich in der Backstube breit. Ich war aufgeregt.

Herr R., eine rheinische Frohnatur, spürte meine Freude. Er sprach auch verständnisvoll mit mir über mein Verhalten im Kinderdorf, das sich inzwischen herumgesprochen hatte. Er gab mir aber zu keinem Zeitpunkt das Gefühl, dass ich deshalb ein schlechter Mensch wäre, im Gegenteil.

»Nimm dich an, wie du bist, bleib dir treu«, lautete sein Motto. Auch Herr R. war ein Menschenfreund, wie die meisten Mitarbeiter im Kinderdorf.

»So, und jetzt kannst du die Schildkröten aus dem Ofen holen«, forderte er mich schließlich auf.

Meine Augen begannen zu leuchten. Aus allen Schildkröten war etwas geworden. Genauso wollte ich es in meinem zukünftigen Leben halten: Auch aus mir würde etwas werden, obwohl Schwester C. immer gesagt hatte, dass »aus dir Drecksau eh nix wird«. Mit aller Kraft schob ich den Holzschieber unter die

Schildkröten, um eine nach der anderen aus dem Ofen zu wuchten. Mir lief der Schweiß den Körper hinunter. In diesem Moment, als ich eine Schildkröte nach der anderen aus dem Ofen holte, spürte ich mich, wie ich mich noch nie gespürt hatte. Ich fühlte pures Glück, denn nun konnte ich mein Versprechen bezüglich der Wiedergutmachung einlösen.

Nachdem die Schildkröten abgekühlt waren, legte ich sie vorsichtig in die dafür vorgesehenen Plastikbottiche. Zusammen mit Herrn R. hob ich sie auf einen Bollerwagen. Dann zog ich voller Stolz von einem Familienhaus zum nächsten. Dann zum Mitarbeiterhaus und schließlich zum Jugend- und Mädchenhaus. Dankend nahm die Dorfgemeinschaft meine Wiedergutmachung an. Das tat mir gut, sehr gut. Meine Taten waren bereinigt und mein schlechtes Gewissen war vollends verschwunden.

Losgelöst von den Wiedergutmachungen waren auch die vielen Gespräche mit Vater oder Mutter Weglar. Beide mochten mich, beide schützten mich – mal vor mir selbst, mal vor unliebsamen Lehrern, die mich zu Unrecht auf dem Kieker hatten. Diese Loyalität, dieses Eingebettet-Sein in die Familie waren die wichtigsten Stützen für meine Entwicklung. Sie brachten mich meinem früh abhandengekommenen Urvertrauen ein ganzes Stück näher. Das gegenteilige Ziel davon hatte Schwester C. verfolgt. Wie verschieden die Erziehungsmethoden doch sein konnten.

Mein Schildkröten-Backen wurde schließlich zur Institution. Mehrmals im Jahr buk ich sie für das ganze Kinderdorf. Freunde halfen mir dabei.

Auszug aus den Jugendamtsakten vom 29.06.19..

Entwicklungsbericht

Die Handlungen des Jungen wirken noch unüberlegt, aus der momentanen Situation, dem Augenblick heraus gehandelt. Schnell gewinnt der Beobachter den Eindruck, dass Clemens nicht in der Lage ist, sein Tun zu überschauen. Leider kommt er dadurch des Öfteren in Situationen, die nicht nur für ihn, sondern auch für seine Umwelt gefährlich werden ...
... Sein Verhalten innerhalb des Klassenverbandes ist nur selten vertretbar. Ungehemmt stört er laufend den Unterricht und ist dadurch nur selten in der Lage, den dargebotenen Stoff inhaltlich zu ergreifen ...
... Sind Angelegenheiten geregelt, beginnt er sofort damit, sich in ein neues Chaos zu begeben. Aus diesem Verhalten kann auf eine gewisse geistige Beschränkung geschlossen werden ...
Andererseits hat er die Möglichkeit, mit viel Kraft Liebe an seine Mitmenschen zu geben. Hilfsbereit gräbt er für einmal einen Garten um, holt dort für kranke Menschen etwas vom Kaufmann, hat für die ganze Familie eine Überraschung vorbereitet, es könnten Aufzählungen beliebig ausgeweitet werden. In solchen Situationen kommt der eigentliche Clemens zum Zuge,

und es ist für die Erzieher wohltuend und stärkend, diese Seite des Jugendlichen zu erleben.
In seiner Freizeit ist Clemens ständig unterwegs, er hat immer etwas zu tun, weiß sich zu beschäftigen, Langeweile ist ihm fremd. Zu sehr lebt er ständig von Ideen, die er umzusetzen versucht.
Außerhalb des Kinderdorfes hat Clemens zu seiner Tante, seinem Vater und den anderen Verwandten nur sehr wenig Kontakt. Dennoch liebt er seinen Vater und ist immer wieder enttäuscht, wenn dieser zum soundsovielten Male seine Versprechen nicht einhält.

Die Lehrerin

Clara und ich hielten immer zusammen. Wenn wir uns gegen unliebsame Lehrer oder Erzieher zur Wehr setzten, hatten wir gegenseitiges Verständnis für unser Verhalten. Nicht so die Lehrer und Erzieher. Wenn Clara und ich im Doppelpack auftraten, bedeutete das Kraft, bedeutete das Kampf. Häufig spornten wir uns gegenseitig an, wenn es darum ging, den Lehrern Paroli zu bieten oder unliebsame Mitschüler zu verprügeln. So erinnere ich mich noch gut daran, dass Clara nicht davor zurückschreckte, zurückzuschlagen, wenn sie von der Klassenlehrerin geohrfeigt wurde. Auf diese Weise setzte sie Grenzen. Clara wollte zu dieser Zeit immer ein Junge sein, wie ich. Dazu gehörten Mutproben, Prügeleien und das Spielen von Streichen.

Eines Tages gerieten Clara und ich aneinander. Ich weiß nicht mehr genau, warum. Ich glaube mich daran zu erinnern, dass sie mich als »Seicher« beleidigt hatte, und das vor meinen Klassenkameraden. Übermut tut selten gut! Ich war ohnehin in der Schule oft gereizt, weil die Klassenlehrerin mich auf dem Kieker hatte. So musste ich oft nachsitzen, weil ich meine Epochenhefte nicht pünktlich abgab oder weil ich während des Flötenunterrichts absichtlich falsche Noten spielte.

Unsere Klassenlehrerin hatte eine große Schwäche für Beethoven. Jeden Morgen vor Schulbeginn ließ sie die gesamte Klasse »Freude schöner Götterfunken« flöten. Dabei begann sie zu weinen. Für ihre Tränen hatte ich kein Verständnis. Warum weinte eine erwachsene Frau, wenn wir »Freude schöner Götterfunken« flöteten? Ich bemerkte schon bald, dass mich ihre Tränen aggressiv machten. Auch machte es mich wütend, dass ich ihr nichts recht machen konnte. Ständig nörgelte sie an mir herum.

Frau Maier war eine kleingewachsene Frau. Ihr dunkelblondes, leicht gewelltes Haar trug sie im Pagenschnitt. Sie hatte eine Brille, und ihr Gesicht war mit Warzen besetzt. Frau Maier war keine Schönheit. Ihre Erscheinung war alles in allem sehr bieder. Dabei hatte sie etwas Strenges und Hartes. Obwohl sie stets versuchte, liebe- und verständnisvoll zu wirken, nahm ich etwas Bedrohliches an ihr wahr. Sicher lag das bis zu einem gewissen Grad auch daran, dass ich sie immer wieder durch mein ungezogenes Verhalten provozierte: Stören im Unterricht, laute Zwischenrufe …

Auf diese Provokationen reagierte sie mit Nachsitzen. Doch Nachsitzen hieß bei Frau Maier: Nach-Spinnen, Nach-Stricken, Nach-Flöten – also alles Tätigkeiten, die meinem Selbstverständnis als Junge eklatant widersprachen. Besonders demütigend daran war, dass ich dabei stets von meinen Spielkameraden am Fenster Besuch erhielt. Ich schämte mich zutiefst, wenn sie mich stricken oder spinnen sahen. So ging es ein paar Tage, bis ich mich dem Nachsitzen verweigerte. Ich erklärte ihr, dass ich nicht mehr weiter stricken, spinnen oder flöten wolle und deshalb die Klasse verlassen würde. Doch sie baute sich vor der Tür auf, demonstrierte ihre Macht und schickte mich zurück ans Spinnrad. Hier nun nahm ich zum ersten Mal deutlich eine Energie wahr, die mich an Schwester C. erinnerte. Ich fühlte mich wie ein Gefangener, fühlte mich wie ein Heimkind! Frau Maier hatte so ein hämisches Grinsen in ihrem Gesicht. All das reizte mich bis zur Weißglut. Dann setzte der Tunnelblick ein: Ich rannte direkt auf sie zu. Sie versperrte mir immer noch den Weg. Dann ein Befreiungsschlag, die Türklinke nach unten gedrückt, und weg war ich.

Doch zurück zu Clara und mir. Die Zeit war reif. Clara hatte mich vor den Mitschülern gedemütigt, und sie verweigerte mir eine Entschuldigung. Das machte mich rasend, und in der Pause gingen wir aufeinander los. Zunächst prügelten wir uns, wie wir es mit den anderen Jungs auch taten. Fäuste flogen, Tritte folgten. Ich schrie sie an, sie solle sich entschuldigen. Clara aber wollte nicht. Ich weiß nicht warum, aber plötzlich griff ich an ihren Hals und drückte zu, wie damals bei den Kätzchen auf dem Bauernhof. Dabei schrie ich sie an, außer mir vor Wut:

»Mich nennt keiner mehr Seicher!«

Claras Gesicht verzerrte sich vor Schmerz, aber das nahm ich in diesem Moment gar nicht mehr wahr, zu sehr war ich in meiner Wut, in meiner Ohnmacht gefangen. Ich bemerkte auch nicht, dass Clara keine Luft mehr bekam. Ich war im Rausch, wie so oft bei Prügeleien.

Plötzlich riss mich jemand an meinen Haaren von Clara fort. Ich spürte einen Schlag auf die eine Backe, dann auf die andere. Dann merkte ich, wie wütende Hände meinen Hals umklammerten und zuzudrücken begannen. Die Fingernägel von Frau Maier gruben sich in meinen Hals, bis Blut hervortrat. Ich hatte Angst zu ersticken – wie Clara Augenblicke zuvor, wie ich selbst in der Badewanne. Frau Maier war im Vorteil. Sie hatte mich von hinten angegriffen, ich hatte sie nicht kommen sehen.

»Na, Clemens, wie fühlt sich das an?«, schnaubte es aus ihr hervor.

Sie triumphierte. Ich hatte ihr nichts entgegenzusetzen. Fast kam es mir wie eine Abrechnung für meine zurückliegenden

Entgleisungen vor. Frau Maier glotzte mich siegessicher an. Nun war ich es, der nach Luft japste! Der Druck ihres Würgegriffes nahm zu, ihre Fingernägel gruben sich tiefer und tiefer in meinen Hals. Ich hatte Angst, dass sie mich umbringen würde. Schweiß lief von ihrer Stirn, und ihr Gesicht war stark gerötet. Ich hatte das Gefühl, dass Schwester C. vor mir stand, genauso bedrohlich, genauso zerstörerisch.

Dann ließ sie plötzlich von mir ab. Clara weinte, ich weinte. Frau Maier war außer Atem. Ich hustete, hielt meine Hände an den Hals. Die Wunden, die Frau Maiers Fingernägel verursacht hatten, bluteten und brannten wie Feuer. Ich schwitzte. Clara schwitzte, Frau Maier schwitzte. All das wirkte surreal. Um uns herum hatten sich die Mitschüler versammelt, wie damals in der Grundschule. Es wurde getuschelt, gegafft, Fragen gestellt und gelacht. Bisher hatte es kein Schüler gewagt, sich mit Frau Maier anzulegen. Ich hasse sie wegen ihrer Gewalttätigkeit, wie damals Schwester C.

Frau Maier schickte mich nach Hause. Schulverbot für eine Woche! Vater und Mutter Weglar jedoch schätzten die Situation offenbar anders ein. Gewiss, und das sah ich im Nachhinein ein, war es inakzeptabel, die Hand gegen einen Lehrer zu erheben oder die eigene Zwillingsschwester zu würgen. Es war aber auch nicht in Ordnung, dass eine Lehrerin einen Schüler würgte. Und schon gar nicht auf die Weise, wie Frau Maier es getan hatte. Vielleicht waren die Wundmale, die ihre Fingernägel auf meinem Hals hinterlassen hatten, genug Ausdruck für die Aggression, die sie in sich trug.

Mutter und Vater Weglar versuchten, gerecht zu sein, wie immer. Sie konfrontierten mich mit meinem Verhalten und forderten mich zum Nachdenken auf. Gewalt konnte kein Mittel zur Konfliktlösung sein. Da diese Gespräche immer in einer verständnisvollen Atmosphäre stattfanden, konnte ich meine Fehler leichter erkennen und annehmen. Auch lernte ich aus ihnen, so gut es ging. Das Ende vom Lied war, dass ich eine gehörige Strafarbeit von den Weglars aufgebrummt bekam. Das Schulverbot allerdings wurde umgehend aufgehoben. Welche Erleichterung, nicht von der Klasse ausgeschlossen zu werden.

Stattdessen musste ich »Die Bürgschaft« von Friedrich Schiller auswendig lernen. Hierbei entdeckte ich mein Interesse für deutsche Dichter. Ich fand die Reimverse der Ballade beeindruckend. Die Kraft und die Bilder, die sie in mir hervorriefen – wie schreibt man so was?

Weitere Gedichte zum Auswendiglernen folgten. Dafür hatte ich etwa drei Tage Zeit. Dann trug ich alles meiner Familie vor. Stolz war ich, wie ein kleiner Prinz. Denn ich lernte leicht und trug die Verse fehlerfrei vor. Das beeindruckte alle.

Ein anderes Mal sollte ich Schillers Ballade »Der Taucher« auswendig lernen. Da ich jedoch keine Zeit zum Auswendiglernen fand, trat ich völlig unvorbereitet vor die Klasse und improvisierte:

»Der Taucher, von Friedrich Schiller. Blubb, blubb, weg war er.«

Die Klasse brach in schallendes Gelächter aus. Ich auch. Die Lehrerin nicht. Mein Vortrag zog sogleich eine weitere »pädagogische Maßnahme« nach sich. Ich meine mich zu erinnern, dass ich die Klasse erst wieder betreten durfte, als ich das Gedicht auswendig konnte.

Frau Maier blieb übrigens aufgrund ihrer »pädagogischen Maßnahme« nicht länger unsere Klassenlehrerin. Sie wurde der Schule verwiesen und verließ bald darauf auch das Kinderdorf.

Erste Schritte der Heilung

Ich wurde immer von einem Gefühl tiefster Scham ergriffen, wenn ich wieder ins Bett gemacht hatte. Dieses Gefühl stieß mich in einen Zustand der Hilf- und Haltlosigkeit. Auch fühlte ich mich deswegen oft schmutzig oder hatte das Gefühl, diese »Schwäche« verstecken zu müssen. So wie damals in St. Niemandsland, als ich nachts auf der Bubentoilette die eingenässten Sachen mit den Händen trocken rieb, in der Hoffnung, das Einnässen ungeschehen machen zu können.

Ich war der einzige Bettnässer in der Pflegefamilie. Diese Tatsache verstärkte das Gefühl der inneren Isolation. Ich glaubte nach wie vor, dass etwas mit mir nicht stimmte, glaubte, dass ich wegen des Bettnässens wertlos sei. Das Kopfkino wollte nicht enden, es lief immer weiter, wie ein Perpetuum mobile. Mein einziger Trost war Clara. Auch sie litt unter dem Einnässen. Das weiß ich aus unseren Gesprächen. All diese Gefühle und die damit einhergehenden Selbstzweifel waren für die Außenwelt unsichtbar. Wie damals in St. Niemandsland oder in der Schule provozierte ich und prügelte mich, um diesem inneren Gefängnis zu entkommen. Obwohl mich meine Pflegefamilie nicht ein einziges Mal wegen des Bettnässens diskriminierte, geschweige denn bestrafte, wollten diese Gefühle nicht verschwinden. Sie stießen mich zurück in die lebensbedrohlichen Momente, in denen ich vor Schwester C. auf dem Boden kroch, wenn sie mich in den Badesaal trat und dort quälte. Diese Erziehungsmethoden waren in meinem Kopf auch noch im Kinderdorf präsent und blieben für lange Zeit die Quelle meiner Ängste.

Mit rebellischem und chaotischem Verhalten machte ich die Außenwelt auf meine innere Not aufmerksam – es war mein Notschrei. In gewisser Weise aber blieb ich stumm, denn ich konnte meine Bedürfnisse nicht mit Worten ausdrücken. Die Flucht in die Rebellion verschaffte mir jedoch die Aufmerksamkeit und Anerkennung, die ich dringend brauchte.

Eines Tages baten mich meine Pflegeeltern zum Gespräch. Es ging ums Bettnässen. Ich war zu dieser Zeit etwa vierzehn Jahre alt und trug schon seit Längerem nachts Windeln. Damit verhinderten wir, dass täglich die eingenässte Wäsche gewaschen werden musste. Anfänglich schämte ich mich, insbesondere gegenüber meinen Pflegegeschwistern, weil ich der Einzige in der Familie war, der nachts Windeln trug. Aber das hatte auch sein Gutes. Das Bett blieb trocken, und das wiederum gab mir Sicherheit. Ein kleiner Trick sozusagen. Außerdem bescherten mir die Windeln das Gefühl, ein Stück meiner Säuglingszeit nachzuholen. Die »trockenen« Tage mehrten sich, und damit die Tage, an denen die Scham und das Gefühl der Unterlegenheit abnahmen. Ich erlebte dies als ein Zeichen von zunehmender Stabilität und seelischem Wachstum. Ich schöpfte Hoffnung, dass ich das Bettnässen endgültig überwinden würde. Nachdem ich auf dem Sessel im Wohnzimmer Platz genommen hatte, ergriff Mutter Weglar das Wort.

»Clemens, wenn du möchtest, kannst du Heileurythmie machen, damit das Bettnässen aufhört.«

Zunächst sah ich meine Pflegemutter verunsichert an. Sie aber fuhr einfühlsam fort.

»Wenn du möchtest, kannst du bei Frau Sch. auch plastizieren und malen.«

Ich hätte im Boden versinken können. Schon wieder ging es ums Einnässen. Wie ein Geschwür hing es an mir und bedrückte meinen Alltag. Ich fühlte mich immer noch wie ein Kranker, wie ein Heimkind. Wie damals in St. Niemandsland.

»Wenn du magst, Clemens, können wir die Übungen der Heileurythmie zusammen machen«, bot mir nun Vater Weglar an.

Dieses Angebot erleichterte mich, weil er mir damit das Gefühl vermittelte, nicht allein zu sein. Ich fühlte mich gestützt.

»Ich brauche ein paar Tage Bedenkzeit«, antwortete ich.

»Das ist in Ordnung«, erwiderte Vater Weglar. »Sag uns Bescheid, wenn du deine Entscheidung getroffen hast.«

Schon wenige Tage später übte ich mit Vater Weglar im Hobbyraum, den er extra für mich freigehalten hatte, den »großen Bären« und den »kleinen und großen Wasserfall« mit dem Kupferstab. Diese Übungen erforderten Geschick und Körperbeherrschung. Das tat mir gut, da ich bis dahin ein gestörtes Körpergefühl hatte. Dies wurde nun durch die Eurythmie nachgebildet. Und obwohl die Eurythmie unter uns Kindern verpönt war, hatten Vater Weglar und ich während unserer Übungsstunden viel Spaß. Spielerisch ließen wir uns aufeinander ein. Es war ein eigenartiges Gefühl: Das erste Mal in meinem Leben hatte ich den Eindruck, dass da jemand wirklich »für mich« da war, der mein stilles Leiden wahrnam. Deshalb freute ich mich auf diese Stunden. Auch konnte ich mich in ihnen fallen lassen und ausdrücken. Sogar die rhythmischen Bewegungen gefielen mir. Ich tanzte mit Hingabe, tanzte mit Konzentration. All das stärkte mein Selbstvertrauen und gab mir inneren Halt.

Monate später merkte ich, dass sich etwas in mir zu verändern begann, etwas, das ich zunächst nicht einordnen konnte. Ich hatte, wie erwähnt, ständig das Gefühl, wertlos zu sein. Ich fühlte mich wie ein »Bettseicher« und wie ein »Störenfried«. Es fühlte sich an, als ob ein Dämon in mir wütete, vor dem ich auf der Flucht war. Auf der anderen Seite aber sehnte ich mich danach, der Herr im eigenen Hause zu sein.

Im Laufe des Heilungsprozesses wurde mir immer mehr bewusst, wer da sein Unwesen trieb: Es war der Dämon von Schwester C., der eine Tarnkappe trug und den ich nicht zu Gesicht bekam. Er hielt sich in der Tiefe meines Wesens verborgen und führte dort einen schmutzigen Krieg. Er zwängte mir *ihre* Lebenslügen auf. Ich glaubte jahrelang allen Ernstes, dass aus dem »Seicher« ohnehin nie etwas werden würde. Empfand ich Wohlbefinden, so spürte ich gleichzeitig immer auch das Gewicht ihrer Lügen auf mir lasten. Ich hatte mich aufgrund ihres erbarmungslosen Erziehungsstils zu ihrem Komplizen gemacht, ohne es zu bemerken. Dämonen aber, so lernte ich, muss man aushungern.

Mit der Zeit nahm das Bettnässen deutlich ab. Es gab sogar Nächte, in denen ich keine Windeln mehr trug und trocken blieb. Das erfüllte mich mit Freude und Stolz. Diese ersten Erfolgserlebnisse motivierten mich, den therapeutischen Prozess fortzusetzen, nicht aufzugeben. Die Dorf- und Familiengemeinschaft stützte mich auf diesem Weg.

Natürlich gab es auch Rückschritte. Das ist immer so, wenn man sich seiner eigenen Geschichte stellt und sich mit ihr auseinandersetzt. So fiel ich immer wieder in alte Verhaltensmuster zurück, indem ich mich verhielt, wie ich es von Schwester C. gelernt hatte: Gewaltausbrüche, Wutanfälle, Lügen.

Erst später, im Erwachsenenalter, begriff ich, dass der Mensch dem Baum ähnelt. Ein Baum ist in der Erde verwurzelt. Gleichsam also dort, wo jedes Leben beginnt: in der Kindheit. Zu glauben, der Mensch könne die Verbindung zu diesen Wurzeln kappen, so wie es heute viele Menschen tun, ist ein Irrtum. Nur diese Wurzeln ernähren uns mit Lebenskraft. Daher ist die Verbindung zu ihnen so bedeutungsvoll für ein erfülltes Leben. Dafür aber müssen sie geheilt werden. Mir wurde klar, dass das zutiefst verwundete Kind in mir auf geheimnisvolle Weise weiterwirkte und meinem Leben seine Färbung gab.

Neben der therapeutischen Unterstützung spürte ich auch den familiären Halt. Meine Pflegefamilie glaubte an mich. So erhielt ich von ihnen Lob, wenn ich nicht ins Bett gemacht oder wenn ich mich anständig verhalten hatte. Auch aus der Schule kamen immer weniger Beschwerden, und meine schulischen Leistungen gewannen an Konstanz. In dem Maße, in dem der Heilungsprozess fortschritt, entzog ich auch dem Dämon die Nahrung, weil ich mein Verhalten änderte. Ich hatte begonnen, Schädliches durch Heilsames zu ersetzen. Reine Übungssache sozusagen! Ich ließ die Schmerzen und Ängste zu und fühlte mich dabei nicht ohnmächtig. Ich entdeckte völlig neue Qualitäten an mir, die mir Selbstsicherheit und Selbstachtung verliehen. Mit der Zeit wuchs auch das Vertrauen zu den Menschen und es verblassten die schlimmen Erinnerungen an St. Niemandsland. Ich hatte begonnen, in Kontakt zu meinem inneren »wunden Kind« zu treten, und lernte zu akzeptieren, dass es zerbrechlich war wie eine Glaskugel.

Auch die Plastizierstunden bei Frau Sch. taten mir gut. Sie war eine in die Jahre gekommene Dame, mit weißem, welligem

Haupthaar. Ihre blauen Augen waren freundlich, ihre Gesichtszüge weich. Ihre Erscheinung hatte etwas sehr Würdevolles und Klares. In ihr schien es keine Unruhe zu geben. Sie war in ihrer Wahrnehmung stets präsent. Ich erlebte sie als eine Anthroposophin *par excellence*.

Es gab eine Zeit im Kinderdorf, in der regelmäßig zur Nacht des Dreikönigsspiels in den Kassenraum eingebrochen wurde, der sich im Gebäude des sogenannten Dorfzentrums befand, in dem auch die Oberuferer Weihnachtsspiele aufgeführt wurden. Wie hoch jeweils die Beute der Räuber war, vermag ich nicht mehr zu sagen. Es kursierten aber eine Menge Gerüchte darüber, wie es in einem Dorf nun einmal üblich ist. Auf jeden Fall saß Frau Sch. beim letzten Einbruchsversuch seelenruhig im Vorraum des Kassenraumes und erwartete die Einbrecher im Dunkeln. Sie saß einfach da, ein geschulter Geist, der gegenwärtig und ohne jedwede Furcht war. Die Einbrecher kamen auch in dieser Nacht wieder. Der Mut, den Frau Sch. bewies, sowie ihre bloße Anwesenheit jedoch verhinderten Schlimmeres. Ich meine, mich daran zu erinnern, dass nach der Begegnung der Einbrecher mit Frau Sch. keine weiteren polizeilichen Untersuchungen mehr nötig waren. Nach dieser offensichtlich »heilsamen Konfrontation« folgten keine weiteren Einbrüche. Ihr Mut, ihre Klarheit und Liebe hatten die »Dämonen der Gier« bereits bei der ersten Begegnung in die Knie gezwungen. Noch oft habe ich in meinem späteren Leben an dieses beeindruckende Ereignis gedacht.

Ich mochte sie und vertraute ihr, auch deswegen, weil sie stets liebevoll mit mir sprach. Ich mochte ihre überaus weibliche Stimme, weil sie beruhigend auf mich wirkte. So ganz anders als damals die Stimme von Schwester C. Frau Sch. war ein Menschenfreund. Ihre therapeutische Tätigkeit übte sie mit Hingabe aus. So stellte ich aus Tonmasse Tetraeder, Oktaeder, Pentagondodekaeder und dergleichen mehr her. Dabei brachte ich es im Laufe der Zeit zu einer gewissen Perfektion. Ich erfreute mich an den Tonplastiken, die durch meine Hand entstanden waren, und zeigte sie stolz Clara und meinen Pflegeeltern.

So ging es auch mit den selbst gemalten Bildern. Ich erinnere mich noch gut daran, dass Frau Sch. sehr viel Wert darauf legte, dass ich »meine Gefühle« malte. Zunächst schien mir ihre Aufforderung zu abstrakt. Dann aber, als die Bilder Form annahmen, etwa wenn ich Naturlandschaften malte, die mir von den Ausflügen in Erinnerung geblieben waren, füllte ich diese mit den Farben meiner Gefühlswelt auf. Rot, Gelb, Blau – das waren meine Lieblingsfarben. Sie waren Feuer und Sehnsucht zugleich.

Der größte Erfolg des therapeutischen Ackerns aber war, dass mit etwa sechzehn Jahren das Bettnässen vollständig aufhörte. Mit ihm verschwand auch das Gefühl der Minderwertigkeit. Das »innere Kind« hatte aufgehört zu weinen.

Vaterschutz

Als ich eines Tages von der Schule nach Hause kam und den Flur betrat, stand Mutter Weglar dort und sah mich schweigend an. An ihrem ernsten Blick konnte ich erkennen, dass etwas in der Luft lag. Etwas, das noch nicht ausgesprochen war. Ich wusste, dass mich heute Nachmittag Tante Gerda abholen und wir meinen Vater besuchen würden. Deshalb überwog die Vorfreude. Ich ließ das Unausgesprochene stehen, wollte mich damit nicht befassen, zumindest nicht jetzt. Mutter Weglar schien das zu spüren.

»Zieh dich um, Clemens, deine Tante kommt dich gleich abholen«, forderte sie mich auf.

Schweigend verschwand ich auf mein Zimmer. Es war eigenartig. Als ich allein war, regte sich mein Gewissen. Ich fühlte mich vereinnahmt von den Worten, die Mutter Weglar noch nicht ausgesprochen hatte. Ich überlegte: Hatte ich mich in der Schule daneben benommen? Hatte ich etwas anderes ausgefressen? Ich hatte lediglich eine stille Vorahnung, der ich jedoch keinen weiteren Raum gab und die ich mit aller Kraft verdrängte. Heute Abend, nach der Rückkehr von meinem Vater, würde es ohnehin ein Gespräch mit den Eltern Weglar geben, das wusste ich.

Zu dieser Zeit fiel ich wieder vermehrt im Kinderdorf durch mein rüpelhaftes Verhalten auf. Ein Rückfall jagte den anderen. Ich verstieß immer wieder gegen die Dorfregeln, von denen ich mich eingeengt fühlte. In regelmäßigen Abständen verdichteten sich die daraus resultierenden Schuldgefühle zu einem explosiven Gemisch, das nach Erleichterung verlangte. Fast war es wieder so, als würde durch die Schuldgefühle die Stimme von Schwester C. zu mir sprechen.

Kurz darauf saß ich im Auto meiner Tante. Ich weiß nicht mehr, was Clara an diesem Nachmittag tat, auf jeden Fall war sie nicht dabei. Das war ein komisches Gefühl. Wie oft hatte ich mit ihr den Rücksitz geteilt, wenn es darum ging, dass wir von St. Niemandsland abgeholt oder wieder zurückgebracht wurden.

Das tat meiner Vorfreude auf meinen Vater jedoch keinen Abbruch. Ich war inzwischen vierzehn Jahre alt. Seit unserem Umzug in das Pestalozzi-Kinderdorf waren rund zwei Jahre vergangen. In dieser Zeit allerdings hatte sich mein Vater nicht ein einziges Mal blicken lassen, obwohl er nur eine halbe Stunde vom Kinderdorf entfernt wohnte. Ich konnte deshalb nicht wirklich verstehen, warum er uns Zwillinge in seine Nähe geholt hatte. Ach ja, vielleicht, damit wir *ihn* besuchen konnten.

Ich erinnere mich gerne an das Gefühl des »Zuhause-Ankommens«, als wir das stählerne Gartentor und die sattgrünen Büsche des Miethauses passierten, das mein Vater mit meiner Stiefmutter bewohnte. Ein schmaler Plattenweg trennte den kleinen Vorgarten vom Buschwerk, das das Küchenfenster beinahe verdeckte. Das Miethaus meines Vaters wirkte irgendwie vertraut. Dann sah ich meinen Familiennamen auf dem Klingelschild stehen. »Heymkind«. Da stand nicht »Kinderheim St. Niemandsland« und auch nicht »Schwestern« oder »Pfarrei«. Nein, dort stand der Name meiner Familie. Für mich war das Namensschild Ausdruck meiner tiefen Sehnsucht nach Vertrautheit, nach Familie. Gleich, wenn ich die Klingel drückte, würde ich ihn wiedersehen: meinen Vater! Ein Fremder, der kein Fremder war. Ein Rabenvater, dessen Blut in meinen Adern floss. Ein Vertrauter ohne Vertrauen, ein Verirrter.

All das zählte nicht mehr, als er die Haustür öffnete. Seine starken Arme umfingen mich. Wie gewohnt spürte ich seinen feuchten Kuss auf meinen Lippen. Groß und mächtig stand er vor mir, blickte mich freundlich mit seinen dunklen Augen an. Seine behaarte Hand streichelte mir durchs Haar.

»Clemens, wie geht es dir, gefällt es dir im Kinderdorf?«, fragte er mich.

»Ganz gut«, antwortete ich erfreut.

»Und Clara?«, fragte er neugierig.

»Clara geht es auch gut.«

Mein Vater war älter geworden. Seine braun gebrannte Haut lag in Falten, sein Haupthaar war lichter geworden. Dann kam Constanze, meine Stiefmutter, auf mich zu. Kühl und distanziert reichte sie mir ihre Hand, wie immer. Nachdem wir einige Worte gewechselt hatten, meinte mein Vater:

»Heute Nachmittag werden wir zusammen mit dem Motorboot auf dem Bodensee fahren, nur du und ich.«

Für einen kurzen Moment sah Constanze meinen Vater argwöhnisch an, so als wolle sie unsere gemeinsame Bootsfahrt in Frage stellen. Mein Vater aber blieb bei dem, was er sich in den Kopf gesetzt hatte. Da war er ganz mein Vater.

»Komm, Clemens, lass uns gehen.«

Kurz darauf saß ich auf der Rückbank des weinroten Chevrolets. Ziel: Insel Mainau, wo das Motorboot lag. Ich fühlte mich wohl auf der Rückbank, sauwohl! Nur mein Vater und ich, zusammen, wie zwei gute Freunde. Das hatte Seltenheitswert. Mein Vater verbrachte in den Sommermonaten viel Zeit auf seinem Motorboot. Und in der Tat, es hatte durchaus etwas Befreiendes, als der Fahrtwind über unsere Köpfe hinwegwehte und das Wasser an den Seitenplanken des Motorbootes hochpeitschte. Ich lehnte mich seitlich über die Planke und genoss das spritzende Wasser, das sich über mein Gesicht ergoss, und den kühlenden Fahrtwind. Vater gab Gas, er liebte schnelle Boote, obwohl er hierfür nicht einmal einen Führerschein besaß. Dann schloss ich die Augen und sah das helle Sonnenlicht durch meine Lider schimmern. Es war herrlich.

»Komm, Clemens«, rief er mir zu, »du darfst das Boot lenken.«

Aufgeregt wie ein Schuljunge bei seiner Einschulung nahm ich auf seinem Schoß Platz. Das war neu. Es war das einzige Mal, an das ich mich erinnern kann, dass ich meinem Vater so nah war. Seine kräftigen, braun gebrannten Hände halfen mir beim Lenken. Wir sahen uns immer wieder an und lachten.

»Gut machst du das, Clemens«, lobte er mich.

Das tat mit gut. So also fühlte es sich an, wenn man seinem Vater nahe war. Aus den Suchbildern der Vergangenheit war nun Wirklichkeit geworden: Während ich auf seinem Schoß saß, hatte ich das Gefühl von Vertrautheit, hatte das Gefühl, angenommen zu sein. Ich spürte die Kraft seines Körpers, dem ich entsprungen war. Ich fühlte mich in seiner Gegenwart beschützt. Ein wahres Wunder. Wir fuhren so schnell, dass mein Vater Hubert seine Kapitänsmütze, die er während der Bootsfahrten zu tragen pflegte, immer wieder mit beiden Händen auf seinem Kopf festdrückte, damit sie nicht davonflog. Und damit nicht genug. Er erklärte mir jeden einzelnen Knopf, jeden Hebel, der auf dem Armaturenbrett zu finden war. Er ließ mich den Chromhebel rechts neben dem Lenkrad nach unten ziehen. Ich spürte die volle Kraft des Motors, der das Boot beschleunigte. Die tiefe Stimme meines Vaters dirigierte mich auf den offenen See hinaus.

»Nun runter vom Gas, Clemens, und das Lenkrad langsam nach rechts drehen.«

Ich merkte, wie sich das Boot nach rechts neigte. Ich sah nur nach vorne, war voll konzentriert.

»Gut machst du das, Clemens, sehr gut!«

Voller Stolz sah ich meinem Vater in die Augen. Immer wieder strich er mir mit seiner Hand durchs Haar und lobte mich. In dieser Unbeschwertheit vergaß ich alles um mich herum. Nun war es mir auch egal, was mich zu Hause bei den Weglars erwartete. Da ich wusste, dass mein Vater mich zurückbringen würde, verflog meine Angst vor dem Unausgesprochenen, vor den Konsequenzen meines Fehlverhaltens im Kinderdorf. Jetzt, in diesem Moment, gab es nur meinen Vater und mich. Das war die Magie des Augenblicks, in den wir uns fallen ließen. Und das gab mir Kraft und Schutz, Vaterkraft und Vaterschutz.

Dann kam das Boot zum Stehen. Mein Vater wollte mit mir reden. Mit ernster Miene teilte er mir mit, dass er die Bodenseegegend verlassen wolle, um nach Teneriffa auszuwandern. Mir stockte der Atem.

»Wie, du möchtest nach Teneriffa auswandern?«, fragte ich ungläubig.

»Weißt du, hier in Deutschland habe ich Probleme. Auf Teneriffa habe ich mehrere Appartements gebaut, mit Swimmingpool, direkt am Meer.«

Vater wollte uns, also Clara und mich, für immer verlassen, würde für immer weit weg sein.

»Ich wollte, dass du es von mir persönlich erfährst«, fuhr er fort.

Stumm nickte ich. Was hätte ich auch tun sollen, außer zu nicken? Dass das Leben sich immer wieder von seiner nüchternen Seite zeigte, war mir hinlänglich bekannt. Gewiss spürte ich, dass Hubert sich mit dieser Entscheidung nicht leichttat. Aber er schien handfeste Probleme zu haben, die ihm einen weiteren Aufenthalt in Deutschland nicht gestatteten.

»Du kannst mich zu jeder Zeit besuchen kommen«, fuhr er fort. »Und ich werde immer dein Vater bleiben.«

»Ja«, antwortete ich, »wenn ich groß bin, werde ich dich besuchen.«

Dann begann ich zu weinen. Ich hatte das Gefühl, als würde es mir das Herz zerreißen. Ich fühlte Leere, Verzweiflung und Kummer. Ich wusste, dass ich meinen Vater nicht halten konnte, er würde gehen, für immer, so oder so. Er nahm mich für einen kurzen Moment in die Arme und drückte mich fest an seine Brust. Ich konnte seinen schweren Atem hören. Hubert war traurig. Das erleichterte es mir, diese Tatsache anzunehmen.

»Du darfst mit niemandem im Kinderdorf darüber sprechen«, fügte er hinzu.

»Nein, ich werde mit niemandem darüber sprechen, auch nicht mit Clara«, erwiderte ich.

Dann sahen wir uns schweigend in die Augen. Mir fehlten die Worte. Plötzlich kam mir meine Mutter Eva in den Sinn.

»Weiß Mama davon?«

»Nein, aber sie wird es erfahren.«

Dann warf er den Motor des Bootes wieder an. Ich saß auf einer der Seitenbänke und hielt meinen Blick auf die Wasseroberfläche gerichtet. Es war ein schöner Sommertag. Ich wusste, dass dies unsere letzte gemeinsame Bootsfahrt auf dem Bodensee sein würde. Wie gewonnen, so zerronnen.

Nachdem wir den Bootssteg wieder erreicht hatten, nahm ich auf der Rückbank des Chevrolets Platz. Im Spiegel konnte ich Huberts traurige Augen sehen. Immer wieder blickte er zu mir, ohne weitere Worte zu verlieren. Ich sah aus dem Seitenfenster. Es war Abend geworden und es begann zu dämmern. Langsam zogen die Bäume an uns vorbei. Der Himmel war in das blutrote Licht der untergehenden Sonne getaucht. Diese Fahrt wirkte irgendwie surreal. Ich dachte an Clara, an Eva, an meine Familie. Ich konnte mir nicht so recht vorstellen, wie es sein würde, wenn Hubert Deutschland verlassen hatte. Tausende Kilometer weg, auf einer Insel im Atlantik: Fast kam es mir vor wie ein kleiner Tod. Wie würde Clara reagieren, wenn sie davon erfüre, wie meine Mutter? Fragen über Fragen.

Am liebsten hätte ich losgebrüllt, so einsam fühlte ich mich auf der Rückbank. Hubert indessen steuerte seinen Chevrolet Richtung Kinderdorf. Als wir den Parkplatz am Dorfzentrum erreicht hatten, versammelte sich eine Kinderschar um unser Auto. Der Anblick hatte Seltenheitswert. Einen »Amischlitten« kannten die meisten Kinder wohl nur aus dem Film.

»Das ist mein Papa!«, klärte ich die gaffende Kinderschar auf.

Natürlich war ich stolz, dass mein Vater zugegen war. Nun wusste jedes Kind, dass ich auch einen leiblichen Vater hatte, der dazu noch ein so tolles Auto fuhr. Hubert nahm sich Zeit für die Kinder, die ihm wegen des Autos eine Menge Fragen stellten. Schweigend liefen wir dann den Plattenweg entlang, der zu unserem Haus führte. Hubert hatte seinen Arm auf meine Schultern gelegt. Ich fühlte mich trotz allem beschützt. Wir betraten den Flur unseres Hauses. Nachdem Mutter und Vater Weglar uns begrüßt hatten, baten sie meinen Vater und mich in ihr Zimmer.

»Wie macht sich Clemens in der Schule?«, fragte mein Vater.

»Clemens ist nicht dumm«, antwortete Mutter Weglar. »Aber es kommen immer wieder Beschwerden aus der Schule, wegen seines Verhaltens.«

Hubert sah mich für einen kurzen Moment an.

»Ist das so?«, fragte er mich.

Beschämt nickte ich. Die Gerichtsverhandlung hatte begonnen. Und dass das noch nicht alles war, spürte ich. Als mein Blick auf den Beistelltisch fiel, sah ich auf diesem einen Haufen Sachen liegen, die mir irgendwie bekannt vorkamen.

»Das hat Clemens alles gestohlen«, klärte Vater Weglar meinen Vater auf.

Ich hätte vor Scham im Boden versinken können, so peinlich war mir die Situation. Mein Vater aber blieb cool.

»Stimmt das, Clemens, hast du das alles geklaut?«, wollte er nun wissen, wobei er mir liebevoll durchs Haar strich. Ich schüttelte den Kopf.

»Wir haben das gemeinsam geklaut, drei Freunde von mir und ich«, erwiderte ich.

Mutter und Vater Weglar sahen mich ungläubig an. Hubert hatte seinen Arm um meine Schulter gelegt und lächelte mich an. Das war das Signal, mein Vater stand hinter mir. Er verurteilte mich nicht.

»Wie heißen deine Freunde?«, fragte er mich.

Mir fiel es schwer, ihre Namen zu nennen.

»Teo, David und Jacob. Wir gehen in dieselbe Klasse und sind in einer Clique.«

»Was davon hast *du* gestohlen?«, wollte Vater Weglar wissen.

Zugegeben, das Diebesgut, das auf dem Beistelltisch lag, war beträchtlich: Süßigkeiten, Spielsachen, Buntstifte, Audiokassetten …

Eines aber stand fest: Wir waren zu viert gewesen, als wir auf Klautour gingen, und hatten uns gegenseitig bestärkt, als es darum ging, wer am geschicktesten vorgehen würde, ja, wer die vollsten Taschen vorzuweisen hatte. Das war echter Sport. Das gab uns ein Gefühl der gegenseitigen Anerkennung. Natürlich stahlen wir auch völlig nutzlose Gegenstände. Hauptsache stehlen, Hauptsache Anerkennung von der Gruppe.

Ich nahm einige Gegenstände vom Beistelltisch und zeigte ihm »mein« Diebesgut. Damit reduzierte sich die Schuld erheblich. Mein Vater stand nach wie vor schützend hinter mir. Das gab mir Kraft und Halt.

»Haben Sie noch nie gestohlen?«, fragte er nun die Eltern Weglar. Ich hätte beinahe losgebrüllt vor Lachen, da ich mit so einer Frage nicht gerechnet hatte. Aber ich beherrschte mich. Keine Antwort von den Weglars. Das war auch eine Antwort.

»Ich meine, es ist natürlich nicht in Ordnung, dass Clemens stiehlt«, fuhr mein Vater fort. »Tatsache ist aber auch, dass wir alle Phasen in unserer Kindheit hatten, in denen wir gestohlen haben, oder etwa nicht?«

Diese Feststellung sprach mein Vater mit der ihm eigenen Coolness aus. Natürlich wussten alle im Raum, dass jeder schon einmal gestohlen hatte. Tatsache war aber auch, dass ich nicht für das gesamte Diebesgut verantwortlich war. Ich war jedoch bereit, für meinen Teil die Verantwortung zu übernehmen.

»Ich werde das wieder in Ordnung bringen«, versicherte ich meinem Vater und meinen Pflegeeltern.

In der Bubengruppe im Kinderheim St. Niemandsland hatten wir uns oft gegenseitig beklaut. Auch dort war es eine Art Gruppensport gewesen. Verfügte einer der Buben über Spielsachen, die der andere nicht hatte, wurden sie, wenn Tauschgeschäfte scheiterten, eben geklaut. Mal wurde ich beklaut, mal klaute ich. Das war normaler Heimalltag. Die Ursache für dieses Verhalten lag wohl darin, dass wir Heimkinder uns selbst bestohlen fühlten: in unseren Rechten, in unserer Würde. Das daraus resultierende Mangelgefühl erzeugte ein »Habenwollen«. Ich erinnere mich noch gut an das intensive »Erfülltsein«, wenn ich mir etwas angeeignet hatte, das mir nicht gehörte. Dieses Gefühl hielt jedoch nie lange an, zu stark war mein Hunger nach Anerkennung und Liebe. All das war mir jedoch noch nicht bewusst, als ich meinen Pflegeeltern gegenüberstand, als die Hände meines Vaters auf meinen Schultern ruhten. Was mich nun sättigte, war der Vaterschutz.

Schließlich begleitete ich meinen Vater zurück zum Auto. Wir sahen uns in die Augen und er meinte: »Du musst dich nicht schämen, Clemens, wir alle machen Fehler. Lerne daraus, dann bekommt jeder Fehler seinen Sinn.«

Damit nahm mir mein Vater eine große Last ab: Er liebte mich, wie ich war! Das tat gut.

Tage später tauchte die Kriminalpolizei bei uns auf. Sie wollten von mir wissen, wohin mein Vater abgetaucht sei. Weder wurde ich von den Beamten über mein Zeugnisverweigerungsrecht als naher Angehöriger aufgeklärt, noch gaben sie mir Auskunft darüber, warum sie meinen Vater suchten. Meine innere Stimme jedoch ließ es nicht zu, meinen Vater zu verraten. Niemals, unter keinen Umständen, würde ich ihn ans Messer liefern. Ich war sein Sohn, und der wollte ich auch bleiben. Auch war ich kein Judas und wollte auch nie einer werden. Das waren die Heimregeln, die ich in St. Niemandsland verinnerlicht hatte. Verrat unter den Heimkindern galt dort als Todesurteil. Also schwieg ich und empfand tiefste Genugtuung, als die Kriminalbeamten unverrichteter Dinge wieder abfuhren. Anschließend ging ich auf mein Zimmer und wechselte das T-Shirt. Es hatte eine blaue Farbe. Auf ihm war die Landkarte von Teneriffa abgedruckt. Mein Vater hatte es mir nach der Bootsfahrt geschenkt. Ich wusste, wo er war, das genügte, und jeder im Kinderdorf konnte nun seinen Aufenthaltsort von meinem T-Shirt ablesen.

Die bandenmäßige Klauerei hatte allerdings ein Nachspiel: Dieses Mal musste ich keine Gedichte auswendig lernen, sondern einen Aufsatz über das Leben von Albert Schweitzer verfassen, den ich später meiner Familie vortrug. Ich hatte großes Interesse am Leben Albert Schweitzers. Bei folgenden Strafarbeiten hatte ich mich mit Konfuzius, Mahatma Gandhi, Tschaikowski und Hermann Hesse zu befassen. Ich liebte das Studium von Biografien, sog sie geradezu in mich auf.

Das Diebesgut musste ich den rechtmäßigen Eigentümern zurückbringen und mich für meine Taten entschuldigen. Als sämtliche Vergehen bereinigt waren, fühlte ich mich erleichtert, fühlte mich von der selbst auferlegten Last des Unrechts befreit. Ich hatte wieder dazugelernt.

Weihnachtszeit

Die Weihnachtszeit war im Kinderdorf durch mannigfaltige Aktivitäten ausgefüllt: etwa Plätzchen backen, Weihnachtssterne basteln oder die Oberuferer Weihnachtsspiele einüben. Ganz im Gegensatz zu meinen Erfahrungen in St. Niemandsland, fühlte ich mich eingebunden in die Zeit der Besinnung. Ich fühlte mich nicht wie ein Ausgestoßener, nicht wie damals. Erst im Kinderdorf begriff ich, wie wenig weihnachtlich, wie »unchristlich« die Weihnachtszeit im Kinderheim gewesen war: kein Plätzchen backen, Geschenke wegnehmen durch Nonnen, weil ich ins Bett gemacht hatte, sexueller Missbrauch an Heiligabend, Zusehen beim Auspacken der Geschenke der trocken Gebliebenen und, und, und … Alles in allem also war es in St. Niemandsland auch zur Weihnachtszeit eine kalte und bittere Zeit gewesen.

Im Kinderdorf hatte sich das Blatt gewendet. So erinnere ich mich gerne daran, wie wir mit meinem Pflegevater und zwei Klassenkameraden in einem Quartett Weihnachtslieder auf der Trompete einübten. Diese trugen wir dann beim Adventsgärtlein oder an Heiligabend im Speisesaal vor. Im Speisesaal stand ein schön geschmückter Weihnachtsbaum, auf dessen Spitze ein goldener Weihnachtsstern steckte.

Lief man zu dieser Zeit durchs Kinderdorf, konnte man durch die Fenster der Familienhäuser, die mit selbst gebastelten

Weihnachtssternen verziert waren, emsiges Treiben beobachten. Meist waren Wohnzimmer und Küchen noch bis in die späten Abendstunden beleuchtet. Da wurde gebacken, gebastelt und geschmückt. Am meisten genoss ich es, zusammen mit Clara oder meinen Pflegegeschwistern durch den tiefen Schnee zu stapfen, um in den nahegelegenen Wäldern Tannenzweige und -zapfen für den Adventskranz oder den Weihnachtsbaum zu sammeln. Das war aufregend, denn es gab so viel zu entdecken. Wir sahen Rehe und Hasen in der Abenddämmerung in die Wälder verschwinden, nahmen uns Zeit für eine Schneeballschlacht. Wenn wir unseren Hund dabei hatten, ließen wir ihn von der Leine. Er jagte gerne Wild, das war spannend. Natürlich durften meine Pflegeeltern nichts davon erfahren.

Ich sog die eiskalte Winterluft tief in meine Lungen ein, erfreute mich an ihrer wohltuenden Frische. An diesen Abenden durften wir länger draußen bleiben. Von Zeit zu Zeit roch ich den süßlichen Duft von Zimt und Vanille, der aus den gekippten Küchenfenstern an meine Nase drang, und ab und zu geschah es, dass uns Plätzchen von den Hausmüttern gereicht wurden, wenn wir unsere Nasen neugierig an ihre Küchenfenster pressten. Wenn wir Glück hatten, gab es sogar noch eine Tasse heißen Tee dazu. Oft zogen wir unsere Holzschlitten hinter uns her und ließen es uns nicht nehmen, an den Hängen Schlittenrennen zu veranstalten.

Die Vorfreude auf das Weihnachtsfest schien die Herzen der Kinderdorfkinder in besonderem Maß zu berühren. Es ging ein Frieden aus von all dem Tun und Treiben, wir Kinder tauschten uns gegenseitig auch über unsere Weihnachtswünsche aus. Jeder durfte einen Wunschzettel schreiben. Natürlich wusste keiner von uns, ob die Wünsche je in Erfüllung gingen. Wie im richtigen Leben eben. Die Hoffnung aber stirbt zuletzt. Einmal wünschte ich mir eine wasserdichte Taschenlampe. Diese benötigte ich, weil wir in den Sommerferien oft campierten oder bis in die Abendstunden im See schwammen, wo ich gerne tauchte. Und tatsächlich, an einem Heiligabend ging mein Wunsch in Erfüllung. Ich bekam eine schwarze, mit Gummi beschichtete Taschenlampe.

Nun aber zum Adventsgärtlein. Immer am ersten Advent fand sich die Dorfgemeinschaft im festlich hergerichteten Speisesaal ein. Auf den Tischen befanden sich geschmückte Tannenzweige mit Kerzen darauf. Das war Tradition. Unser Quartett spielte Weihnachtslieder wie »Macht hoch die Tür« oder »Maria durch ein Dornwald ging«. In der Mitte des Speisesaals war aus Tannenzweigen eine große Spirale geformt, in die man hineinlaufen konnte. Zierliches Weihnachtsgesteck schmückte die Zweige. Wir nannten es das Adventsgärtlein. Auf den Zweigen war für jedes Kind eine Kerze aufgesteckt, die noch nicht brannte. In der Mitte des Adventsgärtleins stand auf einem Kerzenständer eine große, brennende Kerze. Nachdem das Saallicht erloschen war, spielten wir wieder Weihnachtslieder auf der Trompete. Das war immer wieder aufregend, denn wenn wir uns im Ton vergriffen, ließ hinterher der Spott nicht lange auf sich warten. Nach dem Vorspiel nahmen auch wir unsere Plätze ein. Dann setzte sich der Orgellehrer, der eine Zeit lang mein Trompetenlehrer gewesen war, an die Orgel und begann leise zu spielen. Die brennenden Kerzen auf den Tischen warfen sanftes Licht in den Saal hinein, sodass er mild erleuchtet war. So entstand eine ganz besondere Wohlfühlstimmung, die dem feierlichen Anlass entsprach.

Dann begannen die jüngsten Kinder, meist in Begleitung ihrer Pflegemütter, eines nach dem anderen in das Adventsgärtlein zu laufen und ihre Kerzen an der Hauptkerze zu entzünden. Im Hintergrund ertönte weiterhin sanft die Orgelmusik. Duft von süßem Weihnachtsgebäck und Tee lag in der Luft. Mit jeder Kerze, die entzündet wurde, nahm das Licht im Saal zu. Man muss sich vorstellen, dass es sich hierbei um rund hundertfünfzig Kinder, also um hundertfünfzig Kerzen handelte. Wie eine heilige Lohe war daher zum Schluss das Adventsgärtlein geworden.

Für mich war dieses Erlebnis immer sehr berührend, denn jeder von uns trug auf diese Weise sein Licht in die Welt. Einer meiner Pflegebrüder jedoch neigte zur Pyromanie. Er wollte deshalb alle noch nicht angezündeten Kerzen mit der seinigen anzünden. Da die Dorfgemeinschaft seine Neigung kannte, gab es auch immer etwas zu schmunzeln. Er wurde vorsorglich von uns Pflegegeschwistern oder von Mutter Weglar begleitet.

In dieser vertrauten Gemeinschaft nahm ich viele Kinder anders wahr als sonst: Sie waren ruhiger und konzentrierter, wenn sie ihr Licht entzündeten. Diese Prozession schien Frieden in die Kinderherzen zu bringen, die Gemeinschaft trug uns. Auch nahm ich wahr, dass im Gegensatz zum Kinderheim St. Niemandsland meine Gedanken an meine leiblichen Eltern abnahmen. Clara saß neben mir, und damit war alles gut.

In den nächsten Tagen besuchten wir das Paradeisspiel und das Christgeburtsspiel. Es war wundervoll. Auch bei diesen Aufführungen war der Saal von einer »heilsamen« Energie erfüllt. Ich sah meine Pflegeeltern und andere Mitarbeiter des Kinderdorfes auf der Bühne spielen, während ich neben Clara saß. Das war spannend, denn wir Kinder waren neugierig, wer welche Rolle spielen würde. Bisweilen erkannten wir die Mitarbeiter nicht, weil sie bis zur Unkenntlichkeit geschminkt waren. Deshalb arteten diese Vorstellungen für uns Kinder auch in ein Ratespiel aus.

Ich fühlte mich eingebettet in den Schoß der Dorfgemeinschaft. Und ich glaube, dass es allen Kindern so ging. Wir waren eine große Familie, und im Kreis dieser inneren Verbundenheit konnten wir uns fallen lassen.

Auszug aus den Jugendamtsakten vom 30.04.19..

An das
Pestalozzi-Kinderdorf

Wir haben soeben Frau Heymkind den Fahrtgutschein ... ausgehändigt. Sie hat den Fahrplan und weiß darüber Bescheid, dass sie den durchgehenden Zug-Kurswagen nach ... benützen soll. Wir hoffen, dass es klappen wird.
Frau Heymkind ist zurzeit in einer guten Verfassung, sodass sie den Besuch bei Ihnen ohne weitere Schwierigkeiten schaffen müsste. Frau Heymkind freut sich sehr auf ihre Kinder, was wir sehr verstehen können. Sie hat uns gebeten, doch bis zum Sonntag bleiben zu können. Von hier aus würden auch 2 Übernachtungen bezahlt werden. Bitte wollen Sie aber selbst entscheiden, ob Sie Frau Heymkind bis Sonntag bei sich behalten können. Frau Heymkind würde sich auch sicher am Samstagvormittag das Spiel (gemeint ist das Klassenspiel; *Anmerkung des Verf.*) nochmals anschauen. Am Nachmittag könnte sich ja dann Clemens mit seiner Mutter beschäftigen. Am Abend geht Frau Heymkind immer zeitig schlafen. Am Sonntagvormittag könnte sie vielleicht mit den Kindern einen Gottesdienst besuchen. Frau Heymkind ist selbst sehr religiös. Frau Heymkind will dann am Montag zu mir kommen, um mir über

den Besuch bei Ihnen zu berichten. Ich würde mich sehr freuen, wenn alles gut klappt. Es ließe sich von hier aus einrichten, dass Frau Heymkind ihre Kinder zweimal im Jahr besucht. Ich wünsche Ihnen allerseits ein frohes Wochenende.

                 Mit freundlichen Grüßen,
                 Riedlinger

Evahülle

Als mir meine Pflegeeltern die Nachricht überbrachten, dass Eva uns zum Klassenspiel der achten Klasse besuchen wollte, wurde ich von einem tiefen Schmerz ergriffen.
Eva.
Eva, meine Mutter.
Mutter, wer bist du?
Es brauchte eine Weile, bis ich realisierte, dass der Sehnsuchtsschmerz, der durch ihre ständige Abwesenheit erzeugt worden war, immer präsent war, einfach so. Er gehörte zu mir wie mein Schatten. An dieses belastende Gefühl der Trauer und der stillen Wut, ja der nagenden Verzweiflung, hatte ich mich von Kindesbeinen an gewöhnt. Der Schmerz über den zu frühen Elternverlust war Teil meiner Persönlichkeit geworden. Kein Skalpell der Welt hätte ihn aus mir herausschneiden können. Also lernte ich, ihn irgendwann zu akzeptieren, wie man einen »guten Freund« akzeptiert.
Dann aber machte sich mehr und mehr die Freude über den angekündigten Besuch meiner Mutter in mir breit. Freude darüber, dass ich eine Mutter hatte. Diese Freude versetzte mich in Spannung. Schon zwei Wochen vor ihrem Besuch fiel mir das Einschlafen an den Abenden schwer. Es war wie in St. Niemandsland: Ich lag wach und dachte an meine Mutter. Vater jedoch war weit weg. In meinen Träumen begegnete ich meinen Eltern und stellte fest, dass sie nur Traumbilder waren. Aber bald würden

die Bilder meiner Träume Wirklichkeit werden, das spürte ich. Ich stellte mir vor, wie Eva mich in ihre Arme nehmen, wie sie mich küssen und streicheln, wie sie mit mir sprechen würde. All diese Vorstellungen erfüllten in dieser Zeit der Vorfreude mein Gefühlsleben. Ich drohte darin zu versinken.

Schließlich war es soweit. Es war ein warmer Frühsommertag. Clara und ich standen vor dem Dorfzentrum und warteten auf Eva. Wie so oft waren wir von einer Kinderschar umringt, die mit uns neugierig die Ankunft unserer Mutter erwartete.

»Unsere Mutter kommt uns heute besuchen«, verkündete ich immer wieder stolz.

Clara hielt sich zurück. Sie hielt eine sonderbare Distanz zu Eva, die ich nie hinterfragte, sondern hinnahm.

»Woher kommt eure Mutter?«, fragten uns die anderen.

»Sie kommt aus Keppstadt im Allgäu und wird unser Achtklass-Spiel besuchen«, antwortete ich.

Fast hatte ich das Gefühl, als erwarteten wir den Besuch einer Außerirdischen. Und in gewisser Weise war das auch so. In die Welt der Kinderheime und Kinderdörfer drangen die Besucher oft wie Fremdlinge ein. Ja, mehr noch, sie waren Fremde für ihre Kinder, die Familienbande waren zu früh zerrissen. Die Spannung stieg. Immer, wenn ich von nahen Angehörigen besucht wurde, überfiel mich eine eigenartige Aufregung vor der plötzlichen Vertrautheit. Nicht nur Clara und ich, sondern auch die anderen Kinder waren aufgeregt.

Dann sahen wir, wie ein Taxi in die Einfahrt fuhr. Auf dem Rücksitz konnte ich die Silhouette einer Frau erkennen. Und tatsächlich, als das Taxi zum Stehen kam, öffnete sich die Hintertür und Eva stieg aus. Nun konnte mich nichts mehr halten. Freudig rief ich ihr zu: »Hallo, Mama!«

Sie hielt ihre Arme weit geöffnet, während ich ihr entgegenlief.
»Hallo, lieber Clemi.«

Dann umarmten wir uns, und sie drückte mich ganz fest an sich. Ich fühlte Heimat, fühlte Vertrauen. Clara war mir gefolgt und stand dicht hinter mir. Dann kam sie an die Reihe. Während Eva sie innig begrüßte, teilte ich den gaffenden Kindern nochmals mit, dass dies meine Mutter sei. Auch im Kinderdorf hatte es Seltenheitswert, dass »leibliche« Eltern ihre Kinder besuchten. Und auf eine gewisse Weise besuchte Eva auch die anderen Kinder. Jedes Kind durfte an unserem Wiedersehen teilhaben. Diese Tatsache vermehrte das Glück der umherstehenden Kinder.

Im Kinderdorf lebten zu meiner Zeit etwa hundertfünfzig Kinder und Jugendliche, die ihren Familien zum größten Teil nach unglaublichen Dramen entrissen worden waren. Sie waren hier gestrandet, wie Clara und ich. Ich nahm das Lächeln der Kinder wahr, die so meine Freude über Evas Besuch erwiderten. Dann wandte sich Eva den Kindern zu und beantwortete geduldig ihre Fragen.

»Bist du die Mama von Clara und Clemens?«, fragte eines der Kinder.

»Ja«, erwiderte sie mit einem freundlichen Lächeln.

Manche Kinder konnten sich anscheinend nicht vorstellen, dass es so etwas wie leibliche Eltern gab. Zu früh hatte die Zerrüttung in ihren Familien stattgefunden. Aber Gott sei Dank war es nicht so wie in St. Niemandsland: Hier im Kinderdorf war meine Mutter willkommen. Hier benötigte Eva keine Bahnfahrkarten, um Clara und mich unter konspirativen Umständen zu »entführen«. Hier gab es keine Prügeleien zwischen ihr und der Kinderdorfleitung. Vielmehr teilten wir alle zusammen die Freude über ihren Besuch. Das schaffte Vertrauen für neue Begegnungen.

Dann kam Herr Weglar auf uns zu und begrüßte meine Mutter. Herr Weglar mochte meine Mutter sofort. Später erzählte er mir, dass ihn Evas Liebenswürdigkeit von Anfang an berührt habe. Das ging auch Mutter Weglar und meinen Pflegegeschwistern so. Nachdem wir Eva in ein Hotel gebracht hatten, luden wir sie zu Kaffee und Kuchen in unser Haus ein. Das war ein komisches Gefühl. Nun hatte ich einen Papa und zwei Mamas.

Zunächst war ich ein wenig verunsichert, ob ich in Gegenwart meiner Mutter Frau Weglar mit »Mama« ansprechen sollte. Würde das Eva beleidigen? Ich tat es einfach. Und siehe, Eva nickte sogar freundlich. Ich fühlte mich wie auf Wolke Nummer sieben: überglücklich.

Dann überreichte Eva Mutter Weglar ein handgehäkeltes Dreieckstuch, das sie ihr als Geschenk mitgebracht hatte. Eva konnte meisterhaft häkeln und stricken. Mutter Weglar war von ihrer Häkelkunst mit all den filigranen Mustern tief beeindruckt. Immer, wenn sie das Dreieckstuch über ihren Schultern trug, dachte ich stolz: Das hat meine Mama gehäkelt.

Clara und ich saßen während des Kaffees neben Eva. Was mir sofort auffiel, war die Stille, in der sie ihr Essen zu sich nahm. Sie sprach nicht, sie genoss ihren Kaffee und Kuchen in vollen Zügen. Dieser Anblick hatte etwas Meditatives. Während des Essens lehnte ich immer wieder meinen Kopf an ihre Schulter. Ihre Haut war weich, so wie ich es von meinen Träumen her kannte. All die Träume wurden nun an diesem Kaffeetisch Wirklichkeit. Was mir auch auffiel, das war, dass ihre sanfte Stimme mir vertraut war, so als ob ich sie immer schon gehört hätte. Sie berührte mich tiefer als die Stimmen meiner Pflegeeltern oder meiner Pflegegeschwister.

Schließlich zeigte ich Eva mein Zimmer. Damals in St. Niemandsland hätte ich nur ein Nachtschränkchen und eine Schublade vorzuweisen gehabt. Aber nicht einmal das konnte ich damals Eva zeigen, da Besucher keinen Zutritt zur Bubengruppe hatten. Hier aber war das anders, hier hatte ich mein eigenes Zimmer, und ich legte großen Wert darauf, dass es gemütlich eingerichtet war. Das lag daran, dass ich bis zum Auszug aus St. Niemandsland immer in Schlafsälen untergebracht war, die ich mit bis zu vierzehn anderen Jungen teilte. Der einzige Raum, der mir damals blieb, war die untere Etage eines Stockbetts.

In meinem Zimmer hatte ich in einem Wandregal eine Mineralsteinsammlung untergebracht. An jedem Ende des Regals hatte ich Fotografien von Bergkristallen aufgehängt, hinter denen sich handbemalte Glühbirnen befanden. Sie warfen sanft ihr farbiges Licht in den Raum. Die Stereoanlage, die ich anders als in St. Niemandsland trotz des Bettnässens behalten durfte, hatte ich unter dem Fenstersims stehen. Stolz zeigte ich Eva meine Schallplatten- und Kassettensammlung. Sie war beeindruckt. Ich glaube, sie spürte, dass es Clara und mir gut ging. Das machte sie glücklich. Ich konnte es an ihren Augen und an ihrem Lächeln sehen. Der Teufel hatte uns entgegen ihrer früheren Befürchtungen doch nicht mitgenommen. Im Gegenteil. Eine Schar von Schutzengeln hatte uns der Hölle entrissen. Was für ein Glück. Clara und ich berichteten Eva von dem Bauernhof, von der Schule, vom Musikunterricht, von den vielen Kindern, mit denen wir spielten. Und wir erzählten ihr von unserem bevorstehenden Auftritt im Klassenspiel.

»Wir spielen ›Die Regenbrüder‹ von Eduard Mörike. Und ich bin einer der Regenbrüder«, berichtete ich ihr.

Wir erzählten ihr von den Bühnenbildern, die wir mit der Schulklasse selbst hergestellt hatten, vom Schulmeister, der mit dem Regenschirm über die Bühne flog. Eva hörte uns aufmerksam zu, ruhig und interessiert wie immer. Claras Befürchtungen, dass Eva einen Auftritt wie damals in St. Niemandsland hinlegen würde, der in einer handfesten Auseinandersetzung mit den Nonnen und der Polizei geendet hatte, verflüchtigten sich. Eva war die Ruhe selbst. Sie schien sich im Kinderdorf wohl zu fühlen.

Sie erzählte uns, dass sie eine kleine Wohnung in Keppstadt gefunden habe und sich dort sehr wohl fühle. Sie habe auch Freundinnen, mit denen sie einmal die Woche ihr Lieblingscafé besuche. Auch sei sie froh darüber, zu wissen, dass es Clara und mir gut ging. Immer wieder nahm sie uns in die Arme, streichelte unsere Wangen und strich uns durchs Haar. Eva roch nach Zigarettenrauch und Eukalyptusbonbons. Auch daran hatte sich nach Jahren nichts geändert. Dieser Geruch war mir vertraut.

Nachdem wir Claras Pflegeeltern besucht hatten, durften wir Eva noch ins Hotelzimmer bringen. Auf dem Weg dorthin zeigte ich ihr den Bauernhof, auf dem ich aushalf.

»Das ist wirklich sehr schön hier«, stellte sie erneut fest.

Sie war überglücklich, dass wir gut versorgt waren. Als wir das Hotelzimmer erreicht hatten, bot sie uns eine Zigarette an. Das war cool. Unsere Mutter und wir paffend im Hotelzimmer – das hatte Seltenheitswert. Gewiss sprengte Eva damit die pädagogischen Regeln des Kinderdorfs. Aber so war sie nun einmal, keine Mutter von der Stange. Während wir uns unterhielten, pafften wir eine Zigarette nach der anderen. Dabei lutschte ich Eukalyptusbonbons, wie sie. Clara war ein wenig mulmig zumute.

»Wenn die Pflegeeltern den Rauch riechen, gibt es Ärger«, bemerkte sie fast ängstlich.

Ich schob ihr ein paar Eukalyptusbonbons zu und konstatierte, dass wir ja beim Nachhauseweg noch genug frische Luft schnappen würden und der Geruch von Zigarettenrauch sich verflüchtigen würde. Damit waren Claras Befürchtungen ausgeräumt.

Am folgenden Abend war es soweit, das Klassenspiel sollte beginnen. Neugierig sah ich durch ein kleines Loch des Bühnenvorhangs. Der Saal war gefüllt mit Besuchern. Eva und unsere Pflegeeltern hatten in der ersten Reihe Platz genommen.

»Clara«, rief ich ihr aufgeregt zu, »Mama sitzt in der ersten Reihe!«

Clara schob mich beiseite und guckte neugierig durch das Loch im Vorhang. Dann drehte sie sich zu mir und sagte ebenfalls voller Erstaunen:

»Mama sitzt in der ersten Reihe!«

Dadurch bekam der bevorstehende Auftritt eine völlig neue Dimension. Wir wollten uns nun besonders anstrengen. Auch unsere Klassenkameraden spielten für unsere Mutter.

Der Vorhang öffnete sich, das Spiel begann. Ich hatte zuvor noch nie auf einer Bühne gestanden. Als ich sie das erste Mal betrat, spürte ich pure Energie durch meinen Körper fließen. Mein Herz pochte vor Aufregung. Ich hatte Lampenfieber. Dieser Moment hatte eine eigentümliche Magie, denn wo immer ich hinspürte, nahm ich Spannung wahr, auf der Bühne und im Publikum. Ich vernahm das Räuspern und Husten der Zuschauer, spürte meine weichen Knie, spürte das Zittern meiner Muskeln. Nun hatte ich sie betreten, die Welt der Regenbrüder, die wir jetzt bereit waren, dem Publikum nahezubringen.

Ich war so aufgeregt, dass ich meinen Text zunächst vergaß. Ich erinnere mich noch dunkel an die Stimme der Souffleuse, die mir auf die Sprünge half. Als ich den roten Faden meines Textes wiederfand, floss er nur so aus mir heraus. Nichts hielt mich mehr. Wie im Rausch bewegte ich mich auf der Bühne, genoss das intensive Spiel. Folgte den Stimmen meiner Klassenkameraden. Wartete hinter der Bühne auf meinen nächsten Einsatz, wobei ich mich leicht wie eine Feder fühlte. Die Magie des Spiels hatte uns alle erfasst: Immer wieder Gelächter des Publikums, das uns anfeuerte. Da die Bühnenscheinwerfer mich blendeten, sah ich die Umrisse der Zuschauer nur schemenhaft. Ich spürte aber die Kraft und die Blicke meiner Mutter, und ich spielte mich in eine Welt der Losgelöstheit, in die Welt der Regenbrüder.

Clara ging es genauso. Dann, als der Schulmeister an seinem Regenschirm hängend über die Bühne flog, geschah etwas völlig Unerwartetes: Das Drahtseil riss! Höhere Gewalt sozusagen. Der Schulmeister flog aus etwa drei Metern Höhe auf den hölzernen Bühnenboden. Gott sei Dank verletzte er sich nicht. Trotz des einsetzenden Gelächters spielten wir weiter, so, als wäre die Bruchlandung nur ein einstudierter Gag gewesen. Die Vorstellung war gelungen. Wir ernteten viel Applaus und damit Anerkennung.

Das Spiel hatte einen weiteren Effekt für die Klasse: Wir fühlten uns durch die intensiven Proben, die sich teils bis in die späten Abendstunden hineingezogen hatten, tief miteinander verbunden. Das war etwas Besonderes. Durch die Gestaltung der Bühnenbilder und der Bühnenkleidung, die wir zum Teil selbst genäht hatten, konnte sich jeder von uns kreativ einbringen. Dieses Zusammenwachsen gab mir Halt und Sicherheit innerhalb der Klasse. Dadurch nahmen auch meine Provokationen gegenüber Mitschülern und Lehrern ab, wofür ich von beiden Gruppen positive Rückmeldungen erhielt. Das war neu – offensichtlich hatte ich dazugelernt.

Da ich in St. Niemandsland wegen des Bettnässens über viele Jahre hinweg von der Bubengruppe isoliert wurde, genoss ich es umso mehr, dass ich nun von der Gruppe angenommen wurde. Ich hatte oft darüber nachgedacht, warum ich mich selbst absonderte, konnte aber lange Zeit keine Antwort finden, zu intensiv hing ich an meinen Gefühlen. Sie verwehrten mir den Blick auf die Ursachen. Mit der Anerkennung aber lernte auch ich, mich anzunehmen, mit allen Stärken und Schwächen. Dadurch nahmen meine verwirrenden Gefühle ab und gaben den Blick auf ihre Ursachen frei: Ich hatte Angst vor den schrecklichen Erinnerungen an St. Niemandsland, die mich immer wieder überfallartig in die Zange nahmen. Ich hatte Angst vor dem Leben, Angst vor den Menschen, Angst vor den intensiven, diffusen Gefühlen, Angst davor, nicht geliebt zu werden, wie damals bei Schwester C. Diese Ängste begannen in dieser Lebensphase spürbar abzunehmen.

In ähnlicher Weise wirkten auch die folgenden Projektarbeiten. All das half mir, mehr und mehr meinen Platz in dieser Welt zu finden. Einen Platz, der mir nach vielen Jahren schließlich zur Heimat wurde. Jene schaurigen Plätze von St. Niemandsland, wie etwa am Bettnässertisch, in der Badewanne, am Strafarbeitentisch und in der Ecke des Spielsaals, die mir Schwester C. stets mit brachialer Gewalt zugewiesen hatte, barsten mit dieser Erkenntnis wie brechendes Eis.

Clara und ich waren stolz, als uns kurz darauf unsere Mutter und die Pflegeeltern für die Vorstellung lobten.

»Clara und Clemi, das habt ihr sehr gut gemacht«, sagte Eva hocherfreut. »Vielleicht werdet ihr ja mal Schauspieler?«

Clara und ich sahen uns lächelnd an. Dann ging es zurück ins Klassenzimmer. Wenn ich mich recht erinnere, gab es dort noch eine Party. Natürlich hatte ich zuvor ein paar Zigaretten von Eva besorgt. Da war sie großzügig. Diese genossen wir nun mit unseren Klassenkameraden in vollen Zügen. Als ich wenig später mit einigen von ihnen vor der Türe saß und wir in den Nachthimmel blickten, spürten wir, dass wir uns verändert hatten. Das Projekt des Klassenspiels war eine Wegmarke. Wir waren Jugendliche geworden, die abends länger aufbleiben durften. Wir gehörten nun zu den »Großen« innerhalb unserer Pflegefamilien. Auch hatten wir mit unserer Klasse etwas geschaffen, das Menschen glücklich machte. Es folgten weitere Klassenauftritte auf der Bühne. Aber am glücklichsten waren wir darüber, dass Eva hier war und dass sie spürte: Wir waren in Sicherheit.

Dieser beglückende innere Frieden, den ich in jener Nacht erlebte, ermöglichte es mir, mich neu auszurichten. Ich verspürte erstmals deutlich den Drang nach künstlerischer Entfaltung, denn ich hatte die heilende Kraft der Kunst gespürt. Hierzu trugen auch der Werkunterricht, das Musizieren und das Tanzen bei. Etwa ein Jahr später gründete ich mit einem Klassenkameraden ein Breakdance-Duo. Dabei tanzten wir oft bis zur Erschöpfung zu *Grandmaster Flash & The Furious Five* und Michael Jackson. Wir hatten eigens einen großen Spiegel in meinem Zimmer aufgebaut, um die Bewegungsabläufe zu perfektionieren. Ich genoss es, wenn Musik, Körper und Geist miteinander verschmolzen. Auf diese Weise konnte ich meine Kraft, meinen Lebensrhythmus spüren. Ich tanzte den Tanz der inneren Befreiung von alten Wunden.

Es kam der Tag von Evas Abreise. Wir hatten eine sehr schöne Zeit miteinander verbracht, an die ich mich bis heute gerne erinnere. Dass Hubert, mein Vater, sich während dieser Zeit nicht ein einziges Mal meldete, war zwar traurig, tat aber der erfüllten Zeit mit meiner Mutter keinen Abbruch.

Als wir zusammen mit Vater Weglar auf dem Weg zum Bahnhof waren, brach es aus mir heraus.

»Mama«, fragte ich frei heraus, »warum ziehst du nicht zu uns nach Wahlwies? Dann bist du nicht so alleine in Keppstadt.«

Vater Weglar sah mich für einen kurzen Moment mit großen Augen an. Eva und Clara auch. Zunächst machte sich Schweigen breit. Hatte ich etwas Falsches gesagt?

Dann ergriff Eva das Wort.

»Clemi, das ist eine gute Idee. Aber das müssen wir erst mit Frau Riedlinger vom Stadtjugendamt und mit Herrn Weglar besprechen.«

Clara starrte vor sich hin. Gespannt wartete ich auf Herrn Weglars Antwort, der schließlich meinte: »Clemens, deine Mutter kann uns jederzeit besuchen kommen oder du besuchst sie.«

Je näher wir dem Bahnhof kamen, desto trauriger wurde ich.

»Ich werde mit Frau Riedlinger sprechen«, fuhr Eva fort, während sie mir die Wangen streichelte.

Am liebsten hätte ich losgeheult, so schmerzhaft war das Abschiednehmen. Erst im Erwachsenenalter realisierte ich, dass ich auf dieser Fahrt gefühlsmäßig in frühere Trennungserfahrungen zurückgefallen war. Dieses Trauma hing mir lange Zeit wie ein Mühlstein um den Hals – jederzeit bereit, mich in die Tiefe zu ziehen.

Als sich der Zug langsam in Bewegung setzte, blutete mein Herz. Eva weinte. Ich weinte. Früher war es immer so gewesen, dass Clara und ich zurück ins Heim gebracht wurden. In gewisser Weise brachten nun wir unsere Mutter zurück: zurück zum Bahnhof. Zurück nach Keppstadt. Eigenartig: Als ich auf dem Bahnsteig stand und ihr zuwinkte, wusste ich, dass ich Eva nochmals begegnen würde. Ein letztes Mal vor ihrem frühen Tod.

Auszug aus den Jugendamtsakten vom 16.05.19..

An das Pestalozzi-Kinderdorf
Betreff: Clemens und Clara Heymkind

Wir danken für die Mitteilung über den Verlauf des Besuches von Frau Heymkind. Bisher habe ich vergebens auf Frau Heymkind und den versprochenen Bericht von ihr gewartet. Ich habe nur gehofft, dass alles geklappt hat. Frau Heymkind hat sicher eine gewisse Scheu, sodass sie sich vermutlich deswegen zurückgezogen hat. Sie will wahrscheinlich keinem zur Last fallen. Vielleicht fühlt sie sich in Ihren Familienhäusern auch noch zu fremd.
Weitere Besuche der Mutter werden sich sicher einrichten lassen, wenn es der Gesundheitszustand der Mutter zulässt. Es wäre gut, wenn Sie uns ca. 4 Wochen vor einem Besuch ein Wochenende vorschlagen würden. Wir können dann mit Frau Heymkind darüber sprechen und überprüfen, ob sie eine Fahrt verkraftet.
Ich bin zunächst jedenfalls froh und dankbar, dass dieser Besuch gut verlaufen ist.
Für Ihre Bemühungen möchte ich Ihnen ganz herzlich danken.
   Mit freundlichen Grüßen,
   Riedlinger

Der Lindenhof

Zunächst machte sich ein mulmiges Gefühl in der Magengegend breit, als uns die Eltern Weglar mitteilten, dass wir das Kinderdorf verlassen würden. Es sollte jedoch, wie sich rasch herausstellte, kein endgültiger Abschied sein – vor allen Dingen nicht von Clara. Nachdem wir das Kinderdorf verlassen hatten – ich war inzwischen vierzehn Jahre alt –, wohnte ich noch eine Zeit lang bei Familie Weglar in einem beschaulichen Haus auf dem Lande, etwa eine halbe Stunde vom Kinderdorf entfernt. Dort besuchte ich nach wie vor die Waldorfschule. Es war ein altes Haus mit großzügigem Grundstück, das meine Pflegeeltern wegen der Baufälligkeit zu einem tauglichen Preis erworben hatten und das in der Nähe der Bahngleise lag. Noch zu der Zeit, als wir im Kinderdorf wohnten, begannen wir mit den aufwendigen Renovierungsarbeiten. Ich erinnere mich noch gut daran, wie ich gemeinsam mit einem meiner Pflegebrüder voller Tatendrang in einem Fahrradanhänger Werkzeug und Kleinmaterial zur Baustelle transportierte.

Und in der Tat, es gab viel zu tun. Sprödes Mauerwerk, Kamine und morsche Wände mussten abgerissen, Böden und von Holzwürmern zerfressene Holzdecken herausgerissen, der alte Kachelofen abgebrochen werden. Ich gehörte zur Dachdecker-, Maurer- und Bodenverlegertruppe. Jeder in der Familie bekam entsprechend seinen Fähigkeiten Aufgaben zugeteilt. Während dieser Zeit lernte ich das Mauern und Verputzen, das Verlegen von Holz- und Fliesenböden sowie das Einziehen von Holzdecken. Und ebenso wie damals bei der Arbeit auf dem Bauernhof im Kinderdorf wurde ich mehr und mehr zum Handwerker. Es bereitete mir große Freude, Altes abzureißen und Neues aufzubauen. Es erfüllte uns mit Glück, als wir Stück für Stück die Früchte unserer Arbeit ernteten.

Für die Arbeitspausen zauberte Mutter Weglar wie beim »Tischlein deck dich« die feinsten Leckereien auf den Tisch, wie Salate, deftige Wurst- oder Käsestullen, aus denen grüne Salatblätter vom eigenen Garten ragten. Es fühlte sich gut an, mit meiner Familie an unserem neuen Zuhause zu arbeiten. So erinnere ich mich an das Ausmauern der Giebelwände, die wir auch selbst verputzten, an das Verlegen der Holzböden, an die beiden Kamine, die wir wieder aufmauerten. Ich atmete oft den Geruch von verbranntem Holz ein, als das Sägeblatt seine Schärfe verlor, spürte meine wachsende Manneskraft, wenn ich mit dem Spaten den Kellerboden aushob oder den Mörtel mischte. Das freudigste Ereignis aber war, als die ganze Familie in nur wenigen Tagen unter Anleitung eines Zimmermannes und Dachdeckers das Dach abriss, wieder aufrichtete und neu eindeckte. Das war Teamwork pur! Die roten Dachziegel leuchteten im Glanz der untergehenden Sonne. Dann folgte der Anstrich der Hauswände in zitronengelber Farbe, sodass sich das Fachwerk dunkelfarbig von der übrigen Hausfassade abhob. Als auch die Fenster und Türen gesetzt waren, wussten wir, dass der Einzug ins neue Heim nicht mehr lange dauern würde.

Dann war es soweit. Ich bezog mein eigenes, zunächst noch provisorisch hergerichtetes Zimmer im Dachgeschoss, genoss den majestätischen Ausblick über die nahe gelegenen Felder und Wiesen. Oft lauschte ich bei geöffnetem Fenster den Geräuschen der Natur, wie etwa dem Gesang der Vögel oder dem Rauschen des Windes, der über die sattgrünen Felder wehte. Die Natur lebte! Auch vernahm ich in regelmäßigen Abständen das schrille Geräusch des vorbeifahrenden Zuges, der die lieblichen Melodien der Natur störte.

Auf einer der Stirnseiten des Gebäudes standen zwei majestätisch anmutende Linden. Alt waren sie, wie das Haus. Im Frühjahr brachten sie duftende Blüten hervor, die wir für den Tee aufsammelten. Und so wurde aus einem alten, baufälligen Haus ein Zuhause, das wir »Lindenhof« tauften. Ein Familienidyll, in das ich gerne nach der Schule oder später nach den Werkstattpraktika zurückkehrte. Und obwohl unser neues Zuhause abgelegen inmitten der Natur lag, wurde es dort nie langweilig. Es gab immer etwas zu tun. Auch war es kein Problem, dass wir unsere Freunde aus dem Kinderdorf oder der Schule zu uns nach Hause einluden. Das war wohl auch ein Grund dafür, warum ich mich dort, im Lindenhof, so wohl fühlte.

Dann aber, als die Bauarbeiten nach etwa drei Jahren abgeschlossen waren, veränderte sich deutlich wahrnehmbar etwas im familiären Gefüge. Es war, als würden unsichtbare Kräfte sich neu ausrichten, denn es begann plötzlich »im Gebälk zu knacken«. Die Kraft der Veränderung ergriff nach und nach jeden Einzelnen von uns. Erst zog einer meiner Pflegebrüder aus, dann folgte ein weiterer, kurz darauf zwei Pflegeschwestern. Mutter Weglar sah ich zu dieser Zeit oft weinen, ohne zunächst zu wissen, warum. Dann stellte sich heraus, dass sie ernsthafte gesundheitliche Probleme hatte, die einen längeren Aufenthalt in einem anthroposophischen Sanatorium erforderlich machten, zunächst auf der Schwäbischen Alb, und als dies nicht half, in der Schweiz.

Ihre Erkrankung drang auch in gewisser Weise in uns ein und zwang uns, genauer hinzusehen. Vater Weglar wirkte zu dieser Zeit oft nervös, war launisch und begann, Kaugummi zu kauen, obwohl er dies zuvor nie getan hatte. Kaugummikauen war, so würde man es heute nennen, ein *No-Go*. Zusehens wurde aber das trübe Bild klarer: Die Ehe der Weglars war am Ende. Niemand von uns hatte dieses schleichende Ende und den damit einhergehenden Zerfall wahrgenommen, obwohl es deutliche Anzeichen gegeben hatte. Dort eine Aggression, hier gegenseitiges Unverständnis. Dann Versöhnungsversuche. Kein Weiterkommen! Schließlich entschied sich Mutter Weglar für einen wesentlich jüngeren Mann, der später in gewisser Weise auch zur Familie gehörte. Es war der Freund von einem meiner Pflegebrüder.

Als die Renovierungsarbeiten abgeschlossen waren, nahm auch ich mein Bedürfnis nach Veränderung wahr. Es waren dunkle Wolken über unserer Familie aufgezogen, die, nachdem sie ihre Sättigung erreicht hatten, einen Sturm auslösten, der alles Alte und Verbrauchte mit sich riss. Er schaffte Platz für Neues. Ich wollte raus aus der familiären Idylle, die mich zusehends einengte, sehnte mich nach neuen Ufern. Und so kam, was kommen musste. Anlass war ein nichtiger Streit zwischen Frau Weglar und mir. Ich kam mehrere Nächte hintereinander verspätet nach Hause, genauer gesagt oft erst in den frühen Morgenstunden, müde von den durchfeierten Nächten. Irgendwann sprach mich Mutter Weglar darauf an.

»Clemens, wo warst du die letzten Nächte?«

Wo sollte ich gewesen sein? Ich tat das, was viele in meinem Alter taten. Ich ließ mich treiben, suchte und fand neue Kontakte unter meinesgleichen. Ich wollte leben, was nicht Familie, sondern Rebellion war. Das Leben eines Heranwachsenden sozusagen, der flügge geworden war – bereit, das vertraute Nest zu verlassen. Es war mir egal, was die Weglars von meinem, wie sie es nannten, »Larifari-Leben« hielten.

»Ich habe keine Lust mehr, mich ständig zu rechtfertigen, wo und wie lang ich fort bin. Ich bin bald siebzehn und kein Kind mehr«, schrie es aus mir heraus.

Frau Weglar war mit meinem Bedürfnis nach Loslösung völlig überfordert. Da war sie ganz Mutter.

»Clemens, so war das doch nicht gemeint, du bist ja ganz außer dir.«

Ja, sie hatte recht. Ich war außer mir. Aber damit noch nicht genug.

Dann brach es aus mir heraus.

»Ich ziehe hier aus. Ich habe heute mit dem neuen Jugendhausleiter im Kinderdorf gesprochen«, fuhr ich fort. »Ich kann nächste Woche ins Jugendhaus ziehen.«

Mit diesem Entschluss beendete ich auch all die endlosen Diskussionen über meine Verspätungen. Ein für alle Mal!

Auszug aus den Jugendamtsakten vom 29.06.19..

Betreff: Clemens Maria Heymkind, geb. 07.09.1965

Entwicklungsbericht

Clemens ist heute 15,9 Jahre alt, 1,70 m groß und wiegt 55 kg. Er hat einen aufrechten, sehr festen Gang, die Bewegungsabläufe sind harmonisch, gelenkig. Auffallend bei dem Jungen ist das Verhältnis zwischen Kopf und Körper; der noch knabenhaft ausgebildete Körper trägt einen in der Proportion zu großen Kopf. Clemens zeigt immer noch körperliche Anzeichen eines frühkindlichen Entwicklungsstadiums, die auch in seinem gesamten Verhalten zu beobachten sind.
Die Pflege der Kleider sowie die Körperhygiene werden von Clemens selbstständig erledigt.
Der allgemeine Gesundheitszustand ist gut, in der Zeit seines Aufenthaltes im Kinderdorf konnte Clemens das Bettnässen fast aufgeben. Nur noch an für ihn aufregenden Tagen kann er sich noch nicht kontrollieren.

Pubertät oder Feuerwerk der Synapsen

Die Sommerferien hatten bereits begonnen. Ich war von der Schule geflogen, weil ich während des Unterrichts Zigaretten geraucht beziehungsweise gegen die Lehrkräfte und Erzieher aufbegehrt hatte. Ich hatte keinen Bock mehr auf Schule.

Außerdem brachte die Pubertät neben dem Freiheitsdrang ein großes Gefühlschaos mit sich, in dem ich zuweilen versank. Nun stand ich ohne Familie da und damit auch ohne Orientierung. Hieraus entstand der Drang, eine Ersatzfamilie zu finden. Zugleich wollte ich aber auch gegen gesellschaftliche Normen rebellieren. Daher bot sich im Jugendhaus der Kontakt mit zwei Punkerinnen an, die im Zuge eines Schüleraustauschs aus Schottland ins Kinderdorf gekommen waren. Durch diese Begegnung wurde auch ich mehr und mehr zum Punker. Ich genoss das fahrige Leben: ins Bett gehen, wann man will, aufstehen, wann man will. In Punkkreisen machte ich auch meine ersten Erfahrungen mit Marihuana. So ging das ein paar Monate.

Jeden Tag hatte ich neue Ideen, etwa Schauspieler werden zu wollen oder Tänzer, die ich jedoch kurz darauf wieder verwarf. Zu unsicher fühlte ich mich noch in meinen Vorstellungen, in meinen Zielen. In mir schien es kein festes Fundament zu geben, auf dem ich hätte stehen können, um derartige Entscheidungen zu treffen. Oft kam ich zu dem Ergebnis, dass ich mir nicht zutraute, was als Idee aufgetaucht war. Hier klang immer wieder die Stimme von Schwester C. hinein: »Aus dir wird ja sowieso nichts. Du bist ja nur ein Seicher!« Das hatte sie mir all die Jahre in St. Niemandsland eingebläut.

Zu dieser Zeit kam ein neuer Jugendhausleiter ins Kinderdorf. Er hieß Herr W. und brachte frischen Wind in mein Leben. Er lud mich auf einen Spaziergang ein, um meine Lebenssituation zu besprechen. Auf sein Anraten hin verbrachte ich die verbleibende Zeit bis zu den Sommerferien mit einer Serie von Praktika in den Werkstätten des Dorfes. Dadurch gewann ich wieder eine gewisse Orientierung. Dieser Weg war natürlich nicht frei von Hindernissen

Bäckerlehre? *Nein, danke!* Zu frühes Aufstehen. Als Jugendlicher im Jugendhaus ging man morgens dann ins Bett, wenn die Bäckerlehrlinge aufstanden. Das war definitiv nichts für mich.

Landwirtschaftslehre? *Nein, danke!* Zu früh aufstehen, zu viele Wochenenddienste.

Goldschmiedelehre? *Nein, danke!* Zu viel an der Werkbank sitzen müssen und sich die Fingerkuppen mit Metallsägen und Feilen blutig schinden. Das schwerwiegendste Argument war jedoch der chronische Bewegungsmangel. Ich quälte mich von einer Pause zur anderen.

Metallerlehre? *Nein, danke!* Metall fühlt sich so kalt an. Außerdem ertrug ich den Geruch von Schmierölen und Terpentin nicht, die mich zu sehr an die Zeiten von St. Niemandsland erinnerten. Vor allen Dingen der Geruch von Terpentin löste bei mir Flashbacks aus. Darauf hatte ich überhaupt keinen Bock.

Gärtnerlehre? *Nein, danke!* Im Sommer zu heiß, im Winter zu kalt.

Dann, Monate später der große Wurf: Schreinerlehre? *Ja, gerne!*

Zwei meiner ehemaligen Klassenkameraden, David und Teo, hatten das erste Lehrjahr bereits fast hinter sich gebracht. Wir waren zuvor eine eingeschworene Clique gewesen, da gab es gewachsenes Vertrauen. Außerdem mochte ich den Geruch des Holzes und den Gedanken daran, was sich daraus alles herstellen ließ. Da wollte ich hin. Das fühlte sich gut an: Ich wollte Möbelschreiner werden! Außerdem mochte ich den Lehrmeister Herrn Z. sehr. Er war ein groß gewachsener Mann mit weißem Haar und Vollbart. Er war eine liebenswerte Erscheinung mit guten Manieren. Von ihm konnte ich viel lernen, das spürte ich bei unserer ersten Begegnung. Er hatte als junger Mann in Afrika als Entwicklungshelfer gearbeitet. Das beeindruckte mich sehr. Diese Weltoffenheit strahlte aus ihm heraus. Und er war nicht nur weltoffen. Er war ein großartiger Meister, der Instrumente, Möbel, Holzuhren und vieles andere mehr bauen konnte. Ruhig und zielstrebig war er, aber von großer Durchsetzungskraft. In der Pause hatte ich häufiger Bier gekauft. Das war verboten, und als der Meister Wind davon bekam, versteckte er sich hinter der Tür. Als ich eintrat, nahm er den Hammer und zerschlug die in den Hosentaschen steckenden Bierflaschen. Ich durfte aber während der Arbeitszeit den Blaumann nicht wechseln, und so fühlte ich mich, als hätte ich in die Hose gemacht. Von diesem Tag an hatte ich keine Lust mehr auf Bierflaschen.

Das war die Art und Weise, wie mir Herr Z. Grenzen setzte. Vor Herrn Z. hatte ich Respekt. Ich mochte ihn auf Anhieb. Auch legte er Wert auf Pünktlichkeit und einen respektvollen Umgangston, auf Alltagsstruktur. Er hatte Geduld und verfügte über ausgesprochenes Einfühlungsvermögen. Er lehrte mich, dass ich der Baumeister meines eigenen Lebens war. So wie der Schreinergeselle, der sein Meisterstück fertigt.

Stolz verließ ich nach Ende des Praktikums die Lehrwerkstatt der Schreinerei mit einem unterschriebenen Ausbildungsvertrag in der Tasche. Damit war der Schulrauswurf, der wie ein weiterer Trümmerbruch in meiner Seele wirkte, vergessen.

Nun stand der nächste Schritt an: In den Sommerferien wollte ich Eva in Keppstadt besuchen …

Auszug aus den Jugendamtsakten vom 08.06.19..

Mitteilung des Klassenlehrers an die
Kinderdorfverwaltung

Clemens am 07.06.19.. aus der Schule geflogen (Der Klassenlehrer). Macht Werkstattdurchgang fertig bis zu den Sommerferien. Hat Hauptschulabschluss (?). Will Mechanikerlehre machen. Mechanikermeister einverstanden. Bleibt bei Weglars wohnen.
„Wo er ist, ist Chaos."
   Der Klassenlehrer

Evaglück

Langsam fuhr der Zug in Keppstadt ein. Es war ein heißer Hochsommertag, ich hatte das Zugfenster geöffnet und genoss den kühlenden Fahrtwind. Mein Herz pochte unruhig. Gleich würde ich sie wiedersehen: Eva, meine Mutter. Es war eigenartig. Während der Zug langsam durch Keppstadt fuhr, kam mir mein Vater Hubert in den Sinn. Er war inzwischen nach Teneriffa ausgewandert, so wie er es mir damals auf dem Motorboot gesagt hatte.

Plötzlich kam der Zug ruckartig zum Stehen. Und genauso ruckartig wurde ich aus meinen Gedanken gerissen. Neugierig streckte ich meinen Kopf aus dem halb geöffneten Zugfenster. Mein Blick fiel sofort auf eine sonderbar anmutende Frau, die im Wintermantel, rauchend und Bonbons lutschend auf dem Bahnsteig wartete. Und das im Hochsommer! Der Schweiß ließ die schwarze Wimperntusche und den blutroten Lippenstift in Streifen über ihr Gesicht laufen. Ich musste zweimal hinsehen, dann erkannte ich die Frau: Eva, meine Mutter. Rasch lehnte ich mich an die verglaste Wand des Zugabteils und holte tief Luft. Ihr Anblick war mir peinlich. Am liebsten hätte ich mich in Luft aufgelöst, so unangenehm war mir die Situation.

Ich steige nicht aus, ich fahre zurück, schoss es mir in den Sinn. Das kannst du doch nicht machen, regte sich die Gegenstimme. Ich hatte ja schon viele seltsame Situationen in meinem Leben erlebt, aber diese schlug dem Fass den Boden aus. Für einen kurzen Moment schloss ich die Augen und überlegte, was zu tun sei. Ich spürte trotz dieses Anblicks eine tiefe Sehnsucht nach Eva. Diesem Impuls folgte ich widerstandslos. Drauf geschissen, sagte ich mir, das ist deine Mutter! Dann vernahm ich die höfliche Stimme des Schaffners durch den Lautsprecher: »Liebe Fahrgäste, der Zug endet hier, bitte alle aussteigen.«

Das war eine unmissverständliche Ansage, nach der es ohnehin kein Zurück mehr gab!

Rasch packte ich meine Sachen in den Rucksack und sprang mit einem Satz auf den Bahnsteig. Eva erkannte mich sofort und lief winkend auf mich zu. Ich fühlte unbeschreibliche Freude. Von einem Moment auf den anderen war das peinliche Gefühl verflogen. Dann standen wir uns gegenüber. Eva roch nach Eukalyptusbonbons und Zigaretten, wie immer.

»Hallo Mama«, begrüßte ich sie, während wir uns fest drückten.

»Hallo, lieber Clemi«, erwiderte sie.

Die umherstehenden Reisenden sahen uns mit großen Augen an. Evas Schminke war inzwischen derartig verlaufen, dass man hätte meinen können, sie sei nicht von dieser Welt. Mir war das jetzt aber egal.

»Hier Clemi, ich habe uns zwei Busfahrkarten besorgt«, fuhr sie fort.

»Nein, Mama, ich glaube, es ist besser, wir nehmen ein Taxi«, schlug ich vor. »Wenn du magst, kann ich dir den Mantel abnehmen, es ist ja ziemlich heiß heute.«

Eva aber bestand darauf, ihn anzubehalten, denn er schütze sie.

»Okay«, antwortete ich, ohne weitere Worte zu verlieren. Ich hatte sie verstanden. Eva benötigte Schutz, viel Schutz!

Die umherstehenden Leute kamen aus dem Gaffen nicht heraus. Langsam schob ich Eva durch die Menschenmenge Richtung Taxistand, wobei ich den neugierigen Blicken mit einem aufgesetzten Lächeln begegnete. In der heutigen Zeit wäre diese Begrüßung mit meiner Mutter auf dem Bahnsteig ein Knaller auf Youtube geworden.

Ich war sehr erleichtert, als wir die Einzimmerwohnung meiner Mutter erreicht hatten. Als sie kurz darauf vor dem Spiegel im Badezimmer stand, hörte ich ihr typisches Kichern.

»Clemi«, rief sie mir lachend zu, »schau mal, wie ich aussehe!«

Nun musste auch ich lachen, weil Eva es offensichtlich sehr lustig fand, wie sie aussah. Und in der Tat: Jede tragische Situation birgt ein komisches Element.

Während sich Eva abschminkte, saß ich auf dem Balkon ihrer kleinen, aber gemütlichen Hochhaus-Wohnung. Was mir sofort auffiel, war die Ordnung um mich herum. Eva war in der Tat eine Frau, die ihren Haushalt vorbildlich führte. Alles hatte seine Ordnung, alles stand an seinem Platz. Diese Ordnung, so dachte ich mir, gibt ihr Halt und Geborgenheit. Dieses Bedürfnis des Sich-behausen-Wollens kannte ich von mir selbst – und, wie sich Jahre später herausstellte, auch von meinen älteren Geschwistern.

Zu meinem Geburtshaus waren es zu Fuß nur ein paar Minuten. Bruchstückhaft gab mir meine Erinnerung Bilder früher Kindheitstage frei: Wir wohnten in einer Dreizimmerwohnung. Um sie zu erreichen, musste man nur durch einen kleinen Tunnel unter der Straße hindurchlaufen. Das tat ich in den darauffolgenden Tagen auch. Ich dachte an die besinnlichen Weihnachtstage mit meinen Geschwistern zurück. Und nun saß ich hier als Besucher, nein, als Sohn, auf dem Balkon meiner Mutter.

Dann servierte sie Kaffee und Kuchen. Immer wieder tat sie ihre Freude über meinen Besuch kund, indem sie meine Wangen streichelte oder mir mütterlich durchs Haar strich. Ich hatte das Gefühl, dass sie ein großes Nachholbedürfnis hatte. Ich allerdings auch. Zugleich war sie mir aber auch etwas fremd.

»Wie geht es den Weglars?«, erkundigte sie sich.

»Ich bin dort kürzlich ausgezogen. Ich wohne jetzt im Jugendhaus, wo ich ein eigenes Zimmer habe. Und nach den Sommerferien beginne ich eine Schreinerlehre«, erzählte ich.

Eva hörte mir interessiert zu, während sie genüsslich an ihrer Kaffeetasse nippte und eine Zigarette rauchte.

»Und wie geht es Clara?«, fragte sie.

»Clara wird nach den Sommerferien die zehnte Klasse besuchen und die mittlere Reife machen.«

»Warum ist sie nicht mitgekommen?«

»Ich glaube, dass ihre Pflegeltern wollten, dass sie mit nach Dänemark fährt, wie jedes Jahr«, erwiderte ich.

Eva war zwar ein wenig traurig, dass Clara nicht bei uns war, ich konnte sie aber trösten, indem ich ihr berichtete, dass es ihr gut ginge und dass sie sich keine Sorgen zu machen brauche. Außerdem bestünde ja die Möglichkeit, dass sie uns nochmals im Kinderdorf besuchte.

Eva erzählte mir im weiteren Verlauf von der schönen Zeit, die sie vergangenes Jahr bei uns im Kinderdorf verbracht hatte. Sie erzählte mir auch davon, wie sie früher oft gespürt hätte, dass es uns Zwillingen in St. Niemandsland nicht gut ging, und sie daher umso glücklicher gewesen sei, als sie sah, wie gut es uns nun im Kinderdorf ging. Das berührte mich sehr. Eine Mutter scheint in der Tat zu spüren, wie es ihren Kindern geht, auch wenn sie noch so weit weg sind. Dieses innere Band nahm ich mehr und mehr wahr, während ich ihr beim Kaffeetrinken gegenüber saß. Ich beobachtete ihre Mimik und ihre Bewegungen, sog sie förmlich in mich auf und vernahm ihre vertraute Stimme, die mir nach all den Jahren der Mutterentbehrung nicht fremd geworden war. Ich spürte, dass die Sommerferien eine intensive Zeit mit ihr werden würden. Und das erfüllte mich mit Freude.

Die folgenden Tage verbrachten wir mit Spaziergängen und Busfahrten durch Keppstadt. Eva zeigte mir am Rathausplatz auch das Haus, in dem sie lange Zeit mit Hubert und meinen älteren Geschwistern gewohnt hatte.

»Die ersten acht Jahre mit deinem Vater«, erzählte sie mir irgendwann, »waren die schönsten Jahre in meinem Leben.«

Aufmerksam hörte ich ihr zu und nahm die Bilder ihrer Glückszeit in mir auf. Sanft und voller Geborgenheit musste diese Zeit gewesen sein. Eva schien es sichtlich gutzutun, von der gemeinsamen Zeit mit meinem Vater zu erzählen. Sie blühte dabei regelrecht auf.

»Wenn der Papa heute an deiner Tür klingeln würde, würdest du ihm dann aufmachen?«, fragte ich neugierig.

Eva sah mich für einen kurzen Augenblick an, dann brach folgender Satz aus ihr hervor: »Ich würde ihm nicht nur die Tür öffnen, sondern ich würde ihn wieder heiraten!«

Nun war ich platt. Nach all der Vernachlässigung der eigenen Kinder und seiner Frau würde Eva meinem Vater die Türe wieder öffnen und ihn heiraten wollen? Das überforderte mich. Hubert hatte offensichtlich einen sicheren Platz in ihrem Herzen. Eva aber nicht in dem von Hubert. Ich wollte Eva nicht mit meiner Haltung zu Hubert belasten, zu groß war die Gefahr, dass ich wütend auf ihn würde. Erst recht, weil er einfach ins Ausland abgehauen war und alles stehen und liegen lassen hatte.

Eines Nachts lernte ich eine weitere Seite von Eva kennen. Es muss morgens gegen drei Uhr gewesen sein. Ich schlief auf der

Couch, die sie mir liebevoll als Nachtlager hergerichtet hatte. In den Nächten zuvor war ich immer wieder aufgewacht, weil Eva auf dem Balkon Selbstgespräche führte. Dabei rauchte sie eine Zigarette nach der anderen. Ich vernahm immer wieder ihr leises Kichern, verwirrte Sätze, die ich nicht verstand, wenn sie mit sich selbst redete.

Eines Nachts jedoch weckte sie mich.

»Clemi, das Mittagessen ist fertig.«

»Mama, es ist noch ganz früh am Morgen, da isst man nicht zu Mittag.«

Offensichtlich hatte Eva Phasen, in denen sie ihr Zeitgefühl verlor. Diesen Phasen ordne ich auch ihren Auftritt mit dem Wintermantel am Bahnsteig zu, als sie mich abholte. Auf eine bestimmte Weise fand ich diese Situationen komisch, und hin und wieder musste ich darüber auch lachen.

Ich rieb mir verschlafen die Augen. Da meinte Eva: »Clemi, sieh mal, was ich hier unter der Bettdecke habe.«

Neugierig richtete ich meinen Blick unter die Bettdecke. Eva holte einen weißen Topf mit Deckel hervor.

»Siehst du, Clemi, so kann man die Kartoffeln warmhalten.«

Wow, dachte ich, da habe ich wieder etwas dazugelernt.

Dann bereitete Eva – draußen war es noch stockdunkel – liebevoll den »Mittagstisch«. Sie legte größten Wert auf einen schön gedeckten Tisch, auf eine gemütliche Essensatmosphäre. Ich weiß nicht mehr genau, was es zum »Mittagessen« gab. Aber den Topf mit den dampfenden Kartoffeln habe ich nicht vergessen. Nachdem wir das Mahl beendet hatten, wechselten wir zu Kaffee und Kuchen.

»Clemi, sollen wir den Kaffee mit auf den Balkon nehmen? Dann können wir noch eine rauchen.«

»Gute Idee, Mama«, antwortete ich. »Aber wir müssen leise sein, damit wir die Nachbarn nicht wecken, denn es ist ja noch ziemlich früh.«

Sie sah mich für einen kurzen Moment verdutzt an. Realisierte sie nun, dass es früh am Morgen war und die Mittagzeit noch in weiter Ferne lag?

»Nein, die Nachbarn dürfen wir natürlich nicht stören«, meinte sie.

»Wir lassen einfach die Untertassen weg, damit das Kaffeegeschirr nicht so klappert«, schlug ich vor.

Kurz darauf saßen wir auf dem Balkon und sahen in die Nacht, während wir Kaffee tranken und Kuchen aßen. Durch die so entstandene »Zeitverschiebung« entstand eine ganz besondere Stimmung. Es herrschte absolute Stille. Kein Straßenlärm, kein Alltagslärm. Eva wollte mir ihre ganze Mutterliebe zuteilwerden lassen. Dabei unterschied sie nicht zwischen Tag und Nacht, zwischen Sommer und Winter. Sie liebte bedingungslos!

Ich genoss das Zusammensein mit meiner Mutter, genoss ihre Fürsorglichkeit und Liebe. Und Eva genoss das Essen. Das war mir schon bei ihrem Besuch im Kinderdorf aufgefallen. Wenn Eva aß, tat sie das mit meditativer Hingabe. Da gab es keine Hektik, nur Ruhe und Genuss. Und das fühlte sich so ganz anders an als damals in St. Niemandsland, wo der Speisesaal mit lauten Kindergeräuschen gefüllt war. Auch anders als die gemeinsamen Essen bei den Weglars oder im Jugendhaus, wo der Futterneid unter den Jugendlichen oft viel Unruhe mit sich brachte.

Ein anderes Mal weckte Eva mich morgens gegen neun Uhr. Offensichtlich hatte sie ihr Zeitgefühl wieder zurückgewonnen. Wie früher in der Mietwohnung um die Ecke hatte sie mir das

Badewasser eingelassen. Nachdem ich zu Ende gebadet hatte, rief sie mich zum Frühstück. Und wieder nahm ich die vielen kleinen Details wahr: Kerzenlicht, den liebevoll gefüllten Brotkorb mit Hefezopf, gekochte Eier, Honig und vieles mehr.

Bei alledem stellte ich dennoch immer wieder fest, dass ich mich bei meiner Mutter fremd fühlte. Es gelang uns nicht, die verlorenen Kindheitstage aufzuholen.

Dann kam der Tag des Abschieds. Die Sommerferien neigten sich dem Ende entgegen und ich musste zurück ins Kinderdorf. Von meinem letzten Urlaubsgeld lud ich Eva in das Restaurant eines Kaufhauses ein. Eva war traurig.

»Mama«, sagte ich, »ich werde dich über die Weihnachtsferien besuchen kommen. Vielleicht kommt Clara dann auch mit.«

Für einen kurzen Moment nahm ich Freude in ihren Augen wahr.

»Und bestimmt werden dich zuvor meine anderen Geschwister besuchen«, tröstete ich sie.

Eva nickte still und sah mich eine Weile schweigend an. Dann brach das bisher Unausgesprochene aus ihr heraus.

»Clemi, ich hatte damals oft Angst, dass der Teufel Clara und dich mitnehmen würde. Und ich hatte das Gefühl, dass ihr in St. Niemandsland sterben würdet.«

Ich sah sie an und reichte ihr eine Serviette, als ihr die Tränen über die Wangen liefen. Fast zerriss es mir das Herz, als auch ich plötzlich an all die »Teufel« dachte, die mir in St. Niemandsland begegnet waren. Unsere Vergangenheit hatte uns eingeholt. Ich spürte aber auch, dass Eva uns nicht aus böser Absicht in die Hände des Jugendamtes gegeben hatte, sondern weil sie schlicht und ergreifend nicht in der Lage gewesen war, für ihre Kinder zu sorgen.

»Mama, egal, was passiert ist, wir sitzen nun zusammen an diesem Tisch und genießen das Essen, genießen unser Zusammensein. Das ist das Wichtigste. Und noch wichtiger ist, dass Clara und ich durch unsere Schutzengel den Klauen des Teufels entrissen worden sind.«

Eva sah mich an und ich spürte ihre Erleichterung darüber, dass ich ihr weder etwas nachtrug noch ihr Vorwürfe wegen unserer »Heimkarriere« machte.

»Clemi, du bist ein guter Junge«, sagte sie, während sie fest meine Hand drückte.

»Und du bist die beste Mutter, die man nur haben kann«, erwiderte ich mit einem Lächeln im Herzen.

Brief meiner Mutter vom 02.10.19..

Lieber Clemens!
Bitte sei mir nicht böse, weil ich das Päckchen noch nicht senden konnte. Ich hatte noch kein Geld dazu. Du kannst mir schreiben was Du und Clara möchtet.
Lieber Clemens, ich bin ganz erstaunt weil Du nähst. Vielen Dank für das schöne Kissen. Deine Großmutter war Damenschneiderin also meine Mutter. Das Nähen hast Du von ihr geerbt. Ich nähe auch ganz gerne aber mir fehlt eine Nähmaschine.
Lieber Clemens ich möchte Weihnachten mit euch feiern. Ich werde mit Frau Riedlinger darüber reden. Ich habe eine schöne Wohnung im Hochhaus. Leider nur ein Zimmer, Küche und Bad. Wie geht es euch sonst? Ich denke viel an euch zwei. Kommt euch euer Papa und Tante Gerda oft besuchen? Ich möchte gern kommen habe noch kein Geld dazu. Also lieber Clemens für heute mache ich Schluss. Schreibe Dir bald wieder einen Brief.
    Herzliche Grüße und Küsse
    Deine Mama!
    Auch Grüße an Clara.

Die Jugendhaustaufe

Nun war es wieder soweit: Aufbruch. Neuanfang.
Karma, das mir zugeordnete Schicksal. Geführt hatte es mich, den fast Siebzehnjährigen, zurück ins Pestalozzi-Kinderdorf. Genauer gesagt ins Jugendhaus, dessen Räume sechseckig geformt waren, gleich denen von Bienenwaben. Karma, die Folgen des eigenen Handelns, eine Kraft, die Lebensumstände gestaltet, im Guten wie im Schlechten.

Ich hievte gerade meine Siebensachen aus den Umzugskartons, als jemand an die Zimmertür klopfte.
»Herein«, erwiderte ich.
Dann trat Richard ein, mein zukünftiger Zimmergenosse. Es war zu dieser Zeit Brauch im Jugendhaus gewesen, dass sich »die Neuen« für eine gewisse Zeit ein Zimmer teilten. Auf diese Weise sollte das Ankommen erleichtert werden. Richard war mir auf Anhieb sympathisch. Er kam aus der Bodenseegegend und wollte im Kinderdorf eine Lehre als Goldschmied absolvieren. Ich mochte ihn sofort, denn er liebte Musik und er tanzte gerne. Außerdem lachte er viel. Eben eine echte Frohnatur! Er war von kräftiger Statur, mit leicht vorstehendem Bauch. Sein kugelrunder Kopf trug einen blonden Mecki, der wiederum sein Mondgesicht vollends zur Geltung brachte. Seine Vorderzähne waren wegen eines Unfalls eigentümlich abgeschliffen, und seine Augen stachen aus tiefen Höhlen hervor. Richard kam wie ich aus zer-

rütteten Familienverhältnissen. Wenn ich mich recht erinnere, waren seine Eltern Alkoholiker gewesen, worunter er viele Jahre sehr gelitten hatte. Deshalb genoss er die neu gewonnene Freiheit im Jugendhaus, wie ich auch.

Dieser Neuanfang setzte in uns beiden ungeahnte Kräfte frei. Wir waren uns schnell einig, wie wir unser Zimmer gestalten wollten. Dazu musste zunächst ein Birkenstamm besorgt werden, den wir in einer der sechs Ecken befestigten und mit Lichterketten schmückten. Poster von Rock- und Schauspielidolen zierten die Wände. Ein kleiner Beistelltisch und ein paar große Kissen auf dem Boden wurden unsere Sitzecke, die wir mit Regalen umstellten. Etwas durchaus Wichtiges aber fehlte noch: Im Jugendhaus galt eine leistungsstarke Stereoanlage als Statussymbol, wie ich schnell begriff. Das hatte natürlich mit den Bewohnerinnen des Mädchenhauses zu tun, das nur einen Steinwurf vom Jugendhaus entfernt lag. Während der offiziellen Besuchszeiten, die durch mitternächtliche Fenstereinstiege oft umgangen wurden, durften sich die Mädchen in unseren Zimmern und wir uns bei ihnen aufhalten. Kurzum, einige Wochen später hatte ich mich hoch verschuldet, einer teuren Stereoanlage wegen. Ich war sehr erstaunt: Meine neue Stereoanlage zog die Mädels an wie das Licht die Motten.

Dann fiel eines Tages eine Horde Jugendlicher in unser Zimmer ein, völlig unerwartet und ohne jegliche Vorankündigung. Sie hatten nicht einmal angeklopft. Mit schelmischem Grinsen in ihren Gesichtern ergriffen sie Richard, um ihn zu »taufen«. Er wurde unter lautem Gebrüll aus dem Zimmer gezerrt und zum nahe gelegenen Jauchefass getragen. Zunächst war ich sichtlich irritiert, doch dann erinnerte ich mich wieder an jenes Aufnahmeritual, dem sich »die Neuen« schon damals zu unterziehen hatten, als ich noch bei den Weglars wohnte. Deshalb beschloss ich, nicht einzugreifen und einfach auf Richards Rückkehr zu warten.

Als er nach etwa einer halben Stunde pitschnass zurückkam, ging ein penetranter Gestank von ihm aus: Brennnesseljauche! Die Taufe war vollzogen! Es dauerte ein paar Tage, bis der beißende Geruch nachließ. Nun war er Teil der Jugendhausgemeinschaft geworden.

Und ich? Ich gehörte nicht dazu, noch nicht. Diese Tatsache schmerzte mich. Ich spürte nach Richards Taufe deutlich, dass dieses Ritual alte Ängste wieder wachrief. Jene schmerzhaften Erinnerungen an die Kaltduschexzesse von St. Niemandsland stiegen wieder in mir auf.

Wie würde ich reagieren, wenn ich an der Reihe wäre? Würde ich um mich schlagen, wenn sie mich einkreisen und forttrugen, wenn sie mich ins Jauchefass warfen? Ich wusste keine Antwort darauf. Auf jeden Fall blieb ich vorerst verschont. Dadurch gewann ich Zeit, um mich innerlich auf den Tag meiner Taufe vorzubereiten. Ich nahm mir fest vor, die Jugendhaustaufe als das anzusehen, was sie war: keine Bestrafung wegen des Bettnässens, sondern ein Willkommensgruß der besonderen Art.

Dann kam der Tag der Wahrheit. Der unliebsame Besuch kam in den frühen Abendstunden, kurz nach der Arbeit.

Wehre dich nicht, sagte ich mir immer wieder.

Ich hatte eine Scheißangst! Aber in diese Richtung wollte ich gehen, dahin, wo die Angst lauerte. Deshalb fasste ich, noch während die Häscher nach mir griffen, meinen Entschluss: *Ganz egal, was nun passieren wird, ich werde es akzeptieren, ohne Wenn und Aber. Keine Gegenwehr, nur stillschweigendes Zulassen.*

Einige der Jugendlichen lachten, während sie mich davontrugen. Natürlich versuchte ich, mich loszureißen, aber ich hatte nicht den Hauch einer Chance gegen die geballten Kräfte, die mich umklammert hielten.

»Es wird nicht so schlimm«, rief mir Richard noch hinterher.

Dieser Satz half mir, das Unvermeidbare anzunehmen.

Kurz darauf landete ich im Jauchefass. Das Wasser war eiskalt, und der Gestank biss in meiner Nase, sodass mir schlecht wurde. Ich fühlte die faulen Blätter der Brennnesseln an meinem Gesicht kleben. Ekelhaft! Dann, kurz darauf, schien es, als spürte ich für einen kurzen Moment meinen Körper nicht mehr. Auch nahm ich das Geschehen um mich herum nur noch gedämpft wahr, so wie damals in der Badewanne von St. Niemandsland, als ich im kalten Wasser zu ersticken drohte.

Und dann, einige Augenblicke später, war sie auch schon vollzogen, die Taufe, und ich fühlte mich sehr erleichtert, dass alles gutgegangen war: willkommen in der Gemeinschaft!

Als eine Geste des Vertrauens empfand ich es im Nachhinein, dass mir die Jugendlichen wieder aus dem Jauchefass geholfen haben. Sie hatten mich nicht meinem Schicksal überlassen, hatten mich nicht ertränkt. Erst im Laufe der Zeit realisierte ich, dass nun auch ich einer von ihnen geworden war. Ein Jugendlicher, der zur Jugendhausfamilie gehörte. Das fühlte sich gut an und schaffte neue Verbindungen! Richard hatte recht behalten: Es war nicht so schlimm gewesen, wie es mir meine Erinnerungen an St. Niemandsland zuvor glauben machten. Jene Taufe wurde schließlich zu einer wichtigen Erfahrung in meinem Leben. Ich erkannte, dass die belastenden Erinnerungen meiner hoch traumatisierten Vergangenheit immer wieder verstörende Gedanken und Bilder erzeugten, die mit der Wirklichkeit nichts, aber rein gar nichts zu tun hatten.

Im Laufe der Zeit begriff ich mehr und mehr, dass das Leben im gegenwärtigen Moment stattfindet und dass es nur dort zur wahren Erfüllung wird. Mit dieser Erkenntnis kann ich bis heute mit einem Lächeln im Herzen die vielen kleinen Wunder, die das Leben für mich bereithält, mit gewachsenem Vertrauen genießen.

Auszug aus den Jugendamtsakten vom 29.11.19..

Entwicklungsbericht

Clemens lebt seit dem 22.08.19.. in unserem Jugendhaus und hat im September eine Schreinerlehre begonnen. In der Schule konnte Clemens für sich selbst immer weniger Interesse für das Dargebotene und Geforderte aufbringen, sodass es ratsam erschien, Clemens von der Schule zu nehmen und ihm konkrete Arbeit in die Hand zu geben. Nach einer Zeit der beruflichen Orientierung konnte Clemens auch für sich zum Entschluss gelangen, eine Schreinerlehre zu beginnen. Während dieser Zeit mussten viele hohe Ziele wieder aufgegeben werden, sodass es für ihn ein „schmerzliches" Durchringen zu diesem Entschluss war, denn an der Art, wie er zustande kam, konnte man erkennen, dass diesem Entschluss Ernsthaftigkeit zugrunde lag.
Durch die begonnene Ausbildung fühlte sich Clemens erst richtig im Leben stehend. Mit der Tatsache, Handwerker zu sein, hat sich Clemens identifiziert. Dahinter scheinen große Erwartungen an das Neue zu stehen.
Sein Einzug in das Jugendhaus wurde von den Bewohnern skeptisch begleitet. Natürlich ließen die Konflikte nicht lange auf sich warten, jedoch führten sie Clemens weiter.

Clemens zeigte bei seinem Einzug ins Jugendhaus ein sehr ausgeprägtes Bedürfnis, sich und seine Umgebung wohnlich zu machen. Kaum war er eingezogen, begann er mit der Ausgestaltung seines Zimmers bis in die letzten Einzelheiten. Das Bedürfnis, sich „behausen" zu wollen, ist bei Clemens zu verstärken, sodass diese Tätigkeit nicht nur in seinem Zimmer stattfindet, sondern sich auch auf sein Lebensumfeld ausdehnt.

Das neu erlernte Bedürfnis, sich mit den Dingen in seiner Umgebung zu verbinden, sehen wir in seiner Entwicklung als kräftigen Schritt nach vorne an. An dieser Tendenz können weitere Erziehungsmaßnahmen angeknüpft werden.

Mutterloses Kind

Trotz anfänglicher Schwierigkeiten in der Gruppe hatte ich mich inzwischen gut im Jugendhaus eingelebt. Und doch neigte ich immer wieder dazu, mich ungerecht behandelt zu fühlen. Oft suchte ich deshalb zuerst die körperliche Auseinandersetzung, um klare Verhältnisse zu schaffen, wie ich es aus meiner Vergangenheit gewohnt war. Dies führte innerhalb der Gruppe, die vor dem anstehenden Umbau des Jugendhauses noch aus etwa vierzig bis fünfzig Jugendlichen bestand, immer wieder zu erheblichen Schwierigkeiten. Ein Vorfall führte dazu, dass der Jugendhausleiter Herr W. die ganze Gruppe in regelmäßigen Abständen zu Besprechungen einberief. Ich hatte mich mit P., einem Halbschwarzen US-amerikanischer Herkunft, aufs Übelste geprügelt. Es ging um Lautsprecherboxen, die er mir, wie sich erst später herausstellte, viel zu teuer verkauft hatte. Außerdem schepperten sie, wenn man den Bass zusteuerte. Als ich ihn damit konfrontierte, kam es zum Kampf. Wir prügelten uns windelweich, keiner wollte von seiner Position abweichen. Den Sieg errang ich letztlich dadurch, dass ich ihn an eine Schrankwand lockte und beim Zurückweichen jedem Schlag auswich. Das machte ihn wütend und führte schließlich dazu, dass seine Hand durch mein Ausweichen mit voller Wucht auf die Schrankwand traf. Das Ergebnis: P. hatte ein angebrochenes Handgelenk, während ich unverletzt blieb. Trotz – oder vielleicht sogar wegen – dieses Vorfalls wurden wir später gute Freunde.

Der Sinn der Gruppengespräche bestand nun darin, auszuhalten, dass ich von den anderen kritisiert wurde, etwa wegen Vernachlässigung des Hausdienstes, Streitsucherei oder Ähnlichem. Dabei fühlte ich mich wie auf dem heißen Stuhl. Immer wieder fiel ich in alte Verhaltensmuster zurück, wurde laut oder ausfällig und drohte damit, die Diskussion zu verlassen. In diesen Runden bemerkte ich aber auch, dass ich mich, wenn es um Unrecht ging, auf meinen Verstand verlassen konnte. In epischer Breite legte ich den tatsächlichen Ablauf eines Konflikts dar und konfrontierte die Betroffenen auf diese Weise. Wenn sie versuchten, sich aus der Affäre zu ziehen, entkräftete ich ihre Argumente – den Gesetzen der Logik entsprechend. Diese Art der Konfliktlösung brachte mir Achtung und Respekt ein. Meine Mitbewohner bemerkten, dass ich nicht nur reinschlagen, sondern auch argumentieren konnte. Ich lernte aber auch, Einsicht zu üben und meine Fehler und Unzulänglichkeiten zu erkennen. Lernte, wenn ich im Unrecht war, mich zu entschuldigen, ohne mich schwach oder gar ausgeliefert zu fühlen. Ich bemerkte bald, dass dadurch die körperlichen Auseinandersetzungen unter uns Jugendlichen deutlich abnahmen. Das war ein gutes Gefühl!

Herr W. leitete diese Diskussionen mit viel Feingefühl und Geschick. Fast erinnerte er mich an Herrn K., meinen Englischlehrer aus der Kinderheimzeit. Herr W. war die Ruhe in Person. Ein Menschenfreund, der achtsam im Umgang mit uns war. Wir Jugendlichen nannten ihn »Spy«, eben weil er so wachsam war und seinem Erziehungsauftrag gewissenhaft nachkam. Und er hatte Erfolg damit. Immer, wenn ich unverhältnismäßig gegen die Argumente meiner Kameraden schoss, entzog er mir das Wort:

»Clemens, halte das aus und beobachte, was die Kritik mit dir macht.«

Ich hätte oft durch die Decke gehen können: Warum sollte gerade ich so viel aushalten? Hatte ich in St. Niemandsland nicht genug aushalten müssen? Dieser Standardsatz von Herrn W. aber entfaltete in mir im Lauf der Zeit eine tiefe Wirkung. Ich begann mich zu fragen, warum ich immer gleich in den Widerstand ging, warum immer gleich in den Kampf. Irgendwann begriff ich, dass ich geliebt werden, dass ich zur Gruppe gehören wollte. Ich wollte Anerkennung und Respekt, wie die anderen Jugendlichen auch. Diese aber erhält man nur, wenn man selbst seine Mitmenschen respektiert. In diesem Sinne war ich lange Zeit ein Blinder gewesen. In den Diskussionsrunden, die eine Zeit lang regelmäßig stattfanden, entwickelte sich aber auch eine innere Verbindung unter uns Jugendlichen. Wir lernten zu erkennen, mit wem wir gerne zusammen waren und mit wem nicht. Auf diese Weise verschafften wir uns eine klare Orientierung, die es uns ermöglichte, respektvoll miteinander umzugehen.

Die wichtigste Lektion aber war das gegenseitige Verstehen. Wir Jugendlichen kamen überwiegend aus extrem gestörten Familienverhältnissen. Diese Tatsache brachte eine sonderbare Gruppendynamik mit sich. Um nur ein Beispiel zu nennen, möchte ich das gemeinschaftliche Abendessen erwähnen. Um Punkt sieben gab es Abendbrot. Oft saßen wir jedoch bereits weit vor dieser Zeit mit Messer und Gabel an mehreren großen, runden Holztischen und warteten auf den Gong. Der Startschuss für das große Fressen! Die Tische waren vom Tischdienst mit zahlreichen Wurst- und Käseplatten, mit gefüllten Brotkörben und Gemüsetellern gedeckt worden. Der Duft von Pfefferminztee drang an unsere Nasen. Das alles machte zweifellos Appetit.

Kaum eine Minute nach sieben aber war von den Käse- bis zu den Wurstplatten alles »weggekahlt«. Ich bin mir sicher, dass wir es für das schnellste Abendessen der Welt mit der gesamten Gruppe ins »Guinnessbuch der Rekorde« geschafft hätten. Da konnte es schon mal passieren, dass eine Gabel nicht den Weg zur Wurstplatte fand, sondern direkt in den Handrücken des Tischnachbarn. Nun ja, in gewisser Hinsicht waren wir alle Zukurzgekommene.

Da gab es in Bezug auf einen achtsamen Umgang miteinander noch einiges zu lernen. Aber wie gesagt, wir waren alle auf dem richtigen Weg, und Herr W. leistete gute Arbeit. Leider verließ er das Kinderdorf bald. Ich dachte noch oft an ihn und seine Frau, von der er sich getrennt hatte.

Frau W. war Mutter von drei Töchtern. Sie lebte zusammen mit ihrem Mann und den Kindern in einer Einliegerwohnung, die sich rechts vom Eingang des Jugendhauses befand. Ich mochte Frau W. von Anfang an. Das lag daran, dass sie etwas sehr Mütterliches ausstrahlte. Sie war hübsch, sehr hübsch. Ich gebe zu, dass ich mich damals als Sechzehnjähriger in sie verliebt habe. Sanftmütig und verständnisvoll war sie und eine gute Zuhörerin. Sie hatte weiße Haut, langes dunkelblondes Haar, das bis zum Gesäß reichte, und strahlend blaue Augen. Ihre Lippen waren wohl geformt, und ihr Gesicht wirkte liebevoll. Weiblichkeit pur sozusagen. Auch nahm ich wahr, dass Frau W. die Nähe zu mir suchte. Sie weckte mich jeden Morgen persönlich. Die Jugendhausleiter hatten einen Generalschlüssel und damit Zutritt zu jedem Zimmer, und oft setzte sie sich morgens an den Rand meines Bettes und streichelte mir über Gesicht und Wangen, bis ich den Weg in meinen Körper gefunden hatte. Das war ihre Art, mir ihre »Liebe« zu zeigen, die ich auf meine Art erwiderte.

Eines Nachts wachte ich schweißgebadet auf. Ich hatte einen Traum, einen Albtraum, der mich erschauern ließ. Ich war völlig verstört deswegen: Vor zwei offenen Garagentoren standen, wie in Blei gegossen, meine Eltern Hubert und Eva. Ich hatte geträumt, dass mir sämtliche Zähne ausgefallen waren. Auch Hubert und Eva hatten keine Zähne mehr. Das konnte ich deutlich erkennen, weil ihre Unterkiefer wie eingefallen wirkten und ihre Gesichter verzerrt waren. Beide standen völlig regungslos da. Das beunruhigte mich. Ich wollte mich auf sie zu bewegen, konnte aber nicht, weil sich alles so schwer anfühlte. Es war, als hielte mich jemand zurück. Ich wollte meine Eltern ansprechen, brachte aber kein Wort hervor. Die Szenerie wirkte wie tot. Ich hatte schon einmal eine ähnliche Stimmung in einem Traum mit meinen Eltern erlebt. Grau und bleiern, der Fähigkeit jeglicher Bewegung beraubt. Dann begann Eva, wie von unsichtbarer Hand geführt, aber immer noch regungslos, sich auf das Garagentor hinter ihr zuzubewegen. Ich stand immer noch wie versteinert da, konnte nicht sprechen. Tausend Gewichte hingen an mir. Ich wollte nach ihr rufen, brachte aber keinen Ton heraus, wollte nach ihr greifen, um sie festzuhalten. Sie aber bewegte sich weiter von mir weg, wobei sie mich ansah, starr und leblos wie eine Tote. Auch Hubert sah mich an. Es war furchtbar, denn ich konnte nichts tun. Nur zusehen und aushalten. Dann begann Hubert zu grinsen. Er grinste und stand einfach da! Eva indessen verschwand immer mehr und mehr im Dunkeln der Garage. Ich war fassungslos. Als Nächstes begann sich das Garagentor langsam zu schließen, als ob jemand die Fernbedienung gedrückt hätte. Ich wollte nicht mehr hinsehen, zu schmerzhaft war Evas Verschwinden. Hubert grinste unverändert vor sich hin – wie ein Verrückter, der nicht wahrnahm, was gerade um ihn herum geschah. Ich aber verstand, was sich vor mir abspielte, denn die Bilder »sprachen« zu mir: Evas Lebenstor hatte sich geschlossen.

Erschöpft, verschwitzt und benommen richtete ich mich auf. Ich hatte brennenden Durst. Im Bad ließ ich mir kaltes Wasser über das Gesicht laufen, was ich sonst nie tat, denn normalerweise bevorzugte ich warmes Wasser. Ich holte mehrmals tief Luft und bemerkte erst jetzt, dass ich mich wieder bewegen konnte, obgleich sich der ganze Körper noch schwer anfühlte. Diese Erkenntnis beruhigte mich. Ich hatte den Weg zurück ins Leben gefunden. Ich setzte mich auf den kalten Fliesenboden und dachte nach. Dann begann ich zu weinen, einfach so. Plötzlich war mir klar: Eva wird sterben. Oder sie war gerade gestorben.

Am nächsten Morgen erzählte ich Frau W. von dem Traum. Meine Worte wählte ich vorsichtig, weil ich selbst nicht glauben konnte, was ich befürchtete.

»Irgendetwas stimmt mit meiner Mutter nicht. Ich muss nach Keppstadt und nachsehen, ob es ihr gut geht.«

Frau W. sah mich ungläubig an. Dann versuchte sie mich zu beruhigen.

»Wir alle träumen mal schlecht.«

Ich nickte schweigend. Vielleicht hatte ich ja wirklich nur schlecht geträumt.

Etwa zwei Tage später war Heiligabend. Ich war gerade beim Auspacken der Geschenke, als Frau W. plötzlich neben mir stand und mich traurig ansah.

»Clemens, komm, wir gehen auf dein Zimmer, ich muss mit dir reden.«

In diesem Moment hatte ich Gewissheit. Ich wusste, was nun kommen würde. Schweigend griff sie nach meiner Hand. Ich sah die Bilder des Traumes erneut vor meinem inneren Auge aufsteigen. Von einem Moment auf den anderen fühlte ich mich wie benommen. Ich begann, das Vaterunser zu beten, während ich schweigend neben ihr ging. All das lief wie in Zeitlupe ab. Ich wollte die Todesnachricht nicht aus dem Munde von Frau W. hören, wollte die Wahrheit nicht zulassen. Im Zimmer setzten wir uns auf den Bettrand. Frau W. hielt meine Hand fest gedrückt. Ich zitterte vor Angst, Todesangst.

»Clemens, du musst jetzt ganz stark sein«, eröffnete sie das Gespräch. »Dein Bruder Harry hat soeben angerufen. Deine Mutter ist tot in ihrer Wohnung gefunden worden.«

Ich begann laut zu schreien. Endlich konnte ich es herausschreien, den Schmerz, die unendliche Verzweiflung. Frau W. zog mich an sich und umarmte mich. Fest hielten mich ihre Arme umschlossen. So hatte mich noch nie ein Mensch in den Armen gehalten. Sie weinte. Ich weinte. Das half, denn ich fühlte mich in meinem Schmerz angenommen und verstanden.

»Ich wusste es«, begann ich nach einer Weile zu antworten. Zu sehr hatten mich die Traumbilder und die sich daran knüpfende Todesahnung verfolgt. Ich erzählte Frau W. von meinem Traum, von der Angst, dass das, was ich dort wahrgenommen hatte, Wirklichkeit werden würde.

»Das war der Grund, warum ich nach Keppstadt wollte«, erklärte ich ihr.

Frau W. sah mich schweigend und ein wenig ratlos an. Hatte sie es versäumt, mich ernst zu nehmen?

»Clemens, wenn du die nächsten Tage bei uns in der Wohnung schlafen möchtest, stehen dir die Türen offen«, bot sie mir an.

»Weiß Clara davon?«, unterbrach ich sie.

Sie nickte.

»Ich möchte sie sehen und mit ihr sprechen«, fuhr ich fort.

Frau W. nickte erneut. Sie war sichtlich mitgenommen. Kurz darauf traf ich Clara vor dem Dorfzentrum. Es war kalt. Wir umarmten und drückten uns. Sie hatte glasige Augen. Die Trauer hatte auch sie fest im Griff. Lange schwiegen wir und starrten vor uns hin.

»So ein Scheiß-Heiligabend«, ergriff ich das Wort.

Clara nickte und starrte immer noch vor sich hin.

»Ich kann das nicht glauben«, sagte sie.

»Ich auch nicht«, erwiderte ich kurz.

Zunächst überlegte ich, ob ich ihr von meinem Traum erzählen sollte. Das würde Eva aber auch nicht wieder lebendig machen. Deshalb schwieg ich.

»Weißt du, wann die Beerdigung ist?«, fragte sie mich.

»Nein, keine Ahnung.«

Wir begannen wieder zu weinen. Ich weiß nicht mehr, wie lange. Wir konnten es einfach nicht glauben. Ich fühlte immer noch dieselbe Erschöpfung wie im Traum. Sie wollte nicht weichen und hielt Wochen an. Ich glaube, Clara erging es genauso. Nun waren wir aktenmäßig Halbwaisen.

So eine Scheiße, dachte ich mir immer wieder. Wie damals in St. Niemandsland! Auch dort hatte ich an einem Heiligabend Schlimmes erlebt: die Vergewaltigung durch den Pädophilen Kurt A. Danach hatte es viele Jahre gedauert, bis ich wieder in der Lage war, Heiligabend zu feiern. Oft suchte ich an diesem Abend den Rückzug, wollte allein sein. Allein sein mit Eva.

Es war gut, die folgenden Nächte bei Familie W. verbringen zu dürfen. Beide nahmen sich viel Zeit und halfen mir durch zahlreiche Gespräche, den Tod Evas nach und nach zu verarbeiten. Ich zeigte während des Trauerprozesses körperliche Reaktionen. So wurde ich kurz nach Evas Tod innerhalb von ein paar Wochen mehrmals an den Zehen operiert, weil sie sich ständig entzündeten. Diese Operationen sollten sich im Erwachsenenalter noch oft wiederholen. Auch litt ich wieder vermehrt unter Albträumen und diffusen Angstzuständen.

Bis heute trage ich besonders die Erinnerung an die gemeinsamen Sommerferien mit meiner Mutter im Herzen, die ich drei Monate vor ihrem Tod mit ihr verbracht habe. Ich denke mit Dankbarkeit und Hochachtung an dich, Mutter.

Auszug aus den Jugendamtsakten vom 24.05.19..

Entwicklungsbericht

... Ein freundschaftlich liebes Verhältnis pflegt Clemens zu seiner Zwillingsschwester Clara, die bis vor Kurzem in einer Kinderdorf-Familie gelebt hat. Mit Clara verbinden Clemens die gemeinsamen, oft unschönen Erfahrungen und Erlebnisse ihrer langjährigen „Heimkarriere". In sehr bewegten Bildern schildert Clemens seine Erinnerungen an seine verstorbene Mutter, deren Tod er - wie er sagt - in Traumbildern vorausgesehen hat. Sehr aggressiv und ablehnend spricht Clemens über seinen Vater, von dem er sich verlassen und verraten fühlt ...
Zu seinen zahlreichen Geschwistern hat Clemens nur sporadisch Kontakt.

Das Familientreffen

Die Trauergemeinde hatte sich in der Empfangshalle des Keppstadter Friedhofs eingefunden. Die meisten meiner Geschwister sowie die Pflegeeltern waren zugegen. Mein Vater war nirgendwo zu sehen, wie immer. Sehr wahrscheinlich hielt er sich am Swimmingpool seines neuen Zuhauses in Teneriffa auf.

Frau Riedlinger, die Dame vom Stadtjugendamt, sah ich erst, als ich vor dem offenen Grab stand. Sie war alt geworden. Unsicher reichte sie meinem Bruder Rolf die Hand, die er aber ausschlug. Ich tat es ihm gleich. Ich hatte eine Stinkwut im Bauch, als ich sie sah. Zu sehr war ihr Erscheinen mit den Erinnerungen an St. Niemandsland verknüpft, zu viel Leid verband ich mit ihr. Hätte nur noch gefehlt, dass Schwester C. auftauchte …

Trotz alledem freute ich mich auch darüber, meine Geschwister wiederzusehen. Die Beerdigung war zwar ein trauriger Anlass für unser Familientreffen, aber es war doch immerhin ein Familientreffen!

Tage zuvor hatte ich mich mit dem Gedanken getragen, Evas Leiche sehen zu wollen. Würde sie auch so bleiern auf mich wirken, wie ich sie im Traum gesehen hatte? Gut, dass Claras Pflegevater mich von diesem Vorhaben abhielt.

»Behalte deine Mutter so in Erinnerung, wie du sie zuletzt gesehen hast«, riet er mir.

Clara wollte Eva nicht sehen. Heute bin ich froh darüber, dass ich diesem Rat gefolgt bin. Keine belastenden Erinnerungen an den geöffneten Sarg, keine an die Fotos der Kripo. Meine Geschwister sollten den Tod Evas auf ihre Weise verarbeiten. Erschüttert aber hatte er uns alle.

Ich erfuhr erst bei der Beerdigung von meinen älteren Geschwistern, dass Eva mehrere Tage lang tot in ihrer Wohnung gelegen hatte, bevor man sie fand. Diese bittere Wahrheit machte mich unendlich traurig. Wie einsam musste sie gewesen sein. Und das in der Weihnachtszeit. Sie starb mit fünfzig Jahren. Als ich vor ihrem Grab stand, begriff ich, dass sie mich im Traum besucht hatte. Eva wollte nicht einfach so von dieser Welt gehen, ohne Abschied zu nehmen. Sie war eben eine treue Seele.

Jahrzehnte später wurde mir im Zuge eines therapeutischen Settings klar, dass sie an einem »passiven Suizid« verstorben war. Diese banale Tatsache fand sich weder im Totenschein noch in den Jugendamtsakten. Eva war Diabetikerin, Typ II, das heißt, sie nahm ihr Insulin in Form von Tabletten. Warum also hatte sie dieses nicht zu sich genommen? Laut Polizeibericht befand sich zum Zeitpunkt ihres Todes ausreichend Insulin in der Wohnung.

Ich litt bis zum Erreichen meines fünfzigsten Geburtstags unter der Angst, dass ich nicht älter werden würde als sie. So entwickelte ich bereits kurz nach Evas Tod einen ausgeprägten »Tick«, den ich als sehr belastend empfand: In regelmäßigen Abständen malte ich einen Zeitstrahl auf ein Stück Papier, der die kommenden Tage oder Monate abbildete, je nach Stimmungslage. Dann ließ ich die Spitze des Kugelschreibers mit geschlossenen Augen daraufallen. Die sich abzeichnende Markierung, nur ein kleiner, unscheinbarer Punkt, versprach mir Erleichterung: Das sollte mein Todeszeitpunkt werden. Danach fühlte ich mich für eine Weile wie von dieser Welt gelöst, als wenn es nun keine Lasten mehr zu tragen gäbe. Raus aus meiner Einsamkeit, raus aus meinen Schmerzen. An meinem zwanzigsten Geburtstag war es dann soweit. Es war ein runder Geburtstag, wie das Todesjahr von Eva. Ich fühlte mich nicht mehr, da waren nur noch Schmerzen und ein tief greifendes Gefühl von Verzweiflung und Einsamkeit. Ich konnte mir einfach nicht vorstellen, wie ich weitere Jahre überleben sollte, zu groß und unüberwindbar war der Berg der Lebensaufgaben, den ich vor mir sah. Niemanden gab es mehr, den ich hätte fragen können: keine Eltern, keine Weglars. Doch schien ich nach wie vor treue Schutzengel zu haben, die mir zur Seite standen: Ich überlebte die Überdosis Schlaftabletten.

Eva war eine sehr gläubige Frau gewesen. Sie starb mit der Bibel im Arm – dem einzigen Erbstück, das ich von ihr habe.

Der Sarg wurde in die Grube gelassen. Einige meiner Geschwister weinten. Ich weinte. Es wurden Kerzen entzündet und Blumen auf den Sarg geworfen. Ich war froh, dass meine Geschwister da waren. Wir teilten uns die Last, teilten den Schmerz. Ich erinnere mich noch an den mit Wolken verhangenen Winterhimmel. Die Szenerie am offenen Grab wirkte ein wenig gespenstisch. So, wie ich es im Traum gesehen hatte.

Eva hatte mit fünfzehn Jahren meinen ältesten Bruder – einen Halbbruder – geboren. Mit dreiunddreißig Jahren gebar sie zuletzt Clara und mich. Sie hatte innerhalb von achtzehn Jahren neun Kinder auf die Welt gebracht. Was für eine Leben spendende Frau, was für eine Mutter. Sie hatte auf der Flucht von Bromberg in Westpreußen (heute Polen) nach Keppstadt ein Erschießungskommando überlebt, hatte einen Neuanfang im Allgäu gewagt. Von ihrer Krankheit, die sie immer wieder fest im Griff hielt, ließ sie sich nicht brechen. Sie fiel und stand wieder auf. Außerdem war sie eine ausgezeichnete Köchin, eine vorbildliche Hausfrau. Sie stellte, wenn sie strickte oder häkelte, wahre Kunstwerke her. Sie lachte. Sie weinte. Sie lebte, intensiv und mit Hingabe. All das war Eva. All das sind auch wir, ihre Kinder.

Was ich allerdings bis heute nicht verstehe, ist, warum Hubert nicht zur Beerdigung kam. Ich meine, er erzählte mir später, dass er einmal im Jahr zu einem Formel-1-Rennen flog. Warum also nicht zur Beerdigung seiner ehemaligen Frau, mit der er acht Kinder hatte? So war er nun einmal, mein Vater, eine treulose Seele, ein Lebemann. Ich aber besuchte seine Beerdigung trotzdem. Ich war achtunddreißig Jahre alt, und sein Tod stieß mich in eine der schwersten Krisen meines Lebens. Mein Vater jedoch schien zeit seines Lebens krisenresistent gewesen zu sein. Mutter, nimm's ihm nicht übel.

Liebeseinschlag

Ich betrat den Speisesaal zum Mittagessen. Mein Hunger war, wie so oft um die Mittagszeit und trotz des Vespers am Vormittag, das wir täglich mit der ganzen Belegschaft der Schreinerei einnahmen, unerträglich. Mein Appetit war wohl auch dem Wachstumsprozess geschuldet, in dem ich mich befand. Ich war ein Spätzünder, sowohl in puncto Stimmbruch als auch, was die körperliche Entwicklung anbetraf. Ich war der Kleinste unter den Jungs in der Klasse, wollte mich nicht so recht in die Welt der Erwachsenen hinein entwickeln. Ebenso verhielt es sich mit meiner noch kindlichen Stimme.

Dann aber, kurz vor meinem siebzehnten Geburtstag, ging alles ganz schnell: Ich spürte vor allen Dingen in der Leistengegend den typischen Wachstumsschmerz. Meine Stimme verwandelte sich zunächst in ein tiefes Krächzen, um dann wieder in die Kinderstimme zurückzufallen. Diese Verwandlung hin zum Erwachsensein war schmerzhaft, vor allen Dingen für mein Gefühlsleben. Die reinste Achterbahnfahrt. Aber schließlich gelang mir auch dieser Entwicklungsschritt. Ich wurde mehr und mehr Mann. Das drückte sich nicht nur in meiner Körpergröße aus, nicht nur in der Stimme: Ich spürte die Kraft des Mannes in mir. Jeden Tag ein wenig mehr. Und in diesem Reifungsprozess traten plötzlich und unerwartet Menschen in mein Leben, die mich in eine neue Richtung lenkten. Ich spürte Regungen, die mir in dieser Intensität bisher fremd gewesen waren.

Beim Mittagessen fiel mir eines Tages eine junge Frau auf, die am anderen Ende des Tisches Platz genommen hatte. Sie schien eine »Neue« zu sein und war, wie ich erfuhr, zusammen mit ihrer Zwillingsschwester zur Familie K. in Haus 10 gezogen. In jenes Haus also, das einst Claras und mein erstes Zuhause gewesen war. Was für ein Zufall.

Wir saßen uns also beim Mittagstisch gegenüber. Ein Engel, der mich seinem Wesen nach ein wenig an meine verstorbene Mutter erinnerte: Sie hatte hellblaue Augen, die ihrem überaus filigranen Gesicht eine bezaubernde Schönheit verliehen. Die blonden Haare fielen ihr sanft auf die Schultern. Ihre Lippen waren zart und lieblich, ihre Haut war weiß, die Hände zierlich. Dann kreuzten sich unsere Blicke – nur für einen kurzen Moment. Sie lächelte mich unsicher an, ich sie auch. Dann plötzlich verspürte ich einen intensiven Schmerz, Liebesschmerz! Ich fühlte mich benommen, spürte meinen Hunger nicht mehr. Ich riss mich zusammen. Sieh sie nicht weiter an, sagte ich mir. Ich aber spürte ihre Blicke, die ich zunächst nicht erwiderte.

»Clemens, ich glaube, die Neue will was von dir«, flüsterte mir mein Tischnachbar zu.

»Halt die Klappe«, erwiderte ich kurz und gab mir alle Mühe, mich weiter auf mein Essen zu konzentrieren.

Kurze Zeit später erhob ich meinen Blick. Sie war verschwunden! Einfach so, während des Essens. Das war ein grober Regelbruch. Das gefiel mir. Als ich wieder an der Werkbank stand, zeigte sich immer wieder das Gesicht des »Engels« vor meinem inneren Auge. Es ließ mich nicht mehr los.

»Clemens, was ist los mit dir? Du bist plötzlich so ruhig«, meinte einer meiner Arbeitskollegen. Ich nickte nur und wollte nicht antworten, wollte meine Regungen für mich behalten, zu heilig waren sie. Ich spürte, wie ich begonnen hatte, »Liebe« zu atmen. Immer mehr wollte ich von ihr einatmen, von der Essenz des Verliebtseins.

Ich sah auf die Uhr. Noch drei Stunden bis zum Feierabend. Immer wieder wanderten meine Gedanken zu ihr, obwohl wir nicht ein Wort miteinander gewechselt hatten. Ich gebe zu, dass ich völlig überfordert war, als die Liebe bei mir einschlug. Plötzlich war ich mit dem Gefühl unbeschreiblicher Sehnsucht und des damit einhergehenden Liebesschmerzes konfrontiert. Einem Gefühl, das mir bis dahin fremd gewesen war – und das mich nun zu überschwemmen drohte. Einfach so. Ohne Vorankündigung. Ich weiß nicht mehr, wie ich die drei verbleibenden Stunden meiner Arbeitszeit hinter mich gebracht habe. Aber eines war klar: Ich wollte sie wiedersehen, wenn möglich noch heute Abend nach der Arbeit.

Das ging aber nicht, wie sich später herausstellte. Sie durfte nur bis sieben Uhr aus dem Haus, und ich meine mich daran zu erinnern, dass sie an diesem Abend ohnehin keine Zeit gehabt hätte, weil sie gerade erst bei der Familie K. eingezogen war und es da noch einiges zu regeln gab.

Deshalb konzentrierte ich mich darauf, herauszukriegen, ob irgendjemand aus dem Jugend- oder Mädchenhaus bereits Bekanntschaft mit den Zwillingen gemacht hatte. Ich hatte Glück: D. aus dem Mädchenhaus hatte sich mit Heidrun, ihrer Zwillingsschwester, unterhalten. Sie hatten mehrere Jahre in genau dem »Heim für Schwererziehbare« verbracht, in das man Clara und mich einst hatte abschieben wollen. Von diesem Heim hatte ich nichts Gutes gehört.

Als ich am Abend im meinem Bett lag, war mein Liebesschmerz unerträglich. Die Erinnerung an ihr Gesicht verblasste zunächst ein wenig. An ihre Stelle trat aber ein Gefühl tiefster Sehnsucht, das mich zu zerreißen drohte, so intensiv war es. Ich hatte mich über beide Ohren verliebt, in eine Frau, deren Namen ich nicht einmal kannte, ja, die eine vollkommen Fremde war. Ich träumte mich zurück zum Mittagstisch, sah in ihre zartblauen Augen und erinnerte mich an ihr wunderschönes Lächeln. Da ich nicht einschlafen konnte, stand ich auf und lief in meinem Zimmer auf und ab, während ich eine Zigarette nach der anderen rauchte. Ich spürte aber auch, dass sie an mich dachte.

Ich war Zwilling, sie war Zwilling. Da gibt es eine Gefühlsebene, die nur Zwillinge kennen, auch wenn es nicht die eigene Zwillingsschwester ist: Ich war mir sicher, ich hatte ihr Herz berührt, als ich ihr Lächeln erwiderte. Aber dieses Wissen vermochte meine Sehnsucht nicht zu stillen. Deshalb legte ich »Schwanensee« von Tschaikowski auf. Wir hatten mit den Weglars eine Vorstellung in der Münchner Staatsoper besucht, die tiefe Spuren in meiner Seele hinterlassen hatte. Wie der sterbende Schwan, so fühlte ich mich an diesem Abend.

Am nächsten Tag, ich glaube, es war ein sonniger Samstag, wachte ich erst gegen Mittag auf. Sie war mir in meinen Träumen erschienen. Ich in den ihrigen, wie sie mir später berichtete.

Bis Montag zum Mittagessen warten? Nein, so lange würde ich es nicht aushalten. Mein Herz blutete. Ich frühstückte in aller Eile und lief geradewegs in Richtung Haus 10. Ich entschied mich für den Weg am Teich entlang, der unterhalb des Hauses lag.

Und dort ... ich traute meinen Augen nicht. Sie saß am Teich und schien auf etwas zu warten. Für einen kurzen Moment blieb ich stehen und sah sie an. Mein Herz pochte unruhig. Ich war in höchster Anspannung. Als sich unsere Blicke trafen, richtete sie sich auf. Sie sah mich an, während ich immer noch dastand und nicht wusste, was ich tun sollte.

Dann nickte sie mir lächelnd zu. Da war es wieder: Ihr Lächeln erfasste mich auf magische Weise. Ich fühlte mich ein wenig beschämt, weil ich immer noch wie angewurzelt dastand und mich nicht regte. Dann aber winkte sie mir zu. Das war das Zeichen. Langsam setzte ich mich in Bewegung. Wir lächelten. Schließlich stand ich vor ihr.

»Hallo, ich bin Simone«, stellte sie sich mit sanfter Stimme vor, während sie mir die Hand reichte. Ihre Stimme berührte mein Herz, das weit geöffnet war.

Ich reichte ihr etwas unbeholfen meine Hand und antwortete: »Hallo, ich bin Clemens. Du bist neu hier.«

»Ja, meine Zwillingsschwester Heidrun und ich sind gestern hier angekommen.«

Ich nickte. Ich wusste nicht, was ich antworten sollte. Ihre Erscheinung hatte mir den Kopf verdreht. Ich, der sonst nie um eine Antwort verlegen war, wusste plötzlich nicht mehr, was ich sagen sollte. Ich fühlte mich von ihrer Weiblichkeit angezogen, von ihrer Unschuld, von ihrem ganzen Wesen. Dann setzten wir uns an den Rand des Teiches.

Schweigend betrachtete ich die Goldfische, die langsam ihre Runden drehten, während ich mit einem Stock auf die Wasseroberfläche tippte.

»Was machst du hier?«, fragte ich nun.

»Heidrun und ich besuchen die Schule«, antwortete sie. »Und was machst du?«

»Ich mache eine Ausbildung zum Möbelschreiner.«

Immer wieder sah ich ihr tief in die Augen, beobachtete jede ihrer Bewegungen, betrachtete ihr Gesicht, ihre Hände. Ich sog die Bilder in mich auf.
»Du hast doch auch eine Zwillingsschwester, oder?«, fragte sie. Ich nickte. Sie hatte sich über mich informiert.
»Wenn du möchtest, können wir uns nächste Woche Mittwoch treffen«, fuhr sie fort. »Ich fahre heute mit meinen Pflegeeltern für ein paar Tage weg, Kurzurlaub sozusagen.«
»Ja, gerne, lass uns uns nächste Woche wiedersehen«, erwiderte ich.
Dann standen wir auf. Kein Kuss, nur ein Abschiedsgruß. Ich spürte deutlich, dass weder Simone noch ich bereit waren, uns zu verabschieden. Als ich gerade im Begriff war zu gehen, schoss es aus mir heraus.
»Ich warte auf dich, Simone. Ich warte!«

Die folgenden Tage wollten einfach nicht vergehen. Ich wachte mit dem Gefühl auf, verliebt zu sein, und ging abends mit ihm ins Bett. Was immer ich tat, ich atmete Liebe, atmete Sanftheit, atmete Sehnsucht.
Ein bisschen Trost spendeten mir Andreas, einer der Pflegebrüder meiner Zwillingsschwester und ein Freund, der mich jeden Abend im Jugendhaus besuchte. Er war ein begnadeter Klavierspieler. Wir rauchten eine Zigarette nach der anderen, tranken Campari Orange und hörten »Schwanensee«, immer wieder, bis in die frühen Morgenstunden. Ich war unsicher geworden, wusste plötzlich nicht mehr, ob Simone sich tatsächlich in mich verliebt hatte. Der Zweifel hatte begonnen, an mir zu nagen, und nur deshalb, weil sie nicht da war. Ich fühlte mich hin- und hergerissen. Andreas bemühte sich, mir die Last des Liebesschmer-

zes abzunehmen. Er hörte mir zu, gab mir Ratschläge, doch im Rausch des Verliebtseins schienen die rationalen Gesetze für mich ihre Gültigkeit verloren zu haben. Ich konnte nicht mehr klar denken, vermochte meine Gefühle nicht mehr zu steuern.

»Simone liebt dich, da habe ich keinen Zweifel«, konstatierte er.

Das gab mir Mut; Mut, mein Versprechen einzulösen und weiter auf Simone zu warten.

Das erste Mal

Dann kam der lang ersehnte Tag ihrer Rückkehr. Obwohl sie nur wenige Tage fort gewesen war, erschien es mir wie eine Ewigkeit. Ich hörte wieder einmal »Schwanensee«, und mein Zimmerfenster war weit geöffnet. Ich wohnte im Erdgeschoss.
»Hallo Clemens«, vernahm ich plötzlich Simones Stimme.
Ruckartig sprang ich auf und lief zum Fenster.
»Hallo Simone, wie war dein Urlaub?«
»Schön, wir sind gerade zurückgekommen, und da dachte ich, ich besuche dich. Hast du Lust auf einen Abendspaziergang?«, fragte sie.
Was für eine Frage. Natürlich hatte ich Lust!
Kurz darauf liefen wir nebeneinander einen Feldweg entlang. Die satten Blätter der Bäume bewegten sich sanft im Rhythmus des Windes, und die Abendsonne warf ihre milden Strahlen über Wiesen und Felder. In der Ferne konnten wir den Bodensee sehen. Zunächst liefen wir schweigend nebeneinander her. Am liebsten hätte ich Simone sofort in die Arme genommen und geküsst. Dazu aber fand ich den Mut nicht. Noch immer hatte ich Zweifel, die mich belasteten: Vielleicht liebte sie mich doch nicht?
Dann erzählte sie mir von ihrem Kurzurlaub in der Schweiz und davon, dass sie und ihre Zwillingsschwester sich in der »neuen Familie« wohlfühlten. Ich hörte aufmerksam zu. Plötzlich griff sie nach meiner Hand. In diesem Moment fielen alle Zweifel

ab. Ich war es offensichtlich doch wert, geliebt zu werden. Wenn Schwester C. sehen würde, wie ich mit Simone Hand in Hand der Abendsonne entgegenlaufe, dachte ich.

An einem Waldstück nahmen wir auf einer Bank Platz. Die Sonne war inzwischen beinahe untergegangen, ein kühler Wind kam auf. Da saßen wir nun und hielten uns an den Händen. Es war ein schönes Gefühl, so viel Halt zu spüren. Ich bemerkte, wie Simone leicht zu frösteln begann. Deshalb zog ich meine Jacke aus und legte sie ihr über die Schultern. Dabei sah sie mich mit ihrem bezaubernden Lächeln an, das mein Herz berührte. Ich legte meinen Arm um sie. Ich spürte ihre Wärme. Ich spürte Simone! In meiner Brust tat sich ein wohliges, wärmendes Gefühl auf. Vom Herzen aus schien es sich langsam in meinem ganzen Körper auszubreiten. Ich spürte Erregung, so, wie es eben beim ersten Mal ist. Ein Drang, der belebt, was zuvor leblos war. Das pure Lebensglück strömte durch meine Adern – hier geschah gerade etwas, das ich mir nie erträumt hätte. Etwas, das kraftvoll in mir pulsierte.

So also fühlte sich die erste Liebe an, die in ihrer Intensität alle Vorstellungen und alles bisher Dagewesene übertraf. Ich nahm den betörenden Duft Simones wahr, den ich tief einatmete und der mich vollkommen erfüllte. Neugierig wurde ich und wollte mehr und mehr von der berauschenden Kraft des Verliebtseins spüren. Das Tor zur Liebe war von uns aufgestoßen worden und stand nun weit offen. Wir durchschritten es Hand in Hand, umhüllt von den schützenden Flügeln der Engel. Was für ein Geschenk, das vom Himmel kam.

Als wir vor ihrer Haustür standen, zog sie mich sanft zu sich. Mein Herz pochte. Ich fühlte mich unsicher wie ein kleines Kind, das seine ersten Schritte lernt. Noch nie hatte ich bis dahin diese

Nähe verspürt, die mich zunächst verunsicherte. Simone umarmte mich leidenschaftlich, während sie mich anlächelte. Dann berührten sich unsere Lippen, ganz zart, zum ersten Mal. Feucht und warm waren sie. Dieser erste Liebeskuss meines Lebens war innig und schmeckte süß. Er verzauberte uns. Immer wieder berührten sich unsere Lippen, unsere Zungen. Dann wieder ein Lächeln. Keiner wollte Abschied nehmen. Beide waren wir Heimkinder, die in diesen liebevollen Berührungen all das fanden, was wir jahrelang so schmerzlich entbehrt hatten: Liebe und Vertrauen. Da fiel das Abschiednehmen doppelt schwer. Nun aber wussten wir beide, dass sich unsere Herzen berührt hatten und dass uns nichts mehr in der Welt würde trennen können. Mit Schmetterlingen im Bauch lief ich zurück ins Jugendhaus.

Tags darauf besuchte mich Simone. Uns war klar, dass »es« heute geschehen würde. Ich legte klassische Musik auf, zündete ein paar Kerzen an und schloss das Zimmer ab. Nun waren wir für uns. Es war ein magischer Moment. Die Engel schienen anwesend zu sein, um den bevorstehenden Verlust unserer Unschuld zu bezeugen. Zunächst lagen wir uns in den Armen, während wir uns innig küssten. Ich sah in ihre wunderschönen blauen Augen, aus denen leidenschaftliche Blicke kamen. Unsere Hände streiften behutsam am Körper des anderen entlang. Irgendwann sanken wir auf den Boden, erfüllt vom Glück unserer jungen Liebe. Ich atmete schnell. Sie auch. Unsere Hände berührten die Unschuld, die wir im Begriff waren zu verlieren. Was für ein Gefühl: lustvolle Bewegungen, lauter Atem, feuchte Haut. All das ließ uns eins werden. Ich kostete die Früchte ihres Gartens, sie die des meinigen. Immer wieder sahen wir uns an, lächelnd und voller Hingabe. Wir spürten unsere Lippen, unsere Zungen auf der Haut, zunächst sanft, dann immer weiter zu vollkommener Erregung sich steigernd. Drehten uns auf dem Boden von einer Seite zur anderen. Dann schließlich wurden wir eins im Rausch der Liebe, im Rausch der Vereinigung. Wir ließen uns fallen, im vollkommenen Vertrauen, tief und langsam, erfüllt vom Frieden des Glücks. Kehrten immer wieder zurück zur Pforte des Gartens, um uns erneut fallen zu lassen, bis unsere Körper zu vibrieren begannen. Die Kraft der Engel durchströmte uns, bis wir uns schließlich erschöpft und glücklich in den Armen hielten. Und irgendwann schliefen wir ein, ruhig und friedlich.

Die Trennung

Meine erste Liebesbeziehung hielt etwa ein halbes Jahr. Evas Tod machte mir nach wie vor zu schaffen. Oft erschien sie mir in meinen Träumen, die in mir ein Gefühl der Verwirrung zurückließen. Ich konnte damals mit niemandem über meine Gefühle sprechen. Nicht mit Clara, nicht mit Simone, nicht mit meinen Erziehern. Auch wollte ich lange Zeit nicht wahrhaben, wie sehr ich im Stillen unter dem Verlust meiner Mutter litt. Ohnmächtig hatte ich ihrem Tod gegenübergestanden, hatte ihn anzunehmen, ohne Wenn und Aber. Von diesem Schmerz versuchte ich mich unbewusst durch intensives Break-Dancing abzulenken. Ich übte täglich mehrere Stunden. Wenn ich mich aber nicht ablenkte und es still in mir wurde, kehrte er zurück, der »große schwarze Vogel«, dessen Flügel unübersehbar ihren Schatten auf mich warfen. Deshalb versuchte ich, dem nagenden Gefühl auch durch übermäßigen Haschischkonsum zu entkommen. Im Jugendhaus war es eine Zeit lang kein Problem, an Drogen zu kommen. Irgendjemand hatte immer etwas zu kiffen oder zu saufen. Das änderte sich schlagartig nach dem Umbau, in dessen Zusammenhang kleine Wohngruppen geschaffen und regelmäßige Drogenkontrollen eingeführt wurden.

Simone hatte irgendwann ein Problem mit meinen Stimmungsschwankungen – und vor allem natürlich damit, wie ich mit ihnen umging. Sie selbst trank und kiffte nicht. Das fand ich

»uncool«. Hinzu kam, dass mich eine neue Modeerscheinung magisch erfasst hatte. Ich wurde Punk, mit Leib und Seele! Auslöser war der Besuch zweier Punker aus Edinburgh im Kinderdorf. Ein Schüleraustausch sozusagen. Alice und ihre Schwester Kerstin standen eines Tages vor meinem Fenster im Jugendhaus. Ich hörte gerade zusammen mit meinem Kumpel laute Rockmusik.

Da standen sie also, die Punkschwestern, wie aus dem Nichts kommend, vor meinem Fenster, Zigaretten rauchend und miteinander spaßend. Alice konnte ein wenig Deutsch, ich ein wenig Englisch. Das reichte, um sich kennenzulernen. Beide trugen die typischen neonfarbenen Irokesenfrisuren. Auch waren sie auffallend geschminkt, und Modeschmuck zierte ihre Ohren und Nasen, ich war beeindruckt. Ihre lässigen und mit Chromnieten besetzten Lederklamotten gefielen mir. Ihre ganze Erscheinung und ihr Gebaren waren cool und brachten einen völlig neuen Wind in mein Leben. Das spürte ich sofort. Zu ihnen zog es mich hin, weg von Simone.

Sie besuchten mich oft im Jugendhaus, was sich schnell herumsprach. Wir wurden eine eingeschworene Clique. Zusammen mit meinen Kumpels hielten wir Saufgelage und Kifferfeten ab. Ich lernte Punkrock kennen und fand Gefallen an der schnellen und aggressiven Musik. Oft hingen wir in Kneipen einer nahe gelegenen Kleinstadt ab, wo wir mit unseren Outfits natürlich sehr auffallend waren. Auch das gefiel mir! Dort lernten wir andere Jugendliche kennen, die nichts mit dem Kinderdorf zu tun hatten. Auf diese Weise wurde mir zum ersten Mal bewusst, dass es eine Welt außerhalb des Kinderdorfes gab. Und ich war neugierig, diese zu erkunden. Deshalb ließ ich mich auch auf eine Einladung von Alice und Kerstin ein, sie in Edinburgh zu besuchen. Zu dieser Zeit spielte ich oft mit dem Gedanken, die Lehre abzubrechen. Die endgültige Entscheidung hierzu wollte ich in Edinburgh treffen.

Eva war tot. *But Punk's not dead.*

Ich wollte Alice und Kerstin wiedersehen, da gab es keinen Zweifel, wollte eintauchen in ihre Welt, wollte dem Alltag entfliehen. Einige Monate später kaufte ich mir ein Interrail-Ticket. Damit stand fest, dass ich Simone verlieren würde, so, wie ich meine Mutter verloren hatte.

Auszug aus den Jugendamtsakten vom 24.05.19..

Entwicklungsbericht

... In seiner Freizeit hört Clemens gerne moderne Musik und meist in einer Lautstärke, die die anderen Bewohner des Jugendhauses, manchmal auch die Anwohner, als sehr störend empfinden. Es ist für ihn nicht einsichtig, dass die Art und Lautstärke von Musik, wie er sie hört und liebt, andere Menschen als störend erleben. Er hat eine teure Stereoanlage ... - und eine umfangreiche Schallplatten- und Kassettensammlung. An gemeinsamen Spielen beteiligt er sich nicht. Spaß und Freude dagegen hat er an „Breakdance", wo er es zu einer gewissen Perfektion gebracht hat.

Punk's not dead!

Ich erwachte früh morgens völlig verkatert in Princes Street Gardens, einem öffentlichen Park in Edinburgh. Der Himmel war von dunklen Regenwolken verhangen, wie so oft im schottischen Sommer. Vom Meer wehte eine leichte Brise herüber, und um mich herum lagen zertretene Bierdosen, Zigarettenkippen, Joints und sonstiger Müll. Ich fühlte mich eingeengt, denn die feuchten Klamotten klebten auf der Haut. Ich hasste das Gefühl klammer Kleidung, es erinnerte mich an die eingenässten Schlafanzüge im Kinderheim – ein ekelhaftes Gefühl, das mich mein Leben lang begleitete. Ich kann mich nicht mehr daran erinnern, ob die Klamotten vom Regen oder vom Schweiß feucht waren, auf jeden Fall hatten wir die Nacht zuvor bis in die Morgenstunden Pogo getanzt. Und nun hatte ich Kopfschmerzen und Durst, wie nach jeder durchzechten Nacht.

Um mich herum lagen verstreut meine noch schlafenden Punkfreunde. Ich weiß nicht mehr, wie ich dorthin gekommen war. Ich erinnere mich aber noch dunkel daran, dass wir uns am Abend zuvor in einer runtergekommenen Altbauwohnung in Edinburgh zum Saufen und Kiffen getroffen hatten. Es war laut gewesen an diesem Abend. Punkrock dröhnte aus großen Lautsprechern: *Dead Kennedys, Sid Viscous, Velvet Underground, Public Image Limited, Exploited* … Ich liebte laute und aggressive Musik! Sie war in der Lage, meine Seelenschmerzen zu übertönen und auszudrücken.

Die Wohnung war vermüllt. Eine typische Punkwohnung eben: Bierdosen, leere Whiskyflaschen, volle Aschenbecher, schmuddelige Matratzen auf dem Boden und der beißende Geruch von Müll, schmutzigem Geschirr, Pattex-Kleber und Rauch. Dieser vermischte sich noch mit dem würzigen Qualm der Joints, die herumgereicht wurden. *Punk* bedeutet übersetzt so viel wie Müll oder Abfall, und damit konnte ich mich identifizieren.

Auch wir Heimkinder waren in gewissem Sinne der Müll der deutschen Nachkriegsgesellschaft gewesen, abgeladen in Kinderkrippen und Kinderheimen. In den frühen 50ern und 60ern Jahren genügte eine Drohung mit dem »Heim«, um ein Kind gefügig zu machen, wenn es sich nicht den elterlichen Erziehungsmethoden beugte. Zu gut Deutsch: »Wir bringen dich ins Heim. Da bist du allein!« Eine abscheuliche Maßnahme der »schwarzen Pädagogik«. In diesem Sinne war mir dieser Müll vertraut!

Gab es nichts zu saufen oder zu kiffen, inhalierte man Kleber aus durchsichtigen Plastikbeuteln. Mich stieß schon die gelbliche Farbe ab. Das Schlimmste aber war der Geruch. Da es mich an das Terpentin von St. Niemandsland erinnerte, inhalierte ich davon nie etwas. Davon hätte ich wahrscheinlich gekotzt. Kiffen und Saufen waren da wesentlich besser.

Irgendwann im Laufe der Nacht machte jemand den Vorschlag, Pogo tanzen zu gehen. In Edinburgh gab es einige Undergroundkneipen, in denen es Drogen aller Art zu kaufen gab. Das Bier war billig und es lief Punkrock, zu dem wir tanzten. Eigentlich war ich schon zu stoned gewesen, um mitzugehen. Irgendjemand aber zerrte mich am Arm und schleifte mich mit. Mir war speiübel vom Öl- und Haschischrauchen. Ich hatte das Gefühl, den Drogenrausch nicht zu überleben, denn es fiel mir schwer zu atmen.

Wie damals bei den Kaltduschexzessen von St. Niemandsland. Ähnliche Zustände der Besinnungslosigkeit habe ich in meiner Punkphase oft erlebt. Es galt als schick, wenn es einem im volltrunkenen oder bekifften Zustand gelang, sich aufzurappeln und sich mit Mühe und Not auf den eigenen Füßen halten zu können. Irgendwann in dieser Nacht hatte ich dann einen Filmriss.

Ich kam erst zu mir, als ich mich auf einem Sofa in der Kneipe wiederfand. Offensichtlich hatte ich nicht meinen gesamten Mageninhalt bei mir behalten, denn meine Klamotten und Springerstiefel sahen entsprechend aus. Einige meiner Kumpels waren gerade dabei, sich während des Tanzens zu schubsen und sich die Klamotten vom Leibe zu reißen. Das war Pogo in seiner reinsten Form, damit konnte ich was anfangen, ob bekifft oder nüchtern: keine Grenzen, keine Strafen. Alles war erlaubt!

Irgendwann stand ich dann, immer noch unter Drogen, auf der Tanzfläche. Ich hatte Bock darauf, zu tanzen, wild und intensiv. Wenn ich unter Drogen tanzte, spürte ich mich intensiver, fühlte den Rhythmus der Musik durch den ganzen Körper fließen, ja, verschmolz mit ihr. Aggressiv, laut und schnell war sie, wie ich auch. Dann schubste ich, riss an den Klamotten anderer. Dabei grölten wir, so laut wir konnten. Pogo hatte durchaus etwas Befreiendes. Oft verlor ich dabei das Zeitgefühl und vergaß damit die Erinnerungen an meine Scheißvergangenheit. Das fühlte sich gut an.

Das Schönste war, sich treiben zu lassen. No Future sozusagen! Lebe einfach in den Tag hinein und kümmere dich nicht darum, was morgen passiert. Diese Grundhaltung schweißte uns zusammen. Wir Punks waren eine Familie, eine, die ich mir selbst ausgesucht hatte. Eine, die mir nicht vom Jugendamt aufgezwungen worden war.

Charles, ein Rotschopf, zeigte uns immer sofort seinen »Stinkefinger«, wenn ihm etwas nicht passte. Er konnte saufen und kiffen, ohne umzufallen. Das war geil. Ein anderer wiederum streckte uns seine mit Piercings bestückte Zunge entgegen. Einfach so, weil er Bock drauf hatte. Diese Gesten gehörten zum guten Ton. Sie verstand jeder, gleichgültig ob Spießbürger oder Punk. Es gab keine Anstandsregeln, und auch das gefiel mir. Zu dieser Zeit hatte ich überhaupt keinen Bock mehr auf Regeln. Zu sehr litt ich unter ihrer Enge, zu sehr verachtete ich sie. Schwester C. hatte mir mit ihren Zwängen und ihrem Sadismus immerzu ihre Spielregeln aufgezwungen. Mit unübersehbaren Folgen für mein Seelenleben: Wo immer ich ging, was immer ich tat, spürte ich ihren Klammergriff. Auch Evas Tod nagte an mir. Und nun war ich hier gelandet, in Edinburgh, in der Punkszene. Ähnliches wie ich hatten auch meine Punkfreunde erlebt. Das verband mich mit ihnen.

In Edinburgh verliebte ich mich in eine Punkerin, sie hieß Erica. Sie war von ihrer Mutter wegen unüberwindbarer Differenzen kurzerhand aus der Wohnung geworfen worden. Vater unbekannt. Wir hatten uns auf einem Konzert kennengelernt, wo sie mich nach einer Zigarette fragte. Sie trug zerschlissene schwarze Strumpfhosen, Minirock, Springerstiefel und eine Menge Schmuck um Hals und Handgelenke. Ihr Gesicht war lieblich, ihre blauen Augen verrieten Tiefe. Sie war sexy, hatte Schmolllippen, weiße Haut, geile Titten und einen griffigen Arsch. Kurzum, sie entsprach von Anfang an meinem Beuteschema. Als ich das erste Mal ihr Lächeln sah, berührte es mein Herz. Sie war hoch sensibel, wie ich auch. Dabei wirkte sie kühl, aber zugleich anziehend. Heute glaube ich, dass da zwei Suchende aufeinander trafen, Suchende nach dem verlorenen Glück. Deshalb dauerte es auch nicht lange, bis wir uns wiedersahen. Das war schnell klar. Wir wollten uns wiedersehen, um jeden Preis. Wir begannen eine leidenschaftliche und spannungsreiche Liebesbeziehung. Wir konnten nicht voneinander lassen, warum auch?

Erica konnte voller Hingabe küssen. Und nicht nur das. Sie stöhnte hemmungslos, wenn wir uns liebten. Das war mir vor allem dann peinlich, wenn uns keine Wohnung für unser Liebesspiel zur Verfügung stand. Dann hatte ihr Stöhnen Folgen: Anwohner brüllten aus Fenstern, drohten mit der Polizei. Ach ja, die Bullen. Vor denen waren wir öfters auf der Flucht, unter anderem wegen Erregung öffentlichen Ärgernisses. Wann immer wir uns sahen, ging es zur Sache. Wir waren jung und fuhren aufeinander ab, wir brauchten keine Worte. Ein tiefer Blick in die Augen, ein Lächeln, eine beiläufige Berührung, dann ging der Punk ab.

Oft mussten wir auf öffentliche Toiletten, in versteckte Parkecken oder Hinterhöfe ausweichen. Ich genoss das Zusammensein mit ihr, gerade weil sie so leidenschaftlich war und keine Grenzen zu kennen schien.

Mehr noch: In dieser Grenzenlosigkeit verschmolzen wir miteinander, vergaßen die Welt um uns herum. Dieses Leben war in jeder Hinsicht Rausch pur. Während unserer Begegnungen waren wir oft zugedröhnt, damals warfen wir alles ein und rauchten, was wir zwischen die Finger bekamen. Das garantierte uns immerwährende Flüge in die Ewigkeit, weg von dieser beschissenen Welt, die wir so sehr verachteten. Wir schafften uns unsere Wohlfühl-Inseln, zu denen kein anderer Zutritt hatte außer uns. Keine Bullen, keine schimpfenden Anwohner, keine Schwester C.

Ich hatte früh bemerkt, dass Ericas Arme zahlreiche Narben hatten – und auch frische Schnittwunden. Dieser Anblick löste etwas in mir aus. Ihre Narben und Wundmale passten zu ihrem Wesen, das aufbrausend und geheimnisvoll war. Sie litt im Stillen, wie ich auch. Trotz alledem liebte ich sie. Einmal fand ich den Mut, sie danach zu fragen. Daraufhin wurde sie laut und griff mich tätlich an. Ich hatte ihre »Urwunde« berührt. Aber auch sie hatte durch ihren Angriff meine »Urwunde« berührt. Ich gab ihr eine Ohrfeige. Dann machte ich ihr klar, dass mich keiner mehr angreift. Und wenn doch – sie hatte verstanden.

Mit der Zeit hatte das Punkleben etwas sehr Anstrengendes. Ich wusste oft nicht, wo ich die nächste Nacht verbringen würde. Wenn wir nichts zum Pennen fanden, übernachteten wir an Bushaltestellen, am Bahnhof oder im Park. Auch hatte ich ständig das Gefühl, ohne Ziel zu sein. Erschwerend kam hinzu, dass ich oft den ganzen Tag zugedröhnt war und nicht wirklich wahrnahm, was um mich herum geschah. Auch hatte ich immer wieder intensive Phasen des Rückzugs, wollte alleine sein. Bei Erica löste dieses Verhalten Angst aus, weil sie glaubte, ich zöge mich wegen ihr zurück. Damals fand ich noch keine Worte, ihr meine Rückzugstendenzen zu erklären, obwohl ich spürte, dass sie darunter litt. Immer wieder zeigte sich die hautlose Fratze von Schwester C. vor meinem geistigen Auge. In diesen Momenten bedrängte mich ein ungeheures Druckgefühl, das mich veranlasste wegzulaufen. Die Flucht vor sich selbst aber ist ein Ding der Unmöglichkeit.

Das Färben meiner Haare – ich trug einen pink leuchtenden Irokesenkamm – erledigte ich meist in einem der heruntergekommenen Bäder irgendwelcher Punkwohnungen. Auch duschen konnte ich dort, wenn auch oft nur mit kaltem Wasser, weil die Rechnungen vom Mieter nicht beglichen worden waren. Meist trug ich eine Hose mit rotem Schottenmuster, in die zahlreiche Reißverschlüsse eingenäht waren. Von der Hose hingen Metallketten, um meine Hüfte lag ein Patronengurt. Er sah cool aus und wurde von vielen Punks getragen. Dazu ein paar Springerstiefel, aus denen herausgebrochene Mercedes-Sterne ragten, die wir von parkenden Limousinen gerissen hatten. Damit konnte ich zutreten, und das war wichtig, wegen der Skinheads. Auf der Rückseite meiner schwarzen Lederjacke war ein großer Schriftzug in weißer Farbe aufgesprüht: *Punk's not dead!*

Das waren die Insignien eines Überlebenden. Ich hatte überlebt und war nicht im Kinderheim verreckt. Deshalb mochte ich diesen Satz. Und ich mag ihn noch heute.

Meine Lederjacke hatte ich mit einer Menge Chromnieten verziert, die es in den einschlägigen Shops zu kaufen gab. Das galt auch für meine ledernen Armbänder. Ich trug einen silbernen Nasenring und mehrere Ohrstecker. Bevor wir weggingen, schminkten wir uns. All das war cool, unendlich cool.

Nun aber zurück zu den Princes Street Gardens. Als ich mich verschlafen umsah, konnte ich Erica nirgendwo sehen. Ich war mir aber sicher, dass sie in der Kneipe neben mir auf dem Sofa gesessen hatte. Von einer Sekunde auf die andere überfielen mich diffuse Angstzustände, die sich oft in heftigen Panikattacken ausdrückten. Scheiße, fragte ich mich, wo ist sie hin?

Ich weckte Charles, meinen vertrautesten Freund. Es dauerte ein bisschen, bis er zu sich kam. Dann sah er mich schulterzuckend an.

»I don't know«, war seine Antwort.

Ich begann ihn anzubrüllen, so wütend wurde ich:
»Where the fuck is Erica?«

Ich weckte nun die anderen. Irgendwann steckte mir jemand, dass sie letzte Nacht mit einem Punker nach London abgehauen sei. Ich konnte das einfach nicht glauben! Wir hatten vor ein paar Stunden noch Sex miteinander gehabt, und nun sollte sie einfach mit einem anderen durchgebrannt sein? Das überforderte mich. Ich fühlte mich beschissen.

Es zeigte sich, dass wir uns am Abend zuvor tatsächlich das letzte Mal gesehen hatten. Sie war abgehauen, einfach so. Sie hatte sich nicht einmal verabschiedet. Ich fühlte mich zutiefst verletzt.

Auf geheimnisvolle Weise schien sich diese Art von Trennungen zu wiederholen. Mal lief ich weg, mal meine Freundinnen. Noch nie aber hatte mich eine Frau auf die Art verlassen, wie Erica es getan hatte. Die Nüchternheit der Trennung war auch Auslöser meiner Panik, meiner Wut. Plötzlich spürte ich die unbeschreibliche Kraft meines Urtraumas: Gewalttätig war sie, verzerrend. Sie suchte mich niederzuringen. Ich aber wollte den schneidenden Trennungsschmerz nicht fühlen, hatte das Gefühl, in den Abgrund gerissen zu werden. Verlor jeglichen Halt.

Charles bemerkte das. Die anderen, die inzwischen wach geworden waren, auch. »Come on, Clemens«, meinte Charles. »There are so many fish in the sea, Erica isn't the only one.«

Wie so oft in diesen Momenten erschien mir die Welt unwirklich und fern, als ob ich sie durch einen trüben Spiegel wahrnehmen würde. So fühlen sich Flashbacks an.

»Lass uns nach Portobello in die Spielhallen fahren, wo die Skins sind«, schlug Charles schließlich vor. »Danach wird es dir besser gehen.«

Ich überlegte kurz. Die anderen Punkfreunde nickten und spornten mich an.

»Okay, let's go«, erwiderte ich.

Ein wenig später betraten wir die Spielhalle. Wir hatten Glück, nur drei bis vier Skinheads, wir waren in der Überzahl. Dann begann die Schlägerei. Ich schlug wild um mich, ohne jegliche Kontrolle.

»Fuck you Skins! Fuck you!«, brüllten wir.

Ich spürte Tritte, Faustschläge. Jemand hatte mich getroffen und ich blutete aus der Nase. Drauf geschissen, das war mir egal! Dann mein Lieblingsstoß: Kopfstoß aufs Nasenbein. Der Skin sank zu Boden. Ich lachte laut, jetzt war ich wieder der Größte. Ich hatte einen Skin zu Fall gebracht. Das bescherte mir Hochachtung unter meinen Freunden.

»Wanker, you bloody Wanker!«

Ich spuckte den Skin an, schleuderte ihm meine Wut, meinen Schmerz entgegen. Mitgefühl? Forget it! Ich fühlte Adrenalin pur. Ich war im Rausch, konnte vergessen. Konnte Eva vergessen. Konnte Schwester C. vergessen. Konnte Erica vergessen.

Dann rief einer: »Die Bullen!«

Raus aus der Halle! Wir rannten um unsere Freiheit …

Flucht geglückt! Ich war außer Atem, spürte die unruhigen Herzschläge bis in meine Zähne, fühlte das Leben durch meine Adern fließen. Geil war das, unendlich geil. Die Bullen hatten uns nicht erwischt. Ich blieb in Freiheit.

Ein paar Stunden später – wir saßen wieder alle bekifft auf dem Sofa – starrte ich vor mich hin. Konnte ich nun vergessen? Nichts konnte ich vergessen. Ich dachte an Erica, dachte an den Skin mit dem gebrochenen Nasenbein. Sorry Skin, this was my fault!

Nach meiner Rückkehr aus Edinburgh setzte ich meine Lehre im Kinderdorf fort. Von meinem Meister war ich dazu verdonnert worden, meinen neonfarbenen Irokesenschnitt mit einer Mütze zu bedecken und den Schmuck während der Arbeitszeit abzulegen. Ordnung muss sein! Die wiedergewonnene Alltagsstruktur tat mir gut und brachte mich meinem Lehrabschluss näher. Herr Z. nahm sich oft Zeit für mich und sprach mit mir über den Tod meiner Mutter. Das half mir, diesen zu verarbeiten.

Das Punkleben ließ ich einige Monate später wegen einer neuen Freundin von einem Tag auf den anderen hinter mir. Sie hatte mir eine Bundfaltenhose und ein schönes Hemd geschenkt.

»Das«, meinte sie, »steht dir weitaus besser!«

Tod eines vertrauten Freundes

Jacob und sein Zwillingsbruder Teo besuchten damals gemeinsam mit ihrem Pflegebruder David und Clara und mir dieselbe Klasse der Waldorfschule. Dort teilten wir neben unseren Freizeitaktivitäten auch die freudvollen Erfahrungen des Klassenspiels, des Feldmess- und Forstpraktikums sowie der Klassenfahrten. Und nicht nur das: Jacob, Teo, Herr Weglar und ich spielten im Quartett Trompete. Später spielten wir auch zusammen mit David, der Cello spielte, im Schülerorchester der Waldorfschule. Ihr Pflegevater war der Schreinermeister Z. in Haus 7, bei dem ich nach dem Verlassen der Schule meine Lehre absolvierte und der mir auf einer gewissen Ebene selbst wie ein Vater war.

Mit den Zwillingsbrüdern und David fühlte ich mich vom ersten Moment an innig verbunden, denn sie waren Frohnaturen und lachten viel. Ihnen konnte ich vertrauen. Das lag wohl auch daran, dass sie selbst aus zerrütteten Verhältnissen stammten und Gestrandete waren, wie ich selbst. Schicksalsbegegnungen können innigste Verbindungen hervorbringen! Dieser Freundeskreis, der im fortschreitenden Jugendalter wuchs, war neben der Pflegefamilie die erste stabile Bindungserfahrung, auch unter uns Gleichaltrigen. So verbrachten wir viel Zeit auf dem Bolzplatz, spielten Nachbarn Streiche, gingen als Pubertierende auf Klautouren und unternahmen mit den Fahrrädern ausgedehnte Ausflüge.

Diese Zeit der Unbeschwertheit und Freude trug auch erheblich zu meinem Heilungsprozess bei. In diesem vertrauten Kreis durfte ich sein, wie ich war. Und, was ebenso wichtig war: Ich lernte, meine Freunde so sein zu lassen, wie sie waren. Daran änderte auch die Tatsache nichts, dass wir hin und wieder aneinandergerieten. Aber weder Clara und ich noch die Zwillingsbrüder oder David waren nachtragend. Im Gegenteil. Wenn es etwas zu klären gab, bemühten wir uns um eine einvernehmliche Lösung.

Alle drei verließen mit etwa sechzehn Jahren die Waldorfschule, also ein Jahr vor mir. Teo und David hatten inzwischen eine Schreinerlehre im Betrieb ihres Pflegevaters begonnen. Wenn ich mich recht erinnere, machte Jacob damals nach dem Hauptschulabschluss eine Lehre in der Gärtnerei des Kinderdorfes.

Ich glaube heute, dass diese freundschaftliche Verbindung auch ein Grund dafür war, dass ich mich für die Schreinerlehre entschieden hatte. Jacob war ein fröhlicher Charakter mit hessischen Wurzeln. Vom Erscheinungsbild her war er kräftig und jungenhaft, mit dunklen Haaren und braunen Augen. Sein Gesicht hatte durchaus filigrane Züge. Ich erinnere mich auch gern an seinen facettenreichen Gesichtsausdruck: Man konnte von seiner Mimik deutlich ablesen, wie er sich fühlte, da kam auch viel Herzlichkeit zum Ausdruck. Er war Brillenträger, was sich immer dann zu seinem Nachteil auswirkte, wenn wir körperlich aneinandergerieten. Jacob hatte Temperament – ein sehr aufbrausendes Temperament, wie ich auch. Wenn wir in die Konfrontation gingen, flogen die Fetzen. Oft schlichteten Teo oder David unsere Streitereien. Gleichzeitig hatte Jacob aber auch sehr einfühlsame und herzliche Wesenszüge. Wenn er diese zeigte, war man unweigerlich von seinem Charme vereinnahmt. Auch nahm ich in diesen Momenten seine Verletzlichkeit wahr. Diese Charaktereigenschaft verband uns, da konnte ich ihn verstehen.

Ich habe mich weder mit Jacob noch mit Teo oder David über ihre Familiengeschichten unterhalten. Auch nicht darüber, warum sie im Kinderdorf gelandet waren. Das war für uns nicht wichtig, denn hier wollten wir einfach Kinder sein.

Als wir etwa achtzehn Jahre alt waren, trafen wir uns oft zu den Jugendhausfeten im Hobbyraum, die wir selbst organisierten. Ich kümmerte mich in der Regel um die Musik, die anderen waren für die Verköstigung zuständig. Das war eine Gemeinschaftsarbeit, die uns erfüllte. Diese Feten fanden einmal im Monat an einem der Wochenenden statt. Schon Tage zuvor machte dieses Ereignis im Mädchen- und Jugendhaus die Runde. Wir alle fieberten darauf hin.

Auch das war für uns Jungen besonders wichtig: Eine Fete ohne Mädchen wäre wie ein Fisch ohne Fahrrad. Zu diesen Feten kamen aber auch Jugendliche aus den anderen Familien des Kinderdorfes und sogar aus dem Dorf selbst. Jeder steuerte von seinem Taschen- oder Lehrgeld für das Bier, andere Getränke, Chips und Flips etwas bei oder brachte sich anderweitig ein. Dasselbe galt für die Gestaltung des Hobbyraums. Und das Ergebnis konnte sich sehen lassen: An den Wänden des Raums erstreckten sich zwei gegenüberliegende Matratzenlager. Dort konnte man es sich mit einem Mädchen im Arm oder mit einer Bierflasche und Zigarette in der Hand so richtig gemütlich machen. Die Neonröhren wurden mit Farbpapier beklebt und um reflektierende Diskokugeln und Scheinwerfer ergänzt. Das gedämpfte farbige Licht lud zum Kuscheln ein.

Meine Stereoanlage nebst umfangreicher Plattensammlung platzierte ich auf der Stirnseite am Ende des Raums und genoss es, schon während der »Generalproben« den Lautstärkeregler aufzudrehen. Auch legte ich Platten auf, die mir andere Jugendliche reichten: *Scorpions, Michael Jackson, Bruce Springsteen, Tina Turner, Queen* ... Der Hobbyraum war schallsicher isoliert, der Eingang war mit einer schweren Stahltür versehen. Bei diesen Feten konnten wir uns gehen lassen. Wir tanzten, ließen uns volllaufen, grölten oder schmusten mit der Liebsten auf einer der Matratzen.

»Kleingemüse« jedoch hatte keinen Zutritt. Diese Zusatzregel gab den Feten fast einen elitären Anstrich. Natürlich kam hin und wieder der Jugendhausleiter vorbei, um nach dem Rechten zu sehen. Um das Kiffen zu verschleiern, schlich man dafür hinaus ins Freie – in den Schutz der Dunkelheit sozusagen. Bier war in Maßen erlaubt, harter Alkohol verboten. Diese Feten zogen sich meist bis in die frühen Morgenstunden hin. Je weiter die Nacht voranschritt, desto lauter und aggressiver wurde auch die Musik, wir tanzten und tranken, bis wir an unsere Grenzen gelangten. Müde Pärchen verließen den Raum und verschwanden in die Zimmer des Jugendhauses. Die, die nicht genug bekommen konnten, holten – nachdem der Jugendhausleiter zu Bett gegangen war – die härteren Getränke aus ihren Zimmern. Da konnte es schon mal passieren, dass bis zum Umfallen gesoffen wurde. Wir waren froh, dass sich diese Möglichkeit des Feierns im Jugendhaus bot.

Nun aber zurück zu Jacob. Bei einer der Feten legte sich Jacob in den frühen Morgenstunden zu den anderen aufs Matratzenlager. Einige waren erschöpft vom Tanzen, andere betrunken. Zunächst dachte ich, auch Jacob wäre betrunken, und schenkte ihm keine weitere Aufmerksamkeit, zu sehr war ich noch mit dem Auflegen der Platten beschäftigt. Nach einer Weile dann der schockierende Zuruf eines Jugendlichen: »Jacob bewegt sich nicht mehr, er ist bewusstlos!«

Auf diese Weise fand die Fete ein abruptes Ende. Wie sich später herausstellte, wurde Jacob vom nahe gelegenen Krankenhaus aus in eine Spezialklinik ins Schwäbische geflogen. Diagnose: Gehirnthrombose. Ich erinnere mich noch an die schockierende Nachricht seines plötzlichen Todes. Sie schlug in unsere Clique ein wie eine Atombombe!

Teo, sein Zwillingsbruder, war am besagten Abend nicht auf der Fete gewesen. Er erfuhr erst später von der bestürzenden Nachricht. Plötzlich war nichts mehr so, wie es zuvor gewesen war. Jacob war gerade mal achtzehn Jahre alt, als er verstarb. Diese traurige Nachricht stellte unsere Clique, die nun auch aus Bewohnerinnen des Mädchenhauses sowie einigen Dorfbewohnern aus Wahlwies bestand, auf eine harte Probe. Unsere Clique wurde jedoch, wie sich zeigen sollte, zur Stütze für alle Beteiligten des Trauerprozesses. Erschwerend kam für mich hinzu, dass die Todesnachricht von Jacob alte Wunden aufriss. Seit dem Tod meiner Mutter waren gerade einmal knapp zwei Jahre vergangen. Ich hatte weder mit Teo noch mit David über die Gefühle gesprochen, die dieses Ereignis damals bei mir ausgelöst hatte – und die nun durch Jacobs Tod wieder erwachten.

Ich fühlte mich gelähmt, wieder einmal! Im Stillen nahm ich jene Gefühle tiefster Trauer und des Verlustschmerzes hin. Andere aus unserer Clique wiederum gingen offen mit ihrer Trauer um, vor allem die Mädchen, das beeindruckte mich. Am schwersten aber war es, aushalten zu müssen, dass der Tod Jacob so unerwartet und gnadenlos aus seinem jungen Leben gerissen hatte. Nun würde es keine gemeinsamen Unterhaltungen, keine

Ausflüge oder Feten mehr geben. Jacobs Stimme war für immer verstummt. Dies kam einem ruckartigen Stillstand gleich, so wie er sich nach einem schweren Schock zeigt. Auch sorgte ich mich um Teo und David. Ihr bisher so unbeschwertes Lachen wich einer traurigen Schwere, die ihre Gemüter gänzlich vereinnahmte. Wie würden sie diesen Schicksalsschlag verarbeiten? Waren sie doch Zwillingsbrüder und Pflegebrüder zugleich gewesen.

Gott sei Dank nahm auch die Kinderdorfgemeinschaft intensiv an diesem erschütternden Ereignis teil, was dazu führte, dass wir Jugendlichen uns nicht alleingelassen fühlten. Wir fühlten uns aufgefangen und von der Kraft der Gemeinschaft getragen.

Erst Jahre später wurde mir bewusst, dass die Geister der Verstorbenen weiterhin auf einer höheren Ebene wahrnehmbar sind. Die eindringlichsten Erfahrungen in diesem Zusammenhang machte ich mit dem Tod meiner Mutter und anderen Menschen, mit denen ich im Leben schicksalshaft verbunden war.

Wir Menschen glauben für gewöhnlich, dass mit dem Tod das »absolute Ende« eintreten würde. Diese voreilige Schlussfolgerung jedoch dürfte auch darauf gründen, dass der Tod und das, was er hinterlässt, für den gewöhnlichen menschlichen Geist genauso wenig vorstellbar sind, wie es die unendlichen Weiten des Alls sind. Dieses »Unfassbare« löst im gewöhnlichen, gebundenen Geist Angst aus – Todesangst. Ich glaube inzwischen nicht mehr, dass wir zwangsläufig Angst vor dem Tod haben müssen. Vielmehr glaube ich, dass die Auflösung des Körpers lediglich eine Veränderung der äußeren, der sichtbaren Umstände sowie der geistigen Kräfte nach sich zieht. Der vom Körper gelöste Geist aber, so glaube ich, kehrt dorthin zurück, von wo er gekommen ist: zurück in die unbewegte Essenz des universellen

Geistes. Oder, anders ausgedrückt: zurück in den Schoß Gottes, um dann erneut in den Kreislauf des Lebens einzutreten. Ein schönes Bild, das uns die Natur hierzu in die Hand gibt, soll dies verdeutlichen.

Stellen Sie sich vor, wie sich der Fluss, der das physisch-geistige Menschsein symbolisiert, in den Ozean ergießt, der wiederum den universellen Geist repräsentiert. Beim Zeitpunkt des Einmündens in den Ozean ist der Fluss nicht mehr das, was er zuvor war, er hat sich verändert – genauso wie die menschliche Existenz in ihrer Lebendigkeit im Zeitpunkt des Todes nicht mehr das ist, was sie zuvor war: eine gebundene Manifestation aus Körper und Geist, die nur deshalb sichtbar wurde, weil entsprechende Bedingungen vorgelegen haben. Im Zeitpunkt des Todes schließlich lösen sich diese Bedingungen wieder auf. Die Sonne jedoch – die die alles durchdringende Schöpferkraft symbolisiert – lässt nunmehr das Wasser aus dem Ozean in den Himmel aufsteigen, wo es zu neuen Wolken wird. Wenn sodann deren Sättigung erreicht ist, werden sie sich über das Land ergießen und neue Flüsse nähren. Damit schließt sich der Kreislauf von Werden und Vergehen. Der Tod also wird auf diese Weise zum Teil des Lebens und umgekehrt.

In diesem Sinne, Jacob, werden wir Menschen uns – wenn auch unter veränderten Umständen – wiedersehen!

Wie abgezogene Haut

Irgendwann war es so weit: Der Abschied vom Kinderdorf stand bevor. Den Abschied von St. Niemandsland hatte ich damals herbeigesehnt: raus aus der Hölle – hinein ins Paradies.

Acht Jahre lang währte mein Aufenthalt im Paradies, und dann sollte er sein abruptes Ende finden, als ich meinen Gesellenbrief in Händen hielt. Nun würde kein Jugendamt mehr im Rahmen der Jugendhilfe die monatlichen Zahlungen zur Unterbringung übernehmen. Von meinem Vater, der seit Jahren verschwunden war, ganz zu schweigen.

Von einem Tag auf den anderen war ich von der Bindung an das Kinderdorf abgeschnitten. Eine aktenmäßige Formalie, könnte man meinen. Nein, so war es nicht. Ich war das erste Versuchskaninchen bezüglich »externen Wohnens« gewesen. Etwa ein Jahr vor meiner Entlassung hatte ich mir mit dem neuen Gruppenleiter des Jugendhauses, Herrn B., wegen einer Lappalie eine wüste Schlägerei geliefert. Es floss Blut und es fielen übelste gegenseitige Beschimpfungen, wie damals in St. Niemandsland, wenn ich mich bedroht gefühlt hatte. Herr B. behandelte mich von oben herab, missbrauchte und genoss seine Machtposition. Trotzdem hielt ich lange Zeit still, wehrte mich nicht. Nahm die Umstände hin, wie damals in St. Niemandsland.

Eines Tages wollte er mir verbieten, dass Simone, mit der ich nach der Trennung immer wieder anbandelte, mich im Jugendhaus besuchte. Zusätzlich schikanierte er mich, indem er mir

Sonderdienste wegen vermeintlicher Fehlleistungen wie Zuspätkommen zum Essen, Verschlafen am Morgen und dergleichen mehr aufbrummte. So machte ich mehrfach am Tag den Abwasch für die ganze Gruppe oder reinigte die Flure und Gemeinschaftsräume des Jugendhauses, während die anderen ausgeflogen waren. Fast erinnerten mich diese Strafen an jene im Heim, während die anderen Kinder im Hof spielten.

Irgendwann wurde mir das alles zu viel. Zu sehr demütigte mich B. mit seinem Verhalten, zu sehr bevormundete und schikanierte er mich. Deshalb spürte ich irgendwann eine Mordswut. Ich hatte bereits mehrfach das Gespräch mit ihm gesucht. Die von Herrn B. geheuchelten Zugeständnisse, die Zusatzdienste umgehend aufzuheben, hatten jedoch immer nur ein oder zwei Tage lang Bestand. Dann begann die Scheiße von vorne. Irgendwann wurde mir klar, dass er mehr von mir wollte. Er suchte die Konfrontation, wollte sich mit mir messen. Herr B. hatte Minderwertigkeitskomplexe. Er war einen Kopf kleiner als ich, aber von kräftiger Statur. Seine pädagogischen Fähigkeiten beschränkten sich auf seine Lieblingsworte: »Pädagogische Maßnahme«. Seine Erscheinung erinnerte mich an einen Mini-Rambo: Muskelshirt und Sylvester-Stallone-Frisur. Lässig zog er an seinen selbstgedrehten Zigaretten. Das tat Rambo in den Filmen nicht. Oft hatte ich den Eindruck, dass auch das Rauchen eine Art Ritual war, um seine Komplexe zu kompensieren. Herr B. wollte cool wirken, so, als hätte er jederzeit alles im Griff. Mit dieser Rolle hatte er sich identifiziert. Er war selbst früher ein Kinderdorfkind gewesen, und seine Vergangenheit schien wie bei vielen von uns Jugendlichen deutliche Spuren hinterlassen zu haben.

Kurzum, Herr B. war ein Kotzbrocken. Und so verhielt er sich auch. Er spaltete die Gruppe, wie damals Schwester C., in

»die Guten« und »die Bösen«. In seinen Augen war ich ein Störenfried, der sich nicht an »seine« Regeln hielt. Das ließ er mich deutlich spüren.

Mit diesem, seinem Weltbild wollte ich nun aufräumen. Zu dieser Zeit hatte ich Prügeleien eigentlich abgeschworen und in den zurückliegenden Jahren gelernt, dass Gewaltausübung zu nichts führt, dass sie die Situation nur verschlimmert. Ich hatte aber auch nicht vergessen, was ich in St. Niemandsland gelernt hatte. Es gibt eine Sprache, die versteht jeder: Schlag zu, bevor du geschlagen wirst.

Eines Abends betrat ich mit Simone im Schlepptau das Jugendhaus. Herr B. stand qualmend an der Eingangstüre und wartete auf mich.

»Clemens, du weißt doch, dass Simone dich nicht besuchen darf!«, raunzte er mich provozierend an. Dabei grinste er siegessicher.

»Geh vor Simone, ich komme gleich nach«, forderte ich sie auf.

Ich verwickelte Herrn B. zunächst in eine Diskussion, um Zeit zu gewinnen, damit Simone sicher in mein Zimmer gelangte. Reine Heimtaktik. Herr B., der mir verbal nichts entgegenzusetzen hatte, wurde merklich aggressiver. Das wurde er immer, wenn ihm die Worte fehlten.

»Wenn Simone nicht gleich aus deinem Zimmer verschwindet, passiert was.«

»Fick dich, du Arschloch!«, brach es aus mir heraus.

Dann ließ ich den sichtlich irritierten Herrn B. einfach stehen, so, wie er mich oft hatte stehen lassen.

Kurz bevor ich mein Zimmer erreicht hatte, hörte ich schnelle, feste Schritte. Es war Herr B. Nun wusste er, was ich von seinen pädagogischen Maßnahmen hielt. Mit der Kraft meiner ganzen Verachtung und Wut ballte ich die Fäuste und drehte mich um. Meine Faust traf seinen Unterkiefer. Dann stürzte er sich auf mich und versuchte, mich in den Schwitzkasten zu nehmen, doch ich entkam seinem Klammergriff. Wieder ein gezielter Faustschlag auf seinen Unterkiefer. Blut floss von seinen Lippen. Inzwischen waren durch den Lärm und das Geschrei andere Gruppenleiter und Jugendliche herbeigeeilt. Die Fäuste flogen nach wie vor, wir prügelten uns wie im Rausch. Mal saß ich auf ihm, mal er auf mir. Wir schlugen blind aufeinander ein. Wie so oft in Schlägereien nahm ich keine Schmerzen wahr. Die kamen immer erst danach. Ein intensives und warmes Gefühl strömte in diesen Momenten durch meinen Körper und schien alle Begrenzungen aufzuheben. Dann gelang ihm ein Würgegriff. Ich hatte meine Deckung vernachlässigt. Für einen kurzen Moment hatte ich das Gefühl, zu ersticken. Dabei lag ich auf dem Rücken. Das war mein Glück! Mit ganzer Kraft schwang ich meine Beine in die Höhe und trat ihm mit den Fersen ins Gesicht. Das war der Befreiungsschlag. Der Druck seines Griffs an meinem Hals löste sich. Ich konnte wieder atmen. Wie damals in der Badewanne.

Dann bemerkte ich, wie wir Streithähne von den umherstehenden Jugendlichen und Gruppenleitern auseinandergezogen wurden. Kurz darauf war die Schlägerei beendet, die Fronten geklärt. Von dem Tag an ließ er mich in Ruhe!

Das Ende vom Lied war aber, dass Herr B. und ich das Jugendhaus verlassen mussten. Ich als »externer Wohnkandidat«, er als gekündigter Mitarbeiter. So bezog ich Wochen später eine niedliche Einzimmerwohnung in Wahlwies, etwa fünf Minuten zu Fuß entfernt vom Kinderdorf. Die gegenseitigen Anzeigen wegen schwerer Körperverletzung wurden auf Anraten der Kinderdorfleitung zurückgezogen. Damit war meine lästige Beziehung zu Herrn B. endgültig beendet.

Auszug aus den Jugendamtsakten vom 07.09.19..

An das Stadtjugendamt Keppstadt
Betreff: Clemens Maria Heymkind,
          geb. am 07.09.1965

Sehr geehrte Frau R..,
im Nachgang zu unserem Entwicklungsbericht vom 05.04.19.. möchten wir Ihnen mitteilen, dass Clemens wiederholt in Schlägereien verwickelt war und sich zwischenzeitlich auch in Auseinandersetzungen mit seinen Betreuern begeben hat. Wir halten es unbedingt für erforderlich, dass ein Gespräch mit Ihnen, Clemens und seinen Pädagogen stattfindet, um festzustellen, welche pädagogischen Hilfen über die bisherigen Angebote hinaus notwendig sind, um zumindest einen positiven Berufsabschluss zu erreichen.
Wir wären Ihnen dankbar, wenn bis Ende September ein Termin gefunden werden könnte.
          Mit freundlichen Grüßen
          Aus dem Pestalozzi-Kinderdorf

Die neue Gruppenleiterin hob das Besuchsverbot von Herrn B. umgehend auf. Auch die Sonderdienste waren daraufhin kein Thema mehr.

Da ich mich bis zu meiner endgültigen Entlassung aus dem Kinderdorf täglich im Jugendhaus aufhielt und mein letztes Lehrjahr absolvierte, war eigentlich alles wie früher. Ich war trotz des »externen Wohnens« weiterhin in die Dorfgemeinschaft eingebunden und nahm an den gemeinsamen Mittagessen und Freizeitveranstaltungen teil.

Natürlich genoss ich es fortan, in meiner Einzimmerwohnung Besucher nach Belieben empfangen zu können. Meine Klause war ein geheimer Treffpunkt für meine Freunde aus dem Jugend- und Mädchenhaus. Oft hielten wir geheime Sauf- und Kiffergelage ab, das war allerdings schon im Jugendhaus so gewesen. Es gab immer jemanden, der etwas zu trinken oder kiffen mitbrachte. Wir waren eine eingeschworene Familie.

Zwar bekam ich immer wieder unangemeldeten Besuch vom zuständigen Jugendbetreuer, der entweder frühmorgens oder spätabends bei mir auftauchte, um nach dem Rechten zu sehen. Ich öffnete ihm aber immer erst dann die Haustür, wenn mein Besuch über den Balkon Reißaus genommen hatte. Allerdings musste ich in gewissen Abständen mit unangekündigten Urinproben rechnen. Aber das war ja bereits zu Jugendhauszeiten gängige Praxis gewesen, um des Drogenproblems Herr zu werden. So tauchte Herr Sch. bereits morgens um sechs bei mir auf, um meinen Urin fürs Labor mitzunehmen. Diejenigen, die beim Kiffen oder Saufen erwischt wurden, bekamen nur eine einzige weitere Chance. Beim nächsten positiven Test drohte der Rauswurf aus dem Kinderdorf – und damit das Ende der Lehre. Dieses Risiko wollte ich nicht eingehen. Dazu war mir meine

Schreinerlehre zu wichtig. Deshalb ließ ich mich immer wieder auf längere Phasen der Abstinenz ein. Und das war gut so.

Dann kam der Tag der Entlassung. Schon Wochen zuvor quälten mich Magenkrämpfe und Kopfschmerzen. Das lag auch an der Gesellenprüfung, die ich, entgegen den Befürchtungen mancher Erzieher, ohne Probleme abschloss. Ich war selbst erstaunt, wie leicht mir das Lernen fiel, obwohl mich immer wieder die Worte von Schwester C. verfolgten: »Du Seicher kannst nix und aus dir wird auch nix.«

Mit dem erfolgreichen Lehrabschluss jedoch setzte ich jener unheilvollen inneren Stimme etwas entgegen. Dieser Erfolg motivierte mich später, die Mittlere Reife sowie die Fachhochschulreife über den zweiten Bildungsweg nachzuholen. Auch diese Abschlüsse bereiteten mir keine Probleme. Im Gegenteil, ich sog den Lehrstoff in mich auf, lernte gerne und leicht.

Die bevorstehende Entlassung hatte ich beharrlich verdrängt – zu sehr fühlte ich mich mit dem Kinderdorf verbunden, zu sehr war es mir eine echte Heimat geworden. Niemand hatte mich auf die Entlassung vorbereitet. Das war in dieser Zeit normal, man ließ uns junge Erwachsene damit allein. An dem Tag, an dem ich die Schlüssel meiner Einzimmerwohnung dem Vermieter übergab und meine Umzugskartons in einem geliehenen VW-Bus verstaute, brach wie aus dem Nichts ein Gefühl der Verlassenheit und Verzweiflung über mich herein.

Zunächst spürte ich Schmerzen im ganzen Körper, in Kopf, Bauch und Gliedern. Das Fundament, auf dem ich im Kinderdorf acht Jahre lang sicher gestanden hatte, schien mir unter den Füßen wegzubrechen.

Zwar hatte ich in Wahlwies ein kleines Zimmer in einem Altbau gefunden, ausgestattet mit einer antiquierten Badewanne mit rustikalen Wasserhähnen darüber, die mir noch sehr wichtig werden sollte. Dennoch überfiel mich, als ich Stunden später mein bescheidenes Zimmer einräumte, wieder das Gefühl, in der »Fremde« zu sein. Ich hätte kotzen können, ähnlich wie damals bei den Hofbaurs, nach dem Auszug aus St. Niemandsland. Obwohl das Kinderdorf im selben Ort lag, schien es mir plötzlich unendlich fern. All meine Freunde aus dem Jugendhaus waren im Zuge ihrer Lehrabschlüsse ausgezogen, und ich fühlte den kalten Schauer der Einsamkeit über meinen Rücken laufen. Clara war inzwischen zu ihrem Lebensgefährten und späteren Mann in eine andere Stadt gezogen.

In der ersten Nacht in meinem Zimmer hatte ich Albträume. Ich kann mich nur noch dunkel daran erinnern. Sie fühlten sich an, als würde ich von einer Klippe gestoßen. Ich war verwirrt, die Wirklichkeit schien mir in weite Ferne gerückt. Kurz darauf legte ich mich in die mit warmem Wasser gefüllte Badewanne, um mich zu stabilisieren. Das half, für eine gewisse Zeit zumindest. Ich hatte noch keine Arbeitsstelle gefunden und lebte zunächst von einem Darlehen, das mir das Sozialamt gewährt hatte und welches ich später zurückzahlte.

In diesem Zustand verbrachte ich mehrere Tage bei zugezogenen Vorhängen im Bett. Ich hatte Angst, die Wohnung zu verlassen. Mein ganzer Körper fühlte sich an wie gelähmt. Ein ätzender Zustand.

Einige Tage später jedoch raffte ich mich auf und fand schließlich Arbeit als Hausschreiner in einer Druckerei. Das gab mir Halt, und als bald darauf das erste Gehalt auf meinem Konto einging, begriff ich, dass viele kleine Schritte wie die tägliche Arbeit und anderes meinem Leben Struktur gaben.

Was aber nicht nachlassen wollte, war das Gefühl, bei lebendigem Leibe die Haut abgezogen zu bekommen. Ich fühlte mich hilflos und nackt, und die Angst vor einem eigenverantwortlichen Leben nahm täglich zu. Eine Stimme in mir wollte mich glauben machen, dass ich ein selbstständiges Leben niemals meistern würde. Die daraus resultierende Verzweiflung gipfelte darin, dass ich an meinem zwanzigsten Geburtstag, also etwa zwei Monate nach meiner Entlassung, mit einer Überdosis Schlaftabletten meinem Leben ein Ende setzen wollte. Kein Joint, kein Alkohol vermochte die innere Leere zu füllen, die seelischen Schmerzen zu lindern. Ich fühlte mich ausgeliefert, vermisste die Geborgenheit des Kinderdorfs und seiner Gemeinschaft. Es war aussichtslos. Ich hatte zu meinem Geburtstag niemanden eingeladen. Nicht einmal Clara. Zu sehr schämte ich mich für meinen Zustand, der mich in den Rückzug zwang.

Als ich die ersten Tabletten eingeworfen hatte, klingelte es plötzlich an meiner Haustür. Zwei meiner Pflegebrüder hatten meinen Geburtstag nicht vergessen. Natürlich nahmen sie gleich wahr, dass etwas mit mir nicht stimmte. Ich war sehr niedergeschlagen, und das, obwohl ich Geburtstag hatte. Wegen meiner Müdigkeit gab ich zunächst ausweichend vor, bekifft zu sein. Und da ich aufgrund meiner Verfassung nicht daran gedacht hatte, die Packung der Schlaftabletten verschwinden zu lassen, endete mein Geburtstag in einem Krankenhaus, wo man mir den Magen auspumpte. Das volle Programm.

Auf jeden Fall hatte all das auch sein Gutes. Ich fühlte mich auf der Krankenstation gut versorgt, und das gab mir wieder Kraft, Lebenskraft. Ich konnte ein wenig durchatmen und Ruhe finden. Meine Pflegegeschwister hielten mir die Treue und besuchten mich im Krankenhaus. Dort lernte ich auch eine Krankenschwester kennen, die mir zuhörte und mir wertvolle Ratschläge mit auf den Weg gab. Ihr versprach ich, keine Dummheiten mehr zu machen.

»Zu wertvoll ist das Leben«, sagte sie mir.

Nach dieser Grenzerfahrung ging es langsam wieder bergauf. Ich wuchs mit den täglichen Herausforderungen, beruflich wie privat. Ich lernte neue Freunde kennen. Das Größte aber war, dass sich in diesem so wichtigen Entwicklungsprozess das Gefühl »Du schaffst das« durchsetzte. Das ließ mich hoffen.

Suchbild meines Vaters

Wenn ich an meine Kinder- und Jugendzeit denke, gleichen die Erinnerungen an meine Eltern jenen von Puzzleteilen. Ich fühlte mich – und fühle mich noch heute – aufgrund meiner Familiengeschichte wie ein Puzzleteil, das im falschen Karton abgelegt wurde und deshalb nie ein Teil des familiären Ganzen werden konnte. Das Bild meiner Ursprungsfamilie, das ich in mir trage, bleibt unvollständig. Es sind Bruchstücke, die an verblassende Erinnerungen geknüpft sind, etwa an die kurzen Familientreffen zu Weihnachten oder die großen Sommerferien. Es fehlt mir nach wie vor das Gefühl, eine Mutter oder einen Vater gehabt zu haben. Ich meine damit nicht bloß die biologische Ebene. Ich meine Eltern, die für einen da sind, die fürsorglich und interessiert den Entwicklungsprozess ihrer Sprösslinge begleiten und ihnen auf diese Weise ein Fundament schaffen, auf dem sie fest stehen können. Mir fehlte viele Jahrzehnte lang ein solches Fundament. In meiner Kindheit habe ich diesen frühen Mangel, den tief greifenden Schmerz der Entbehrung zumindest nicht bewusst wahrgenommen. Deshalb setzte ich mich dem Teufelskreis des Agierens aus. Lange Zeit war ich ein Getriebener wie meine Eltern – und wie so viele es in dieser Welt sind. Dieses Getrieben-Sein aber macht den Menschen unfrei. Diese Erkenntnis kam mir allerdings erst im Erwachsenenalter, als mir klar wurde, dass meine Familiengeschichte eigentlich keine Familiengeschichte ist. Denn Familie bedeutet Vertrautheit, bedeutet Liebe und Geborgenheit, eingebettet in deren Schoß. All das kannte ich nicht.

Und doch gelang es mir, im Laufe eines langen therapeutischen Prozesses ein eigenes Fundament zu errichten, auf dem ich heute in guten wie in schlechten Zeiten stehen und mit dem ich den Herausforderungen des Lebens standhalten kann. Erst als ich erkannte, dass die Opferrolle zum Verlust der Autonomie führt, entschloss ich mich, gut für mich zu sorgen: Dies bedeutet, achtsam mit mir umzugehen, auf meine Bedürfnisse zu achten und mich so anzunehmen, wie ich bin. Die Früchte, die die Praxis des achtsamen Selbstmitgefühls hervorbringen, sind Frieden und eine alles durchdringende Lebensfreude. Deshalb habe ich mir auch erlaubt, alte Freundschaften aufzugeben, die mir nicht mehr gutgetan haben. Ich habe neue Grenzen gesetzt. Grenzsetzungen, die ich mir viele Jahre lang nicht erlaubt habe, da ich glaubte, als Heimkind minderwertiger zu sein als meine Mitmenschen.

Auf diese Weise gelang es mir mehr und mehr, meine Bedürfnisse und damit auch die meiner Mitmenschen zu achten und mit ihnen auf heilsame Weise in Verbindung zu treten.

Es war für mich immer vollkommen normal, meine Eltern nur selten und in sehr großen Zeitabständen zu sehen. Diese Familienkontakte endeten bei Eva häufig in der Nervenheilanstalt und bei Hubert mit der Flucht vor sich selbst – mit fatalen Folgen für meine Geschwister und mich. Ich hatte oft den Eindruck, dass unsere Familiengeschichte von einer gewissen Lieblosigkeit geprägt war.

Aber dennoch – und auch das begriff ich erst spät – leben beide Elternteile in mir fort. Ich bin ein Teil von ihnen, ihre Fortführung sozusagen. Mehr noch. Ich bin auch die Fortführung meiner Groß- und Urgroßeltern. All die vorangegangenen Generationen haben mich zu dem werden lassen, was ich heute bin. Ein Überlebender, ein Kraft- und Willensmensch, der seinem Instinkt folgt und den Verstand gebraucht. So war mein Großvater väterlicherseits, wie mein Vater auch, Boxer und Handwerker gewesen. Ich wollte als Kind oft boxen, obwohl ich lange Zeit nicht wusste, dass Vater und Großvater geboxt hatten. Es beeindruckte mich tief, als ich erstmals davon hörte. Ich wollte auch kämpfen können wie meine Vorfahren! Vielleicht habe ich auch deshalb keine Schlägerei gescheut, habe deswegen gegen Erzieher und Lehrer aufbegehrt. Die Großväter allerdings habe ich nie vermisst. Ich habe sie nicht ein einziges Mal in meinem Leben zu Gesicht bekommen, beide sind mir immer Fremde geblieben.

Meine Großmutter mütterlicherseits betreffend, gilt dasselbe. Es ist eigenartig, dass das Fremdsein der Großeltern offenbar Spuren in der Seele hinterlässt. Ein gewisses Fremdsein mir selbst gegenüber scheint daher zu kommen. Auch habe ich den Eindruck gewonnen, dass viele Konflikte, die ich in diesem Leben auszutragen hatte und wohl auch noch habe, die ungelösten Konflikte meiner Eltern und Großeltern sind.

Aber trotz allem verliehen mir meine Eltern, Großeltern und Urgroßeltern jene Wurzeln, aus deren Kräften mein Lebensbaum genährt wird. Gewiss, ich werde zeit meines Lebens ein Heimkind bleiben, vielleicht sogar auf einer gewissen Ebene ein Entwurzelter. Aber ich werde auch das Kind meiner Eltern bleiben, von Eva und Hubert. Im Laufe des langjährigen therapeutischen Aufarbeitungsprozesses konnte ich lernen, mich mit meiner Geschichte auszusöhnen.

Dies gilt auch im Hinblick auf meinen Vater: Mit fünfunddreißig Jahren reiste ich erstmals nach Teneriffa. Anlass der Reise war unter anderem eine nicht versiegen wollende Sehnsucht nach ihm, die auf latente Weise stets in meinem Herzen präsent war. Das war auch bei Eva so gewesen. Hinzu kam, dass der einundsiebzigste Geburtstag meines Vaters bevorstand und ich Angst verspürte, dass er bald sterben würde. Deshalb also wollte ich ihn nach all den Jahren wiedersehen.

In Teneriffa angekommen, wartete mein Vater am Flughafen auf mich, um mich abzuholen. Zunächst hatte ich ihn beim Verlassen des Transitbereichs nicht wahrgenommen. Meine damalige Freundin S. stupste mich aber an und deutete auf einen großgewachsenen, lässig an der Wand lehnenden Mann. Seine Haut war von der Sonne tief gebräunt. Mein Herz begann zu rasen. Da stand er nun, mein Vater! Wir hatten uns mehr als vierundzwanzig Jahre nicht mehr gesehen.

Als ich vor ihm stand und ihm in die Augen sah, wurde ich von einer Vertrautheit ergriffen, die ich auch bei unseren Begegnungen in meiner Kindheit und Jugend wahrgenommen hatte. Ich spürte deutlich: Ich liebte meinen Vater, gleichgültig, was er seiner Familie und sich selbst angetan hatte. Und ich empfand einen gewissen Stolz darauf, dass er, wie es eine ehemalige Freundin ausgedrückt hatte, »ein Urvieh von Mann« war. Seine Körpergröße, sein wuchtiger Oberkörper, seine starke Körperbehaarung und seine sanfte, dunkle Stimme ließen diesen Schluss zu.

»Grüß dich, Clemens, wie geht es dir? Schön, dich zu sehen.«

Zur Begrüßung reichte mir Hubert lediglich die Hand. Nähe schien wohl nicht so sein Ding zu sein.

»Grüß dich, Vater«, erwiderte ich erfreut.

Wir wechselten ein paar Worte, dann stellte ich ihm meine Freundin vor. Kurz darauf fuhren wir in seinem Mercedes an einen kleinen Küstenort südlich von Santa Cruz. Ich hatte mich in einem Appartement bei einem seiner Freunde im Dorf eingemietet, vorsorglich sozusagen. E., mein Vermieter, war unter anderem Zuhälter auf der Reeperbahn gewesen und verbrachte nun seinen Lebensabend zusammen mit seiner Frau auf Teneriffa. Das also waren die Freunde meines Vaters.

Dann kam der Mercedes vor der Tiefgarage eines großen Gebäudekomplexes zum Stehen. Das Areal bestand aus acht Appartements und einer großzügigen Einliegerwohnung, die mein Vater zusammen mit meiner Stiefmutter Constanze bewohnte. Das Gebäude stand auf einer Klippe, von der aus man einen atemberaubenden Meerblick hatte. Einen Swimmingpool gab es auch. Zauberhaft. Die Sonne brannte vom Himmel und es wehte ein warmer Wind. Hier lässt es sich gut aushalten, dachte ich. Geschmack hat er ja, mein Vater.

Hubert hatte vor seiner Flucht aus Deutschland das Gebäude selbst entworfen und gebaut, worauf er sehr stolz war. Was mir gleich auffiel, war der Mast vor dem Haus, mit einer vom Wind ausgefransten Fahne daran. Darauf prangte unser Familienwappen. Das war Huberts ganzer Stolz. Ich beobachtete, wie er die Fahne jeden Abend einholte, um sie am nächsten Morgen oder gegen die Mittagszeit – also wenn er aufgestanden war – erneut zu hissen. Seine Familie schien ihm, zumindest was das Fahnenhissen anbelangte, sehr am Herzen zu liegen.

Am ersten Abend waren wir bei Hubert und Constanze zum Essen verabredet. Ich hatte meine Stiefmutter nie wirklich leiden können. Das lag daran, dass etwas sehr Distanziertes und Kühles von ihr ausging. Außerdem war sie dem Alkohol verfallen, was sichtbare Spuren hinterlassen hatte. Sie strahlte etwas Gebrochenes aus, so wie man es bei Suchtkranken oft sieht. Gleichwohl bemühte sie sich, meine Freundin und mich entsprechend dem Anlass gebührend zu empfangen. Sie hatte gekocht. Und wie! In tönernen Schalen servierte sie in Öl gebratene Garnelen mit viel Knoblauch. Dazu gab es verschiedene Salate, weitere Beilagen und reichlich Wein.

Wir nahmen das Abendessen auf der Terrasse mit ihrem wunderbaren Blick auf das Meer ein. Die sinkende Sonne mit ihren tiefroten Strahlen, die Weite des Meeres – all das gehörte seit seiner Flucht aus Deutschland zu Huberts Welt. Fast kam mir sein Domizil wie ein goldener Käfig vor. Er war aber auch ein Genießer. Die Rollenverteilung zwischen Constanze und Hubert war klar geregelt. Hubert war konservativ, erzkonservativ, ein Kriegskind eben. Frau versorgt Mann, Mann sorgt für den Unterhalt. Beide hatten sich arrangiert.

Im Laufe des Abends brach plötzlich der »alte« Hubert aus ihm hervor. Wir hatten es uns auf dem Sofa in seinem Wohnzimmer gemütlich gemacht, und Constanze war, nachdem sie den Abwasch gemacht und die Küche aufgeräumt hatte, zeitig zu Bett gegangen. Meine Freundin saß neben mir und schien die Stunden, wie ich auch, in vollen Zügen zu genießen. Wir stießen mit spanischem Rotwein an. Dann ergriff mein Vater das Wort.

»Clemens, ich brauche für meinen Mercedes ein Ersatzteil aus Deutschland.«

Zunächst verstand ich nicht, was er damit meinte. Deshalb hakte ich nach. »Wie, du brauchst ein Ersatzteil für deinen Mercedes aus Deutschland?«

Eigentlich hatte ich gehofft, dass wir uns nun über die vergangenen vierundzwanzig Jahre unterhalten würden. Hubert jedoch schien daran kein Interesse zu haben. Das machte mich wütend, sehr wütend. Ich versuchte meine Wut zu unterdrücken, sie nicht zu zeigen, was mir anfangs auch gelang. Eine Zeit lang sah ich ihn schweigend an. Meine Freundin ahnte, was kommen würde. Dazu kannte sie mich gut genug.

»Ein Ersatzteil aus Deutschland für deinen Mercedes brauchst du also?«, ergriff ich nun das Wort.

Hubert hatte offensichtlich immer noch nicht begriffen, warum ich nach Teneriffa gekommen war. Deshalb teilte ich ihm das nun mit und riskierte damit, den Urlaub komplett zu verderben.

»Was glaubst du, Vater, warum ich nach Teneriffa gekommen bin?«

Hubert sah mich mit großen Augen an. Unsicher senkte er seinen Kopf, so als würde er in sich hineinhören.

»Ich brauche ja nur ein Ersatzteil für meinen Mercedes, kannst du mir das in Deutschland besorgen?«

Nun hielt mich nichts mehr zurück.

»Ich bin dein Sohn, der dich seit über zwanzig Jahren nicht mehr gesehen hat, und kein beschissener Handelsvertreter von Mercedes-Benz«, schoss es aus mir hervor. Ich schäumte vor Wut. Hubert starrte mich erschrocken an.

»Wenn du ein Ersatzteil aus Deutschland brauchst, dann flieg doch selbst hin und hol es dir! Oder lassen dich die Deutschen immer noch nicht ins Land?«, legte ich nach. Dann sprang ich auf, nahm meine Freundin an die Hand und sagte: »Lass uns hier verschwinden.«

Hubert war nun auch aufgestanden.

»Wenn dir klar geworden ist, warum ich nach Teneriffa gekommen bin, kannst du dich bei mir melden, du weißt ja, wo ich wohne.«

Hubert stand wie angewurzelt vor mir und fand keine Worte. Das Einzige, was ihm einfiel, war, mir den Autoschlüssel seines Zweitwagens abzunehmen. Gott sei Dank gab es im Dorf eine Autovermietung.

»Gute Nacht und vielen Dank für das Abendessen!«, verabschiedete ich mich und warf den Autoschlüssel auf den Tisch. Dann verließen wir wortlos seine Wohnung.

Auf dem Weg zum Appartement, den S. und ich zu Fuß nahmen, fühlte ich erstmals abgrundtiefen Hass auf meinen Vater. Warum hatte er sich seit über zwanzig Jahren nicht bei mir gemeldet, bis auf einen banalen Brief, in dem er kundtat, wie sehr er doch immer wieder an mich denken würde? Warum war er nicht zur Beerdigung meiner Mutter erschienen?

Ich fühlte Schmerz, puren Schmerz, und begann zu weinen. Meine Freundin nahm mich bei der Hand und versuchte mich zu trösten. Ich aber wollte allein sein. Ich wurde von den Gefühlen der Enttäuschung und Wut auf meinen Vater überwältigt. Lasse diese Gefühle zu und kämpfe nicht gegen sie an. Das war das Mantra, das ich im Laufe meiner Therapien verinnerlicht hatte. Und: Vertraue auf das, was kommt. Ich hatte das Gefühl, völlig den Boden unter den Füßen zu verlieren. Vaters Halt sozusagen.

Kurz darauf saß ich an einem kleinen Strandabschnitt unterhalb unseres Appartements. Vor meinem inneren Auge erschienen Bildfetzen aus St. Niemandsland, Bilder meiner Scheißkindheit, Bilder vom Gesicht meiner Mutter. Immer wieder stammelte ich vor mich hin:

»Vater, warum hast du mich verlassen?«

Ich weinte und weinte, so einsam und verloren fühlte ich mich plötzlich auf dieser Insel. Ich konnte keinen klaren Gedanken mehr fassen. Irgendwann gelang es mir, dem Rauschen der Wellen zu lauschen und in den Nachthimmel zu sehen, der mit funkelnden Sternen übersät war. Dann merkte ich, wie mich der Anblick des Himmels und des Meeres mehr und mehr beruhigten. Es war, als trügen sie die Worte zu mir: Du bist nicht allein. Gedulde dich, alles wird gut mit deinem Vater. Am frühen Morgen erst schlief ich völlig erschöpft an der Seite meiner Freundin ein.

Am nächsten Tag betrat ich die Terrasse unseres Appartements erst am Spätvormittag. Von dort aus konnte ich auf das Haus meines Vaters sehen. Die Fahne war nicht gehisst und der Mercedes stand in der Einfahrt, wo er auch bis zum Abend stehen bleiben würde. Schien Hubert nachzudenken?

S. hatte das Frühstück liebevoll hergerichtet.

»Wie geht es dir, Clemens?«, fragte sie mich.

»Na ja, die Sache mit meinem Vater steckt mir noch in den Knochen.«

S., die Heilpädagogin war, bestärkte mich in meinem Entschluss, den Kampf mit meinem Vater auszustehen. Und in der Tat, ich fühlte mich, als stünde ich mit ihm im Boxring. Immer wieder sah ich Zigarette rauchend auf das Haus meines Vaters hinab. Ich konnte dort keine nennenswerten Bewegungen ausmachen. Das ging ein paar Tage so, bis etwas Eigenartiges passierte. Meine Freundin und ich waren auf dem Rückweg vom *Pico del Teide*. Die Sonne ging gerade unter und wir genossen die Fahrt mit unserem Mietwagen. Zum Abendessen hielten wir in einem Fischerdorf und kehrten in einem Restaurant ein.

Dort tauchte plötzlich, wie aus dem Nichts, Hubert auf. Einfach so. Ich habe bis heute keine Ahnung, wie er uns gefunden hat. Auf jeden Fall konnte ich an seiner Mimik erkennen, dass er niedergeschlagen war. Er fragte höflich, ob er sich zu uns setzen dürfe. Ich nickte. Dann langes Schweigen.

»Möchtest du was zum Essen bestellen?«, fragte ich ihn. Hubert hatte keinen Appetit, bestellte aber ein Getränk. Wieder Schweigen. Immer wieder kreuzten sich unsere Blicke. Meine Freundin wechselte ein paar Worte mit ihm. Ich schwieg, was die Stimmung nicht gerade auflockerte. Ich fühlte mich nach wie vor nicht in der Lage, mit ihm zu sprechen. Nach einer Weile rief ich den Kellner. Dann bezahlte ich, ohne ein Wort mit Hubert gesprochen zu haben.

»Vater, das Getränk übernehme ich.«

Hubert sah mich traurig an.

»Du weißt ja, wo wir wohnen!«

Dann standen wir auf. Hubert blieb sitzen.

»Ich wünsche dir noch einen schönen Abend«, sagte ich und reichte ihm zum Abschied die Hand.

»Ich dir auch, Clemens.«

Dann verließ ich das Restaurant ohne mich umzudrehen.

Am nächsten Morgen betrat ich wie gewohnt die Terrasse unseres Appartements. Als ich die Brüstung erreicht hatte, sah ich unsere Familienfahne im Wind wehen. Hubert war bereit für die nächste Begegnung, das spürte ich. Heute würde ich ihn wiedersehen. Plötzlich stieg Freude in meinem Herzen auf und ich lächelte, denn jetzt wusste ich: Alles wird gut!

Kurz darauf klingelte es an unserer Tür.

»Ich mache auf«, rief ich meiner Freundin aufgeregt zu.

Als ich die Tür öffnete, stand Hubert vor mir. Mit einem Lächeln reichte er mir die Hand. Ich nahm sie an und erwiderte sein Lächeln. Was mir sofort auffiel, war sein Gesichtsausdruck.

Es strahlte etwas »Geklärtes« aus. Hubert schien in der Tat sein Verhalten mir gegenüber reflektiert zu haben. Meine Freude war also berechtigt.

»Guten Morgen, Vater. Komm rein.«

Auch meine Freundin war über Huberts Besuch hoch erfreut. Und tatsächlich: Er zeigte Einsicht.

»Clemens, es war dumm von mir, dich nach dem Ersatzteil zu fragen.«

Ich sah ihm in die Augen und nickte.

»Es macht mich glücklich, dass du mich besuchst.«

Damit war alles gesagt. Von da an erlebten wir gemeinsam eine unbeschwerte Zeit. Wir trafen uns zum Frühstück und zu gemeinsamen Ausflügen. Was ich am meisten genoss, waren die Gespräche, die ich mit ihm – ohne S. und Constanze – bis in die Morgenstunden in seinem Haus führte. Dabei lernte ich meinen Vater als einen Menschen kennen, der sehr wohl ein hohes Maß an Sensibilität und Feingefühl hatte. Wir sprachen auch über Eva.

»Weißt du, Clemens, ich habe ja viele Frauen in meinem Leben gehabt. Das waren aber alles nur Abenteuer. Die einzig wahre Liebe, das war deine Mutter.«

Dieser Satz ging mir durch Mark und Bein. Und ich glaube, dass mein Vater die Wahrheit sagte. Heute bin ich davon überzeugt, dass er die Trennung und die damit einhergehende Zerrüttung seiner Familie nie überwunden hat. Es war ein Verlust, der schwer wog und der fortwährend an seinem Herzen nagte, den er aber gleichzeitig glänzend zu überspielen wusste. Auch konnte ich den aufgestellten Fotos in seinem Wohnzimmer unschwer entnehmen, dass er auf keinem einzigen glücklich wirkte. Es ging eher etwas Deprimiertes von ihm aus. Seine Flucht hatte also einen hohen Preis gefordert. Auch in den gemeinsamen Momenten mit Constanze hatte ich nicht gerade den Eindruck, dass die beiden glücklich miteinander waren.

»Warum bist du nicht zu Mamas Beerdigung gekommen?«, wollte ich irgendwann von ihm wissen.

Hubert starrte vor sich hin, wie er das immer tat, wenn ich seine Gefühlswelt berührte.

»Constanze wollte das nicht.«

Scheiße, Constanze scheint dich ja ganz schön unter ihrer Fuchtel zu halten, dachte ich. Diese Unterwürfigkeit, die einer extremen Abhängigkeit gleichkam, passte nicht so recht zum Erscheinungsbild meines Vaters. Nun ja, drauf geschissen!

Aus Erzählungen naher Familienangehöriger weiß ich, dass mein Vater damals oft illegal über die Schweiz nach Deutschland einreiste. Ein Besuch bei der Beerdigung meiner Mutter aber war ihm dann doch wohl zu riskant erschienen. Vielleicht hatte er geahnt, dass eine Amtsvertreterin, namentlich Frau Riedlinger, bei der Beerdigung auftauchen würde. Nun ja, einen guten Riecher hatte er ja schon immer, der Hubert – und eine gewisse Kaltschnäuzigkeit auch.

Diese Kaltschnäuzigkeit zeigte sich auch bei einem Ereignis in den frühen Ehejahren, als er noch mit Eva in Keppstadt zusammenlebte. An einem der Abende erzählte er mir folgende Anekdote:

Hubert hatte wieder einmal Stress mit der Staatsanwaltschaft gehabt. Die Polizei suchte daraufhin die Wohnung auf, in der er zusammen mit Eva und, soweit ich mich erinnere, mit drei meiner ältesten Geschwister lebte. Im Flur stand eine leere Truhe. Genau in dieser versteckte er sich. Eva hatte vorsorglich einige

Kleidungsstücke darauf abgelegt. Teamarbeit sozusagen. Nachdem die Polizei die gesamte Wohnung auf den Kopf gestellt hatte, ohne die Truhe auf ihren Inhalt zu untersuchen, zogen sie unverrichteter Dinge wieder ab. Hubert war einfach nicht aufzufinden. Na, so ein Pech aber auch!

Ich musste herzhaft lachen, so lebendig und mit entsprechender Mimik erzählte er diese Geschichte. Spätestens jetzt spürte ich, dass zwischen meinen Eltern ein inniges Band bestanden hatte. Ich meine, wer kommt schon auf die Idee, seinen Ehemann in einer Truhe zu verstauen und ihn damit dem Zugriff der Polizei zu entziehen? Zu dieser Zeit hatte die Familie beiden wohl noch sehr am Herzen gelegen.

Vatertod

Es war im Oktober 2003. Das Telefon klingelte, und eigentlich hatte ich keine Lust, dranzugehen, weil ich im Lernstress war. In fünf Tagen stand die schriftliche Prüfung zum Steuerberater ins Haus, und ich hatte Besseres zu tun, als zu telefonieren. Dennoch nahm ich den Hörer ab.

»Heymkind«, meldete ich mich.

»Hallo Clemens, hier ist Clara.«

»Hallo Clara, wie geht's?«

Für einen kurzen Moment herrschte Stille am anderen Ende der Leitung. Clara klang niedergeschlagen, in ihrer Stimme lag etwas Trauriges, etwas Schweres. Dann brach es ohne Vorwarnung aus ihr heraus: »Papa ist tot.«

Ich bekam weiche Knie und musste mich setzen.

»Bist du noch dran, Clemens?«, fragte sie.

Ich begann zu weinen. Ich schluchzte in den Hörer, dass ich jetzt auflegen und sie zu einem späteren Zeitpunkt zurückrufen würde. Dann legte ich auf. Stille. Ich konnte die Nachricht zunächst nicht einordnen, fühlte mich wie vom Blitz getroffen. Der Einschlag traf mich mitten ins Herz. Ich konnte keinen klaren Gedanken fassen.

Kein Traum, wie damals bei Eva, hatte den Tod meines Vaters angekündigt. Und doch war da etwas wie eine Vorahnung gewesen: Ich hatte Hubert zuletzt im März 2003 auf Teneriffa gesehen. In den letzten Jahren hatte ich ihn einmal im Jahr mit meiner Freundin S. dort besucht. Am Tag meiner Abreise bestand Hubert darauf, mit mir allein zu frühstücken, also ohne meine Freundin. Wir fuhren in sein Lieblingsrestaurant im Nachbardorf. Hubert war das Verhalten meiner Freundin ein Dorn im Auge. Rechthaberisch und geschwätzig sei sie. Das wusste ich. Hubert hatte aber auch wahrgenommen, dass es in unserer Beziehung massiv kriselte. Auch das wusste ich.

»Clemens, du hast eine Bessere verdient«, sagte er. »Eine, die zu dir hält und dir den Rücken stärkt und nicht hintenrum über dich redet.«

Ich verstand nicht, was er meinte.

»Bist du glücklich mit S.?«, fragte er nach.

»Nein, bin ich nicht, aber ich habe Angst, mich von ihr zu trennen.«

»Es ist nicht gut, mit einem Menschen ein Leben lang zusammen zu sein, mit dem man nicht harmoniert. Das bringt nur Unglück«, ergänzte Hubert.

Hubert wusste, wovon er sprach. Constanze, meine Stiefmutter, war vor einigen Monaten mit gerade mal zweiundfünfzig Jahren an ihrer Alkoholsucht gestorben. Hubert litt sehr unter diesem Verlust und reagierte mit schweren Depressionen auf ihren Tod. Er war immerhin über dreißig Jahre lang mit ihr verheiratet gewesen. Bei meinem Besuch hatte ich oft Ausflüge oder Wanderungen mit ihm unternommen, um ihn zumindest stundenweise von seinem Schmerz abzulenken. Immer wieder hatte er mir mitgeteilt, dass er nicht mehr leben wolle, schwach und traurig fühle er sich. Auch habe er den Eindruck, dass Constanze einen Teil von ihm mit in den Tod genommen habe. Und nun fühle er sich so einsam.

Ich glaube heute, dass sich mein Vater schon immer einsam gefühlt hat. Deshalb brauchte er immer jemanden um sich herum, wie ein Kind seine Mutter. Und diese war mit Constanzes Tod endgültig verloren gegangen.

Nach unserem gemeinsamen Frühstück war ich sehr nachdenklich, auch wegen seiner Haltung zu meiner Beziehung mit S. Tief in mir spürte ich, dass er recht hatte: Das Beziehungsende nahte. Ich spürte aber auch, dass ich Hubert nie mehr sehen würde.

Nur ein paar Stunden nach unserem Frühstücksgespräch, beim Abschied in der Flughafenhalle, geschah etwas, das eine ausgesprochene heilende Wirkung in mir entfalten sollte. Mein Vater nahm mich völlig unerwartet in die Arme, wobei er mir lange in die Augen sah. Dann drückte er mich, so fest er konnte, an sein Herz. Ich spürte seine Kraft – und gleichzeitig nahm ich wahr, wie sein Körper plötzlich zu beben begann. Er weinte. Dann sagte er zu mir: »Clemens, du bist mein Sohn!«

Nun begann auch ich zu weinen. Da standen wir nun. Lagen uns in den Armen und weinten das erste Mal im Leben zusammen. Ich spürte seinen Schmerz, seine Einsamkeit, seine Hilflosigkeit. Aber all das durfte sein, verband mich mit ihm, dem *Urvieh von Mann*.

Ich spürte aber auch, dass ich ihn, meinen Vater, nie mehr sehen würde. Da war wieder dieses Gefühl des endgültigen Abschiednehmens und des Loslassens, für immer. Ich hatte keinen Zweifel. Wochen später stellte sich ein weiteres Gefühl ein, das zusehends wuchs: das Gefühl, meinem Vater mehr und mehr seine Fehler zu verzeihen – für sein familiäres Versagen, für seinen Lebenswandel, für sein Unvermögen. Das bescherte mir dauerhaften Frieden im Herzen.

Ich saß noch immer in meinem Sessel und weinte. Als ich mich einigermaßen gefasst hatte, rief ich meine Freundin S. an.
»Mein Vater ist gestorben.«
Keine Reaktion. Keine tröstenden Worte.
Dann sagte sie: »Du glaubst doch nicht im Ernst, dass ich wegen des Todes deines Vaters mit dir zusammenbleibe.«
Zunächst verstand ich nicht, was sie meinte.
»Wie meinst du das?«, fragte ich
»So, wie ich es gesagt habe.« Dann legte sie auf.
Damit war die Beziehung beendet. Ein Unglück kommt selten allein.

Das war S. Sie konnte Schluss machen, ohne das Wort Trennung in den Mund zu nehmen, ohne jegliche Gefühlsregung. Vater, du hattest recht, denn du hast bei den Begegnungen mit S. etwas wahrgenommen, das ich nicht sehen wollte. Zu sehr hatte mich der Gedanke an eine mögliche Trennung geängstigt.
Plötzlich schoss mir Schwester C. durch den Kopf. Ihre Unnahbarkeit. Ihre Kälte. Ihr ausgeprägter Mangel an Empathie. Ihr Hang zur seelischen Grausamkeit. All das hatte S. nicht nur bereits während unserer Beziehung gelebt. Dieses Telefonat wirkte wie ein weiterer Hammerschlag. Ich war sprachlos. Wenige Tage später erfuhr ich, dass sie sich, als wir noch zusammen waren, in einen älteren Mann verliebt hatte. Sie folgte eben auf ihre Weise dem Suchbild ihres Vaters.

Etwa drei Wochen später stellte ich mich erneut einem länger anhaltenden stationären Aufenthalt in einer psychosomatischen Klinik. Ich war unter der Last der Ereignisse zusammengebrochen und benötigte dringend Hilfe. Vor allen Dingen auch deswegen, weil ich hochsuizidal war. Wie sich herausstellte, sollte dieser Klinikaufenthalt in seiner heilenden Wirkung der bis dahin tief greifendste werden.

Ich traf dort auf eine sehr erfahrene Therapeutin, die mich auf eine besondere Weise herausforderte – liebevoll aber bestimmt. Sie hatte mir von Anfang an den Tarif durchgegeben: »Dich halte ich aus. Du darfst sein.«

Erst im Laufe dieses therapeutischen Abschnitts wurde mir klar, was sie damit meinte: nämlich, dass auch mir ein Platz auf dieser Erde zusteht, wie jedem Wesen auf dieser Welt. Das Gefühl des »Verlorenseins in dieser Welt« nahm im Laufe dieses Prozesses von Tag zu Tag ab.

Das lag auch daran, dass ich in dieser so wichtigen Therapiephase gefühlsmäßig meinen Kindheitstraumata näherkam. Den blassen Bildern der Vergangenheit konnte ich mehr und mehr konkrete Gefühle zuordnen, die bisweilen kaum auszuhalten waren. Der therapeutische Schutzraum ermöglichte es mir, mich voll und ganz auf diesen Aufarbeitungsprozess einzulassen.

Dieser Prozess fand wesentlich, um nur ein Beispiel zu nennen, bei der sogenannten Wutarbeit statt: Mit einem Tennisschläger bewaffnet, schlug ich unter therapeutischer Aufsicht in einem Isolationsraum bis zur Erschöpfung auf einen großen Kunststoffwürfel ein, bis mir zwischen Daumen und Zeigefinger Hautfetzen herabhingen. Hierbei schrie ich all die Wut, all den Hass und die Verzweiflung aus mir heraus und gab ihnen auf diese Weise eine Stimme. Nun fühlte ich mich nicht mehr wie ein Stummer. Denn in gewisser Weise schrie und schlug ich auch auf Schwester C., auf Kurt A., auf Frau Riedlinger, auf Eva, auf meinen Vater ein. Dann aber, nach Wochen therapeutischer Schwerstarbeit, spürte ich, wie sich seelische Erleichterung breitmachte. Ein neues Lebensgefühl reifte heran: Ich hatte begonnen, die Tiefe meines Schmerzes zu spüren. Ich war von der »passiven Rolle des Opfers« in die Rolle des »aktiven Fühlers« gewechselt.

Und das veränderte alles: Ich lernte Schritt für Schritt, die Verletzungen und all den Schmerz als Teil meines Seins anzunehmen. Ich übte mich darin, die Schmerzen der Vergangenheit nicht mehr positiv oder negativ zu bewerten. Dadurch nahm der Widerstand gegen diese merklich ab – und damit auch das Leiden. Das ermöglichte mir Einsicht und Verstehen in meine eigene Geschichte. All meine Gefühle, die mir bisher so chaotisch erschienen waren, begannen sich nun zu ordnen. Und dadurch fühlte ich mich mehr und mehr dem Leben zugehörig.

Aus dem Heimkind wurde ein Glückskind.

Ich hatte meinen Platz in dieser Welt gefunden.

Rückkehr nach St. Niemandsland

Im Februar 2015 fuhr ich zusammen mit meinem Sohn zum Kinderheim St. Niemandsland. Dort erfuhren wir von einer jungen Nonne, die sich als Schwester D. vorstellte, dass Schwester C., Schwester A. und Schwester N. ihren Lebensabend im Mutterhaus der Mühlendorfer Schwestern verbringen würden. Schwester D. berichtete, dass ich nicht das einzige Heimkind wäre, das in den vergangenen Monaten das Kinderheim aufgesucht hätte. Das überraschte mich. Offensichtlich gab es auch andere, die es an den Ort des Schreckens zurückzog, vermutlich, um Klärung zu suchen. So jedenfalls war es bei mir. Es gehört viel Mut dazu, und es kostet enorme Kraft, an den Ort des Geschehens zurückzukehren, sich den Gerüchen, dem alten Gemäuer, den Riesenkruzifixen, den Nonnen – und damit seiner eigenen Geschichte zu stellen.

Auf Nachfragen von Schwester D. berichtete ich ihr davon, was ich dort Grausames erlebt hatte. Schwester D. zeigte Mitgefühl, zeigte Einsicht. Mein Sohn und ich saßen ihr gegenüber, während sie mir Fragen über Fragen stellte. Während ich ihr von dem folterähnlichen Kaltduschen, von den demütigenden Strafarbeiten, der Isolation von den anderen Kindern wegen meines Bettnässens berichtete, nahm ich ihre Betroffenheit wahr. Fast kam es mir vor, als würde ich die »Beichte« für Schwester C. ablegen. Die Berichte der anderen Heimkinder taten wohl das Ihrige.

Dann begann Schwester D. plötzlich zu weinen. Meine Erzählungen drangen in ihr Herz, schmerzten sie, so wie das Verhalten von Schwester C. einst mich geschmerzt hatte und heute noch schmerzt, wenn ich daran denke. Schwester D. hatte die Kraft, dies auszuhalten. Sie ließ ihre Gefühle zu, die meine Erzählungen auslösten. Dann, im Verlauf des Gesprächs, reichte sie mir die Hand und entschuldigte sich bei mir für das menschenunwürdige Verhalten ihrer Mitschwestern. Gewiss, ich schätzte die Entschuldigung von Schwester D., und doch konnte sie mich nicht wirklich lebendig erreichen, da sie von einer Nonne kam, die mit den Geschehnissen nichts zu tun hatte. Es war wie die Entschuldigung einer Fremden. Die Begegnung mit Schwester D. aber stärkte in mir das Bedürfnis, nun auch Schwester C. noch einmal zu begegnen.

Einmal hatte ich sie ja schon besucht, damals, als Achtunddreißigjähriger, als ich mich in der besagten psychosomatischen Klinik befand. Entschuldigt hatte sie sich damals nicht bei mir.

Das Gespräch mit Schwester D. wirkte noch lange in mir nach. Es hatte eine friedenstiftende Wirkung auf mich. Irgendwann war ich bereit für den nächsten Schritt.

Telefonat mit der Peinigerin

Ich war aufgeregt, als ich im Dezember 2015 die Nummer des Mutterhauses der Mühlendorfer Schwestern wählte. Zunächst legte ich immer wieder auf, wenn ich den Klingelton am anderen Ende hörte. Würde es mich verletzen, wenn ich Schwester C.s Stimme vernähme? Würden alte Wunden wieder aufgerissen? Ich folgte dem Ruf meiner inneren Stimme, gab dem Widerstand nicht nach und ging in die Richtung, aus der die Angst kam. Dann wählte ich erneut.

»Mühlendorfer Schwestern«, meldete sich die Stimme einer alten Frau.

»Heymkind am Telefon«, meldete ich mich.

»Wen hätten's gerne?«, fragte mich die Schwester mit niederbayerischem Dialekt.

»Ich wollte fragen, ob Schwester C., vom ehemaligen Kinderheim St. Niemandsland, bei Ihnen wohnt.«

»Ja, die wohnt hier«, erhielt ich zur Antwort. Ohne weitere Fragen zu stellen, fuhr sie fort: »Ich verbinde Sie.«

Eine Wartemelodie drang an mein Ohr. Mein Puls raste. Mein Herz raste. Mir fiel das Atmen schwer. Ich war sehr aufgeregt. Auch hatte ich das Gefühl, von einer stark negativen Energie erfasst zu werden. Eine enorme Energie, die meinen ganzen Körper in Spannung versetzte.

Dann die mir vertraute Stimme von Schwester C.

»Schwester C. am Telefon.«

Für einen kurzen Augenblick überlegte ich, ob es nicht doch besser wäre, wieder aufzulegen, um meine Nerven zu schonen.

»Schwester C. am Telefon, wer ist denn dran?«, fragte sie erneut.

»Clemens Maria Heymkind aus Freiburg«, antwortete ich.

»Wer?«, fragte sie nach.

»Clemens Maria Heymkind aus Freiburg«, wiederholte ich.

So ging das noch ein paar Mal hin und her, bis sie schließlich antwortete: »Ah, der Clemens, den hab ich ja total verdrängt!«

Ich schluckte kurz, wusste zunächst nicht, was ich antworten sollte. Was für eine Begrüßung nach all den Jahren! Ich hatte Schwester C. zuletzt vor siebzehn Jahren persönlich aufgesucht, um sie mit ihren Taten zu konfrontieren. Damals hatte es so gut wie kein Durchkommen bei ihr gegeben. Und dieses Mal sollte dies offensichtlich nicht anders werden. Verdrängung kann hartnäckig sein.

»Wie geht es Ihnen?«, fragte ich.

»Der Körper will nicht mehr so, wie ich will, aber mein Geist ist noch klar«, antwortete sie, wobei ich ihr gepresstes Kichern vernahm.

»Was machst du denn so?«, fragte sie mich.

»Ich arbeite in der Steuerberatung.«

»Ja, ich wusste es doch, dass meine Erziehung gut war und nun aus dem Bub was Gescheites geworden ist«, sagte sie, sich selbst lobend.

Mit fehlten die Worte.

»Das freut mich aber, dass du anrufst und dass aus dir so was Gescheites geworden ist«, fuhr sie fort.

»Ja«, antwortete ich. »Schwester C., ich würde Sie gerne besuchen«, brach es aus mir heraus.

Zunächst langes Schweigen.
»Sind Sie noch dran?«, hakte ich nach.
»Ich weiß aber nicht, ob ich da sein werde, wenn du kommst«, gab sie mir nüchtern zur Antwort.
»Ich kann Sie ja anrufen, bevor ich komme«, schlug ich ihr vor.
»Ja mei, das kannst du machen. Da freue ich mich aber, wenn du kommst.«
Ich erzählte Schwester C. nicht, dass ich ein Buch über meine schrecklichen Kindheitserlebnisse in St. Niemandsland veröffentlicht hatte. Dieses wollte ich ihr bei meinem Besuch persönlich übergeben.
»Haben Sie noch Kontakt zu anderen ehemaligen Heimkindern aus St. Niemandsland?«, fragte ich nun.
»Ja, zu Wilfried. Der ist aber ziemlich abgestürzt. Der ist seit Jahren in einer Psychiatrie in Norddeutschland untergebracht, wegen schwerer Depressionen und Selbstmordversuchen.«
Ich schluckte, fühlte mich wie vor den Kopf gestoßen. Schwester C. schien Wilfrieds Schicksal emotional nicht sonderlich zu berühren. Sachlich und ohne jedwede Gefühlsregung sprach sie über ihn, der damals erst stotterte und dann eine Zeit lang überhaupt nicht mehr gesprochen hatte. Dabei vernahm ich wieder ihr gepresstes Kichern, das ich von früher kannte und das ich zutiefst verabscheute. Dieses Kichern jedoch schien sie zu schützen, es stützte die Betonwand, hinter der sie all die Jahre ihre wahren Gefühle versteckt gehalten hatte. Sie redete so kühl und nüchtern über die ihr damals anvertrauten Kinder, wie eine Nachrichtensprecherin die täglichen Nachrichten verliest.
Ich ersparte mir an dieser Stelle jeglichen Kommentar. Zu sehr erschütterte mich die Nachricht über Wilfried. Die Art und Weise, wie Schwester C. mit den zurückliegenden Ereignissen

umging, signalisierte mir deutlich, dass sie an einer Aufarbeitung der Geschehnisse kein Interesse hatte. Zu sehr verharrte sie in der Abwehr, bediente nach wie vor ihre Lebenslügen.

»Melde dich an, wenn du kommst«, meinte sie.

»Wie alt sind Sie jetzt?«, fragte ich noch.

»Heuer bin ich fünfundachtzig geworden.«

Fünfundachtzig und kein bisschen weise. So wollte ich nicht alt werden!

Der Ruf des Herzens

Das Telefongespräch wirkte nach. Ich dachte oft an Schwester C. Dann, im Laufe der folgenden Monate, vernahm ich ihren Ruf in meinem Herzen. Zunächst wollte ich nicht hinhören, verdrängte meine Absicht, sie zu besuchen. In Anbetracht ihres hohen Alters jedoch kam in mir der Gedanke auf, doch hinzufahren, trotz aller Angst, wieder mit alten Wunden in Berührung zu kommen.

Seit unserer letzten Begegnung war viel Zeit vergangen, siebzehn Jahre, um genau zu sein. Ich hatte also genug Abstand. Auch merkte ich deutlich, dass die Veröffentlichung meines ersten Buches eine befreiende Wirkung auf mich hatte. Ich hatte das Geschwür der Vergangenheit ein ganzes Stück weit aus mir herausgeschrieben. So konnte ich einen großen Teil meiner Kindheitsgeschichte verarbeiten und loslassen, sah die belastenden Ereignisse von St. Niemandsland mehr und mehr am Horizont verschwinden. Das fühlte sich gut an.

Und doch: Etwas nagte an meinem Herzen. Etwas, das ich nicht zu greifen bekam, etwas, das sich der Bearbeitung entzog, weil es sich in der Tiefe meiner Seele verborgen hielt. Zunächst war mir nicht klar, um welche Teile meiner Kindheit es sich handelte. Die Verletzungen hatte ich mir in zahlreichen therapeutischen Settings angesehen, hatte sie durchgearbeitet, hatte sie »abgetrauert«. Auch nahm ich in der meditativen Stille immer wieder Kontakt zu meinem »inneren Kind« auf. Ich lernte ihm zuzuhören, lernte seine Sprache zu verstehen, lernte es zu trösten, wenn es ängstlich und verzweifelt war. Ich nahm es in die Arme, wiegte es, wenn es beruhigt werden wollte. Auf diese Weise kam ich Schritt für Schritt jener Wunde näher, die in der Tiefe noch immer blutete.

Eines Nachts erwachte ich aus einem Albtraum: Ich sah Schwester C. vor der Badesaaltür stehen. Es war die Badesaaltür von St. Niemandsland. Sie versperrte mir den Weg. »Geh da nicht rein«, flehte sie mich an. Ich aber stieß sie mit aller Kraft zur Seite. Als ich den mir wohl vertrauten Badesaal betrat, hielt ich mir die Nase zu. Leichengeruch, überall Leichengeruch! Fliegen und Motten machten sich an einem jungen Körper zu schaffen. Dann sah ich mich – als Sechs- oder Siebenjährigen – tot in der Badewanne liegen.

Ich wachte schweißgebadet auf, mit einem Gefühl, als ob ich bei lebendigem Leibe verfaulen würde, verbunden mit einem Gefühl von Angst und Verzweiflung. Dieser Albtraum verfolgte mich, so wie mich Schwester C. immer verfolgt hatte. Tagelang ging es mir schlecht.

Wochen später wurde mir die Bedeutung des Traums allmählich klar: Ich wollte hinsehen, Schwester C. aber nicht. Ich spürte auch, dass trotz der inzwischen vergangenen Jahrzehnte unser Schicksal, gleich den Fäden eines Teppichs, eng miteinander verwoben war. Ich hatte die Antwort auf die Frage erhalten, was nötig sei, um mit den Geschehnissen von St. Niemandsland endgültig abschließen zu können.

Der Nonnenschleier

Im Januar 2016 war ich zusammen mit meinem Sohn auf dem Weg zu einem buddhistischen Kloster in Norddeutschland, wo ich bereits mehrere Einkehrtage verbracht hatte. Dort wurde ein Seminar angeboten, das das Thema »Achtsames Selbstmitgefühl« zum Gegenstand hatte. Vielleicht war das der Schlüssel, der das Schloss meiner Unwissenheit aufzuschließen vermochte?

Und in der Tat. Als ich die Meditationshalle betrat, erblickte ich eine vietnamesische Nonne. Klein und zart war sie, aber voller Klarheit und Kraft. Ihr kahlgeschorener Kopf ragte aus einem braunen Nonnengewand. Ihre dunklen Augen waren freundlich, sie lächelten immerzu. Sie trug eine Brille. Ihre zarten Hände hielt sie sanft im Schoß, so als würde sie meditieren. Schwester S. sah mich an. Ich sah sie an. Zwischen uns gab es einen Strom der Verbundenheit, das spürte ich sofort. Das Schicksal hatte uns zusammengeführt. Schwester S. sang gern, so wie auch ich es in meiner Kindheit gern getan hatte. Das erleichterte mir das Ankommen in der Gruppe.

Schwester S. erzählte uns von der Eigenverantwortung, die jeder Mensch für sein Leben trägt, von der inneren Insel, die jeder in sich finden kann. Sie erzählte vom Leid, dem jeder Mensch aufgrund seiner Anhaftungen unterworfen sei. Sie erzählte uns von dem Weg, das Leiden in Glück zu verwandeln. Dann, am nächsten Tag auf dem Weg zum Mittagessen, sprach sie mich an und sagte, dass ich noch vielen Menschen Glück bringen würde.

Ich war den Tränen nahe, so sehr berührten mich ihre Worte, die sie liebevoll aussprach. Es war ein magischer Moment, als würde ein Engel zu mir sprechen.

In der folgenden Nacht hatte ich erneut einen Albtraum. Das Gesicht von Schwester C. zeigte sich wieder. Es drängte sich beharrlich auf und wollte, auch als ich wach war, nicht verschwinden. Also verließ ich meine Klause in aller Frühe und machte eine Gehmeditation. Drei Schritte einatmen – drei Schritte ausatmen. So gelangte ich zurück in meine Mitte, atmete mich ins Hier und Jetzt. Mit dieser Praxis wurde mein Geist ruhiger und klarer. Ich konnte loslassen, ohne zu verdrängen. Schwester C.s Gesicht verschwand.

Es schien eine heilsame Fügung in der Begegnung mit Schwester S. zu liegen. Sie vermittelte mir ein bis dahin nicht bekanntes Nonnenbild. Mich überfällt immer ein Gefühl der Beklemmung und des Unbehagens, wenn mir katholische »Würdenträger« in ihren schwarzen Kutten auf der Straße begegnen. Diese flüchtigen Begegnungen haben etwas Re-Traumatisierendes. Sie reißen meine alten Wunden auf und stimmen mich traurig. Die Begegnungen mit Schwester S. jedoch durchbrachen das Leid, das Schwester C. in mich hineingeprügelt, hineingeduscht und hineingequält hatte. Sie brachten den Bleitiegel meiner Seele zum Schmelzen. Als ich das Seminar verließ, spürte ich tiefen Frieden und Gelassenheit in meinem Herzen.

Einige Tage nach dem Klosteraufenthalt entstand ein deutliches Bild in mir: Es war, als fügten sich Mosaiksteine zusammen, die nun das Ganze sichtbar werden ließen. Mir wurde klar, dass ich nur dann Heilung erfahren würde, wenn ich all meinen Hass gegenüber Schwester C. losließe. Für diesen Schritt brauchte es noch eine letzte Begegnung. Die Zeit war reif. Ich wollte ihr mit friedlichem Herzen, mit all meinem Mitgefühl begegnen, um endgültig Abschied zu nehmen. Auch darauf hatte ich mich im buddhistischen Kloster vorbereitet.

Das Mutterhaus

Etwa eine Woche später war es so weit. Als mein Sohn und ich Mühlendorf erreichten, fiel mir als Erstes das Kloster auf dem Klosterberg auf, umsäumt von den alten Gebäuden des Dorfes an seinem Fuß. Das Dorf lag in einer weitläufigen Wiesenlandschaft. Majestätisch ragten zwei quadratische Türme in den wolkenverhangenen Himmel, die jeweils mit einem Spitzdach und einem Kreuz darauf abschlossen. Von ihnen ging ein schlichtes, aber wuchtiges Kirchenschiff ab. Weitere Gebäude umsäumten Türme und Schiff – fast hätte man meinen können, auf eine Festung zu blicken. Eine Festung, deren Bewohner sich von der Außenwelt abschotteten und in die man nur über die Pforte Einlass fand. So wie damals in St. Niemandsland …

Ich fühlte, wie mein Geist bei diesem Anblick unruhig wurde, und nahm eine unerträgliche körperliche Anspannung wahr. Am Abend zuvor hatte ich lange Zeit nicht einschlafen können, so aufgeregt war ich. Ich hatte in jener Nacht tiefe Zweifel, ob es überhaupt gut sei, nach Mühlendorf zu fahren. Gefühle von Angst, Neugier, Wut und Trauer hatten mich lange nicht einschlafen lassen. Die gleichen Gefühle hatte ich nun auch auf der Fahrt. Wie würde Schwester C. aussehen? Würde ich ihre Gegenwart aushalten? Würde ich wütend werden oder gar die Beherrschung verlieren? Ich wusste es nicht. Eine innere Kraft trieb mich weiter, von Sekunde zu Sekunde, von Stunde zu Stunde. Ich sehnte mich nach Klärung. Deshalb fuhr ich weiter und verwarf meine Gedanken an Umkehr. Die Gegenwart meines Sohnes gab mir Halt, gab mir Sicherheit. Aber ich allein hatte die Entscheidung getroffen. Niemand hatte mich zu dieser Reise gezwungen. Ich folgte dem Ruf meines Herzens.

Ich stoppte das Auto auf einem Feldweg am Ortsrand. Mein Sohn und ich hatten uns dazu entschlossen, vor dem Besuch eine Gehmeditation zu machen. Achtsam und bewusst atmend setzte ich einen Fuß vor den anderen. Und mit jedem Schritt berührte ich Frieden, berührte ich Ruhe. Mein Geist wurde mit jedem Atemzug, mit jedem Schritt ruhiger und ruhiger. Dann, nach einer Weile des achtsamen Gehens und Atmens, hielten wir vor einem Obstbaum, der ohne Blätter und wie nackt vor mir stand. Ich betrachtete ihn eine Weile.

In diesem Moment nahm ich die sanften Sonnenstrahlen wahr, die durch das Geäst schimmerten. Ich atmete weiter bewusst ein und aus. Ich spürte den schlammigen Untergrund des Feldweges, auf dem meine Füße ruhten. Ich sehnte mich nach Ruhe, nach der wohltuenden Stille. In ihr öffnete sich mein Herz. Ich ließ die Kraft dieses wunderbaren Augenblickes in mich strömen, dachte nicht mehr an Schwester C., dachte nicht mehr an meinen Schmerz, nicht mehr an meine Zweifel. Ich war angekommen im Hier und Jetzt. Nun war ich bereit, den nächsten Schritt zu tun.

Wir gingen zurück zum Auto und fuhren bis vor das Gebäude. Rechts davon befand sich die Klosterbrauerei. Ein Nonnenkloster mit Brauerei, das hatte ich noch nie gesehen. Beim Anblick des Klosters pochte mein Herz wieder stärker.

Atme, Clemens, atme Liebe, atme Frieden, sagte ich mir im Stillen, so wie ich es im Seminar gelernt hatte. Ich wollte nicht mehr gegen die Schmerzen meiner Kindheit ankämpfen. Ich wollte sie zulassen, wollte sie aus der Tiefe meines Herzens heraus akzeptieren. Hierzu bot der Besuch ein gutes Übungsfeld.

»Wie fühlst du dich, Papa?«, fragte mein Sohn.

»Ich bin gespannt«, antwortete ich kurz.

Ich konzentrierte mich auf den gegenwärtigen Moment, versuchte, die innere Balance zu halten. Wir passierten einen Rundbogen und gelangten schließlich in das Hofinnere des Klosters. Wie ich es von St. Niemandsland her gewohnt war, wirkte auch hier der Klosterhof wie geleckt. Die Gebäudefassaden, die den Hof säumten, schienen neu gestrichen worden zu sein. Alles erschien mir übertrieben steril und sauber, wie in St. Niemandsland. Fast hätte man meinen können, dass man sich auch hier reinwaschen wollte von aller Schuld.

Ein Schild wies uns den Weg zur Klosterpforte. Langsam öffnete ich die schwere Holztür. Dann liefen wir einen kurzen Flur entlang, bis wir vor einem kleinen Glasfenster zum Stehen kamen. Die Pforte war nicht besetzt. Ich klingelte. Wir hörten Schritte. Dann stand ich vor einer Nonne. Ihr weißes Haar ragte unter dem Schleier hervor. Erstaunt sah sie uns an.

»Grüß Gott«, begrüßte ich sie.

»Grüß Gott«, erwiderte sie.

Nachdem wir uns vorgestellt hatten, teilten wir ihr mit, dass wir wegen Schwester C. gekommen seien. Schweigend sah sie uns an und verschwand wortlos im Empfangszimmer. Wir folgten ihr in den Raum und setzten uns an einen Tisch. Dann Telefonate. Die Schwester wählte sich die Finger wund. Kein Erfolg. Schwester C. schien nicht auf ihrem Zimmer zu sein. Die Nonne wurde nervös. Weitere Telefonate. Schwester C. war entgegen der ersten Annahme auch nicht bei der »nachmittäglichen Anbetung«. Eigenartig, Schwester C. war einfach nicht aufzufinden.

»Haben Sie sich angemeldet?«, fragte sie uns nun.
»Nein«, antwortete mein Sohn. »Mein Vater wollte sich anmelden. Ich aber schlug vor, einfach herzufahren.«
Unsicher und ein wenig verlegen sah uns die Nonne an. Sie hatte sich uns immer noch nicht vorgestellt.
»Wohnen hier Schwester A. und Schwester N.?«, ergriff ich nun wieder das Wort, um die peinliche Stille zu durchbrechen. Die Nonne vom Empfang schien den Braten zu riechen. Es lag in der Luft, dies war kein gewöhnlicher Besuch. Wir spürten, wir waren nicht willkommen. Zwei erwachsene Männer in einem Nonnenkloster, das war ungewöhnlich, für jede Nonne.
»Ich kann ja die Schwester A. anrufen«, fuhr sie fort. »Heute hat sie zwar wegen eines Seminars viel Besuch da, aber die freut sich sicherlich, wenn sie Sie sieht. Schwester N. ist ein Pflegefall. Sie ist im Haus Maria untergebracht, ein paar Häuser weiter«, erklärte sie.
Die Nachricht, dass Schwester N. ein Pflegefall war, betrübte mich. Ich hatte Schwester N. immer gemocht, verband nur gute Erinnerungen mit ihr. Dann hörte ich Schritte. Plötzlich betrat Schwester A. den Vorraum. Sie war damals die Gruppenleiterin meiner Zwillingsschwester Clara gewesen.
»Ja mei, das ist aber schön, dich wiederzusehen.«
Nachdem wir uns herzlich begrüßt hatten, fragte sie mich nach Clara. Schwester A. war dünn geworden. Fast wirkte sie ein wenig ausgehungert. Ich teilte ihr mit, dass es Clara gut gehe. Dass sie glücklich verheiratet sei und mit ihrer Familie am Bodensee lebe.
»Gib ihr meine liebsten Grüße«, bat sie mich.
Und so schnell, wie Schwester A. gekommen war, verschwand sie auch wieder. Sie hatte es eilig!

Dann tauchten weitere Nonnen im Vorraum auf und verschwanden wieder. Ein seltsames Schauspiel, wie eine Parade. Nur Schwester C. war nach wie vor nirgends zu finden. Die Nonne vom Empfang versuchte es weiter. Immer noch keine Schwester C. Sie wurde noch nervöser. Ich ließ mich nicht abschütteln. So verharrte ich auf meinem Stuhl und atmete, Atemzug um Atemzug. Ich wusste, sie würde kommen, da war ich mir ganz sicher.

Dann hörte ich Folgendes: »Schwester C., da sind zwei Zöglinge von Ihnen bei mir an der Pforte, die Sie sprechen möchten.«

Dann reichte mir die Nonne völlig unerwartet den Hörer durch das Pfortenfenster. Ich sprang von meinem Stuhl auf. Mir war heiß. Mein Puls raste. Ich hielt den Hörer ans Ohr.

»Grüß Gott, hier ist Schwester C.«

Da war sie plötzlich wieder, die vertraute Stimme, der vertraute niederbayerische Dialekt meiner Peinigerin.

»Clemens Maria Heymkind aus Freiburg am Telefon.«

»Ja mei, Clemens, das freut mich aber, dass du gekommen bist. Ich hab aber keine Zeit«, entfuhr es ihr.

Keine Zeit, dachte ich.

»Wir können es kurz halten«, entgegnete ich. »Nur fünf Minuten, denn ich habe Ihnen etwas mitgebracht.«

Kurzes Schweigen.

»Ja, ich komme runter, aber nur für fünf Minuten.«

»Gut«, antwortete ich erleichtert. Dann reichte ich den Hörer an die Nonne zurück.

Ich setzte mich wieder auf meinen Stuhl und nickte meinem Sohn zu, der ebenso gespannt war wie ich.

Das Gespräch mit der Peinigerin – oder: Der Abschied

Eine weitere halbe Stunde verging. Schwester C. ließ sich Zeit. Mein Sohn und ich saßen im Vorraum und warteten gespannt. Während ich das Buch, das ich für Schwester C. mitgebracht hatte, signierte, vernahm ich schlurfende Schritte. Zuerst wollte ich nicht so recht in die Richtung blicken, aus der sie kamen. Dann aber, als sie deutlicher wurden, sah ich eine gebückte Nonne schwerfällig aus dem Halbdunkel des Nebenraums auf uns zukommen.

»Sie kommt«, flüsterte ich meinem Sohn zu.

Ich spürte den Puls vor Aufregung in meinem Hals. Obwohl mein Geist klar war, schoss es mir durch den Kopf, keine Gewalt anzuwenden, ja, ruhig bei meinem Atem zu verweilen. Ich war in friedlicher Absicht gekommen und wollte diesen Weg unter keinen Umständen verlassen. In dieser Klarheit war ich bereit für unsere Begegnung.

Schwester C.s Wirbelsäule konnte ihren Oberkörper nicht mehr aufrecht halten. In dieser gebückten Haltung umklammerten ihre Hände die Griffe eines Rollators, den sie langsam vor sich herschob. Nun hörte ich deutlich ihren Atem. Das Gehen in dieser Haltung schien ihr sichtlich Mühe zu bereiten. Dabei hielt sie ihren Kopf leicht zur Seite geneigt und blickte von unten herauf aus ihren leeren Augen. Als sie den Raum betrat, erblickte ich eine gebrochene Greisin. Hatte ihr die Last der Taten das Rückgrat gebrochen? Ihr Gesicht war eingefallen, wie das einer Toten. Die Haut schimmerte fahl. Fast hätte man meinen können, sie trüge eine Maske. Sie strahlte nichts Lebendiges und Warmes aus. Der Anblick ekelte mich beinah.

»Kann ich Ihnen helfen?«, fragte mein Sohn, während er ihr zur Hilfe eilte.

»Nein, das geht schon«, erwiderte sie.

Wir begrüßten uns und nahmen an einem Tisch Platz.

»Das freut mich aber, dass du gekommen bist«, ergriff sie das Wort, wobei sie das bekannte Kichern ausstieß.

»Schön, Sie wiederzusehen«, meinte ich.

Es war ein seltsames Gefühl. Nun saß ich also neben ihr. Roch den modrigen Körpergeruch, den sie verströmte und der nur schwer auszuhalten war. Ich sah in ihre müden Augen, die meinem Blick immer wieder auswichen.

»Ja mei«, sagte sie. »Meine beiden Beine sind offen und der Rücken will auch nicht mehr.«

»Siebzehn Jahre ist es her, dass wir uns zuletzt gesehen haben«, erwiderte ich.

»Ja, aber dieses Mal siehst du mich als Krüppel«, sagte sie.

Zunächst wusste ich nicht, was ich darauf antworten sollte.

Im Hintergrund machte sich die Nonne vom Empfangszimmer an dem Glasfenster zu schaffen. Sie schob es einen Spalt weit auf, denn sie schien neugierig zu sein. Das war merkwürdig.

Während mein Sohn und Schwester C. einige Worte wechselten, wurde mir beim ruhigen Ein- und Ausatmen klar, wie ich das Gespräch eröffnen wollte.

»Ich habe Ihnen etwas mitgebracht.« Langsam schob ich das Buch in ihre Richtung, bis es vor ihr lag. »Das habe ich geschrieben.«

Wieder das maskenhafte Grinsen und Kichern – als säße eine Hexe vor mir. Zunächst beäugte sie das Buch ungläubig. Dann griff sie danach, um es sich näher anzusehen.

Nach einer Weile sagte sie: »Da hab ich ja einen ganz gescheiten Bub herangezogen, der sogar ein Buch schreibt. Das muss ich den Schwestern zeigen. Dann werden sie sehen, was ich für einen gescheiten Bub herangezogen habe.«

Diese Art der Aussage kannte ich ja bereits von unserem letzten Telefonat, als es um meine Tätigkeit in der Steuerberatung ging. Ich war deshalb nicht wirklich verwundert. Schwester C. schien sich gerne selbst den Lorbeerkranz aufzusetzen. Wieder erklang dieses gepresste Kichern, während sie ihre trockenen Lippen aufeinander presste.

»Schwester C., was hatten Sie für ein Verhältnis zu Ihrem Vater?«, fragte ich nun.

»Ja mei, ich war die Lieblingstochter von ihm gewesen. Aber das war ein Kampf mit ihm. Er hat eine Schreinerei im Niederbayerischen g'habt.«

Er war Möbelschreiner gewesen, wie ich auch. Das allerdings berührte mich. Dann fuhr sie fort: »Mit dem Vater habe ich schwere Kämpfe durchgefochten.«

»Warum?«, fragte ich.

»Ja mei, weißt? Ich habe damals hier in Mühlendorf in einem katholischen Kindergarten eine Ausbildung zur Kindergärtnerin gemacht.«

»Sie sind ausgebildete Kindergärtnerin?«, fragte ich ungläubig.

»Ja, und der Vater wollte mich nicht ins Kloster gehen lassen. Ich sollte eine Familie gründen.«

Ich war schockiert! Schwester C. war ausgebildete Kindergärtnerin. Sie wusste also um die Zerbrechlichkeit und die Bedürftigkeit der ihr anvertrauten Kinderseelen. Ich konnte es nicht fassen. Ihr bisweilen brutales, kriminelles Verhalten gegenüber den Schutzbefohlenen entsprang also tieferen Seelenschichten. Ihre Ausbildung hatte diesem Trieb nichts entgegensetzen können. Atme, Clemens, atme, sagte ich mir.

»Warum sind Sie dann ins Kloster gegangen?«, hakte ich nach.

»Da war eine Nonne, die ich sehr lieb g'habt hab, damals als Vierzehnjährige. Deshalb bin ich ins Kloster gegangen.«

Wieder dieses gepresste Kichern. Sie leckte erneut ihre Lippen.

»Ja, ich war seine Lieblingstochter gewesen«, sagte sie mit traurigem Unterton.

»Wann haben Sie Ihr Elternhaus verlassen?«

»Mit vierzehn, weil das so ein Kampf mit dem Vater war.«

Dann griff sie erneut nach dem Buch und sagte: »Ja mei, da hab ich aber einen gescheiten Buben herangezogen. Das freut mich.«

Wieder dieses Grinsen. Dann, völlig unerwartet, brach es aus ihr heraus: »Das mit den Bettnässern hab ich damals unter Zwang gemacht.«

Ich sah meinen Sohn an, er mich.

»Wie meinen Sie das, Sie haben das mit den Bettnässern damals unter Zwang gemacht? Das sagt doch gar nichts aus!«

»Das haben doch alle Schwestern im Kinderheim St. Niemandsland so gemacht«, rechtfertigte sie sich.

»Ich verstehe nicht so ganz, was Sie meinen«, hakte ich nach.

»Willst jetzt mein Gewissen erforschen?«, meinte sie, während ihr Grinsen immer gequälter wirkte.

Für einen kurzen Augenblick sah ich, wie eine ihrer Hände die andere an ihren Körper presste, so wie damals beim ersten Gespräch.

»Warum haben Sie kaltes Wasser genommen?«, fragte ich sie.
»Damit ihr Bettnässer wieder sauber werdet, denn das ist ja was Dreckiges. Das musste ich wieder sauberkriegen. Ja, magst jetzt mein Gewissen erforschen?«, wiederholte sie.
»Nein, ich möchte verstehen, warum Sie kaltes Wasser verwendet haben und warum Sie mir die Duschbrause derart ins Gesicht gedrückt hielten, dass ich zu ersticken glaubte.«
Ich sah sie an. Sie sah mich an. Dann wieder Schweigen.
»Des haben doch alle so gemacht. Das war der Zwang. Außerdem«, brachte sie vor, »gab's ja nur kaltes Wasser.«
»Nein, Schwester C., wir hatten auch warmes Wasser. Erinnern Sie sich noch daran, dass Sie am Badetag, ich glaube, der war immer am Freitag, ihre Lieblinge in einem warmen Schaumbad in derselben Badewanne gebadet haben, in der Sie uns Bettnässer noch am Morgen kalt abgeduscht hatten?«
Nun wurde ihr Grinsen fies. Ihre Körperhaltung war gebeugt. Misstrauisch beäugte sie mich von der Seite.
»Ich glaube, du magst mein Gewissen erforschen«, fing sie wieder an.
Ich aber blieb beharrlich, atmete, atmete den modrigen Geruch meiner Peinigerin ein, der sich inzwischen im ganzen Raum auszubreiten schien. Es waren ihre Dämonen, die sie ausatmete.
»Nein, ich will nur verstehen«, antwortete ich. »Und erinnern Sie sich an die Tatzenschläge mit dem Bambusstock?«
»Nein, ich habe nie geschlagen«, sagte sie.
»Ich erinnere mich gut daran, es geschah meistens im Bastelraum. Erinnern Sie sich wirklich nicht?«
In diesem Moment sah sie meinen Sohn an und sprach: »Ich hatte so viele Buben und komplizierte Charaktere, da war ich schnell überfordert.«

»Rechtfertigt das Ihre Gewaltausbrüche?«, hielt ich ihr entgegen.

»Das haben alle Schwestern so g'macht. Das war ein Zwang.«

»Wie geht es Wilfried?«, wechselte ich das Thema, um ein wenig Abstand zu bekommen.

»Ja mei«, wieder dieses Grinsen, das sich rasch verlor, als ich sie mit meinem Blick fixierte. Es war, als wäre ich im Begriff, einen Dämon zu bezwingen. Aus dem schräg gehaltenen Kopf stierten mich inzwischen zwei giftige Augen an. Ihre strichförmigen Lippen pressten sich aufeinander. »Der ist in Norddeutschland in einer Psychiatrie. Wegen Selbstmordversuchen und Depressionen.«

Wie beim letzten Telefonat schien Wilfrieds Siechtum sie nicht sonderlich zu berühren. Es ließ sie kalt. Das machte mich traurig. Ich begann, mich mehr und mehr unwohl zu fühlen, bei so viel Widerstand, bei so viel Gegenwehr. Trotzdem versuchte ich, meine Konzentration aufrechtzuerhalten, atmete weiter bewusst ein und aus. Das half. Ich akzeptierte die Situation, wie sie war, wollte nichts hinzufügen und nichts herausnehmen. Wollte sie einfach so stehen lassen.

Dann tauchten wie aus dem Nichts immer wieder Nonnen im Vorraum auf. Eine von ihnen schob beiläufig das Fenster wieder zu, das die Nonne vom Empfang zuvor einen Spalt weit geöffnet hatte. Immer wenn eine Nonne den Vorraum betrat, schob sie es zu, die vom Empfang wieder auf. Das ging einige Male so, wirklich seltsam. Plötzlich war keine der Nonnen mehr zu sehen. Nur diejenige vom Empfang hatte wieder am Telefontisch Platz genommen. Die Vorstellung war noch nicht zu Ende!

»Schwester C.«, fuhr ich fort, »erinnern Sie sich noch an Kurt A., an die Nacktfotos, die einst in Ihre Hände gelangten?«

»Ja, das hab ich nicht vergessen.«
»Wussten Sie auch von den Vergewaltigungen, von den sexuellen Übergriffen gegenüber uns Kindern?«
»Ja.«
»Warum haben Sie nichts dagegen unternommen?«
In diesem Moment artete ihr Grinsen zu einem diabolischen Kichern aus. Dann kurzes Schweigen.
»Ja, der Kurt hat ja sonst niemand g'habt. Deshalb habe ich mich mit ihm, nachdem des mit den Fotos war, heimlich getroffen.«
In diesem Moment wurde mir bewusst, dass ich einer eiskalten Psychopathin gegenübersaß. Wieder dieses gepresste Kichern, ihr modriger Körpergeruch. Nun waren auch ihre Wangen stark gerötet. Sie schien nervös zu sein.
»Wie, Sie haben sich immer noch mit ihm getroffen?«
»Ja, heimlich.«
War das der Deal?, schoss es mir durch den Kopf. Geheime Treffen mit Kurt A. Wurde ihm im Gegenzug der Zugang zu »ihren Kindern« ermöglicht?
»Was macht der Kurt A. heute?«, fragte ich.
Wieder dieses Kichern. An ihren Mundwinkeln hatte sich gelblich schimmernder Speichel festgesetzt.
»Der arbeitet seit Langem in einem Behindertenheim in Marienburg. Jetzt ist er ja verheiratet. Ich hab mir oft gedacht, ob der da seine Neigung weiter auslebt«, fuhr sie fort, »aber ich weiß es nicht.«
Mir stockte der Atem, bei all der Nüchternheit ihres Sachvortrages. Ich war in Sorge: Kurt A., der seit Langem in einem Behindertenheim in Marienburg arbeitete und Zugang zu den Schwächsten unserer Gesellschaft hatte. Das beunruhigte mich zutiefst!

»Erinnern Sie sich an den Stadtpfarrer, der jeden Morgen die Hausmesse zelebriert hat? Und an den jungen Pfarrer, der eine Zeit lang die blonden und blauäugigen Kinder zum Ministrantenunterricht abgeholt hat? Er fuhr einen weißen Ford.«

»Ja, an den Stadtpfarrer kann ich mich schon erinnern. Das war ja ein ganzer Draufgänger.«

»War Ihnen auch bekannt, dass er nach der Messe Ministranten zu sich in die Sakristei holte, um sich an ihnen zu vergehen?«

Wieder ein nüchternes »Ja«, begleitet von diesem verächtlichen Grinsen, das zunehmend schwerer auszuhalten war.

Ich blickte in die Augen meines Sohnes, der dem Gespräch angespannt folgte. Er wirkte unruhig, rutschte immer wieder auf seinem Stuhl hin und her.

Dann kam Schwester C.s Rechtfertigung.

»Da haben wir nichts gemacht, weil des war ja der ehrwürdige Stadtpfarrer. Das war ja ein ganz Gerissener. Vor dem hatten alle Schwestern Respekt.«

Kichern …

Mir fehlten die Worte. Die Perversion in St. Niemandsland war unter den Augen Gottes Normalität gewesen. Was für ein Verbrechen! Wir Heimkinder waren täglich falschen Schwestern und falschen Priestern ausgesetzt, die ihr pervertiertes Verhalten ohne Scham und Gewissensbisse ausleben konnten. Welchem Gott dienten sie?

Seit dem Gespräch mit Schwester C. bin ich mir sicher, dass viele Nonnen über den sexuellen Missbrauch der Heimkinder Bescheid wussten. Sexueller Missbrauch gehörte offenbar genauso zum Heimalltag wie die Morgenmesse und das Rosenkranzbeten.

Ich verspürte das starke Bedürfnis, das Thema zu wechseln.

»Schwester C., erinnern Sie sich an den Bettnässertisch, an den Flüssigkeits- und Nahrungsentzug, dem Sie uns nachmittags ab vier Uhr aussetzten, um zu verhindern, dass wir wieder ins Bett machten?«

Schwester C. sah mich an. Dann wich sie meinem Blick aus. Bettnässertisch, Flüssigkeitsentzug, Essensentzug?

Daran erinnerte sie sich nicht. Ihre Antwort jedoch, ich wolle wohl ihr Gewissen erforschen, verriet sie. Natürlich wusste sie Bescheid. Sie wollte sich aber nicht weiter mit ihren Taten konfrontieren lassen. Zu präzise waren meine Fragen. Und immer noch dieses verzweifelte Kichern.

Dann fragte ich weiter.

»Haben Sie jemals mitbekommen, dass wir Bettnässer nachts zur Toilette schlichen, um die eingenässte Seicherwäsche mit den Handballen trocken zu reiben?«

Ungläubig sah sie mich an. War ihr all die Jahre etwas entgangen?

»Nein, das habe ich nicht mitbekommen«, antwortete sie fast ein wenig enttäuscht.

»Dann haben wir Bettnässer ordentliche Arbeit geleistet«, erwiderte ich stolz.

Dieses Mal blieb ihr Kichern aus.

Ich lehnte mich zurück und atmete tief ein und aus. Ich fühlte mich erschöpft und müde. Ihr Körpergeruch war mittlerweile unerträglich geworden. Ich empfand nur noch Ekel.

Ekel darüber, wie sie antwortete, Ekel darüber, wie sie kicherte, Ekel vor ihrer Abwehr, Ekel vor ihrer Falschheit.

»Wissen Sie«, fuhr ich fort, »ich habe inzwischen fünfundzwanzig Jahre Traumatherapie hinter mir, um die seelischen Verletzungen, die Sie mir zugefügt haben, zu verarbeiten.«

»Du warst doch gar nicht so lange bei uns«, fiel sie mir ins Wort.

»Doch, Schwester C., acht Jahre war ich in St. Niemandsland.« Wieder ungläubige Blicke. Sie wollte es nicht wahrhaben. Acht verdammte Jahre waren es gewesen, die schlimmste Zeit meines Lebens. Immer noch ungläubige Blicke. Dann schlug mein Sohn das Buch auf und deutete mit dem Zeigefinger auf ein Aktenzitat meines Heimaufenthaltes. Schwester C. las konzentriert. Ich spürte, dass sich etwas in ihr bewegte. Etwas, was ich nicht auszusprechen vermochte, etwas, was aus ihr heraus wollte.

Dann fragte sie mich: »Im Kinderdorf, wo du mit Clara warst, hat man euch da nicht wegen dem Bettnässen abgeduscht?«

»Nein, keine kalten Duschen, keine Tatzen, keine Strafarbeiten, kein Flüssigkeits- und Essensentzug, kein Spielverbot«, antwortete ich frei heraus.

Dann plötzlich Stille, Totenstille. Im Hintergrund saß noch die Nonne vom Empfang an ihrem Platz. Das Glasfenster war jetzt wieder einen Spalt weit geöffnet. Schwester C. hielt ihren Kopf zur Brust geneigt und schien in sich hineinzuhören. Ihre Hände, die sie an den Bauch gepresst hatte, sanken in ihren Schoß und öffneten sich, bis ihre Handflächen nach oben zum Himmel zeigten. Kein Kichern mehr. Ihr flacher Atem war zu hören.

Mein Sohn blickte Schwester C. an. Etwas lag in der Luft, das verriet mir die Stille des Augenblicks. Es war so ruhig geworden, dass man eine Stecknadel hätte fallen hören.

Dann geschah das Unfassbare. Schwester C., die mich das ganze Gespräch über geduzt hatte, ging nun zum förmlichen »Sie« über. Sie sah mich traurig und mit leeren Augen an. Tränen liefen ihr die Wangen hinab. Dann sagte sie: »Clemens, ich möchte mich bei Ihnen entschuldigen.«

Für einen Augenblick war ich völlig irritiert, so unerwartet kamen diese Worte. In diesem Moment hatte ich das Gefühl, als würde ein Bleischleier vom Scheitel an durch meinen Körper fallen, bis er schließlich aus mir heraustrat und im Erdboden verschwand. Der Dämon, der all die Jahre in mir gewütet hatte, war entwichen. Was für eine Befreiung, was für eine Erleichterung.

Ich reichte ihr die Hand und sagte: » Schwester C., ich danke Ihnen für Ihre Entschuldigung. Als Mensch verzeihe ich Ihnen. Für Ihre Taten allerdings sind Sie verantwortlich.«

Es war ein eigenartiges Gefühl, ihre Hand zu halten. Sie war schlaff und feuchtwarm. In diesem Moment hielt Schwester C. keinen Duschkopf, keinen Tatzenstock in ihren Händen. Nur meine Hand, die ihre Entschuldigung entgegennahm.

»Ist all meine Plackerei umsonst gewesen?«, fragte sie nun.

»Nein, Schwester C., Ihre Plackerei ist die eine Seite der Medaille, die erkenne ich an. Ihre Gewaltausübung gegen uns Buben jedoch – das ist etwas anderes.«

Sie wiederholte »Die ganze Plackerei, ist die jetzt umsonst gewesen?«

Ich antwortete: »Jedem Kind wohnt ein göttlicher Funke inne. Dieser charakterisiert seine Unschuld, seine Reinheit. Wie kann eine Ordensschwester, die von sich behauptet, seit zweiundsiebzig Jahren mit Gott verheiratet zu sein, diesen göttlichen Funken, dieses Reine, im kalten Duschstrahl ersäufen, es mit dem Bambusstock verprügeln, es mit sinnlosen Strafarbeiten quälen?«

»Nun wird es mir aber zu bunt«, schoss es aus ihr heraus.

Die Nonne aus dem Empfangszimmer eilte ihr zur Hilfe.

»Schwester C. muss jetzt zum Abendessen.«

»Bitte, geben Sie uns noch fünf Minuten, um uns zu verabschieden«, bat ich sie.

Nachdem die Nonne wieder in ihrem Empfangszimmer verschwunden war, fragte Schwester C., ob ich sie bald wieder besuchen wolle.

»Nein, Schwester C., ich bin auch gekommen, um Ihnen viel Frieden zu wünschen und um endgültig Abschied von Ihnen zu nehmen.«

Erneut begann sie zu weinen. Sie stand auf, nahm schweigend das Buch vom Tisch, griff nach ihrem Rollator und legte es dort ab. Mein Sohn half ihr dabei und verabschiedete sich. Ich gab ihm zu verstehen, dass ich noch eine Minute mit Schwester C. allein sein wollte. Er verließ den Raum.

Ich öffnete Schwester C. die Tür zum Nebenraum. In dem Moment, als sie an mir vorbeilief, faltete ich meine Hände vor der Brust und murmelte zum Abschied ein Mantra. Dieses trennte mich, wie eine Nabelschnur Mutter und Kind für alle Zeiten trennt, endgültig von meiner Peinigerin, von ihren grausamen Taten, von den Erinnerungen an St. Niemandsland.

Schwester C. sah mich schweigend an. Sie weinte. Dann verschwand sie langsam im Dunkel des Raumes.

Ich war völlig erschöpft und ausgelaugt und fühlte mich nicht mehr in der Lage, das Auto zu steuern. Das übernahm mein Sohn. Nie wieder würde ich ihre Nähe suchen, nie wieder in ihre leeren Augen sehen, nie wieder ihren Körpergeruch einatmen. Nun endlich konnte ich loslassen!

Ihre Entschuldigung aber werde ich im Herzen tragen.

Auf eine Entschuldigung der in den Behörden Verantwortlichen warte ich bis heute.

Epilog

Aufgrund der Aussage von Schwester C. aus dem Gespräch im Mutterhaus der Mühlendorfer Schwestern vom Februar 2016, wonach Kurt A. seit Jahren in einem Behindertenheim mit Kindern arbeite, erstattete ich Strafanzeige bei der Kriminalpolizeistation in Keppstadt, weil ich in großer Sorge war, dass ein Täter sein entsetzliches Tun bis heute ungehindert fortsetzen könnte.

Der Verlauf des Verfahrens stellt sich wie folgt dar:

Auszug aus der Akte der Staatsanwaltschaft
Keppstadt vom 31.03.2016:

Betreff:
Ermittlungsverfahren gegen „Kurt A."
wegen sexuellen Missbrauchs von Kindern
gem. § 176 Abs. 4 StGB

Sehr geehrter Herr Heymkind
In dem o.g. Verfahren habe ich mit Verfügung vom 23.03.2016 folgende Entscheidung getroffen:
Das Ermittlungsverfahren wird gemäß § 170 Abs. 2 StGB eingestellt.

Gründe:
Es besteht das Verfahrenshindernis inzwischen eingetretener Strafverfolgungsverjährung. Dabei wird davon ausgegangen, dass das mutmaßliche Tatopfer am 07.09.1965 geboren wurde und zur Tatzeit 5-11 Jahre alt war.

Bei den Missbrauchsdelikten gab es in den letzten Jahren zahlreiche Änderungen, die bei einer Aburteilung vor Gericht auch hinsichtlich der Verjährungsfrist beachtet werden müssen. Bis 1998 erfasste die Vorschrift des § 176 StGB unzüchtige bzw. sexuelle Handlungen mit Personen unter vierzehn Jahren.

Die Höchststrafe betrug damals zehn Jahre Freiheitsstrafe, sodass Taten des sexuellen Missbrauchs an Kindern (also dem schwächsten Glied der Gesellschaft; *Anmerkung des Verf.*) nach zehn Jahren verjährt waren. Den Beischlaf erfasste das Gesetz ab 1973 zwar als besonders schweren Fall des § 176 StGB - aber dies wirkte sich nicht auf die Verjährungsdauer aus, da die besonders schweren Fälle, die keinen eigenen Qualifikationstatbestand bilden, die Verjährungsdauer nicht beeinflussen, siehe § 78 Abs. 4 StGB. Dies bedeutete: Sämtliche Fälle des sexuellen Missbrauchs von Kindern, auch die schweren Fälle des sexuellen Missbrauchs von Kindern, verjährten bis 1998 nach zehn Jahren. Mit dem Sechsten Gesetz zur Reform des Strafrechts vom 26.01.1998 fügte der Gesetzgeber die

Vorschrift des schweren sexuellen Missbrauchs § 176a StGB ein. Dieses Gesetz trat am 01. April 1998 in Kraft. Da § 176a StGB gegenüber dem vorher geltenden Recht eine Strafverschärfung war, gilt für diese Vorschrift das Rückwirkungsverbot, sodass Fälle, die vor dem 01.04.1998 geschahen, nicht nach § 176a StGB abgeurteilt werden dürfen. Da dies nach der ganz herrschenden Meinung auch die Verjährungsfristen betreffen soll, wird in der Rechtspraxis für alle Alttaten des sexuellen Missbrauchs, die vor dem 01. April 1998 begangen wurden, auch solche mit Vaginal-, Anal- oder Oralverkehr, von einer zehnjährigen Verjährungsfrist ausgegangen.
Eine längere Verjährungsfrist von zwanzig Jahren gab es vor 1998 nur für die Fälle der Vergewaltigung, §11 StGB. Jedoch wurde diese Norm erst 1997 auch auf männliche Opfer ausgeweitet. Vorher erfasste sie nur weibliche Opfer, wenn es sich um außerehelichen Beischlaf handelte. Bei männlichen Opfern und männlichen Tätern galt bis 1994 der § 175 StGB, der jedoch eine Freiheitsstrafe von bis zu fünf Jahren und damit auch eine Verjährungsfrist von fünf Jahren vorsah.
Delikte des sexuellen Missbrauchs von Kindern (ohne Vergewaltigung weiblicher Kinder), die vor dem 30. Juni 1984 begangen wurden, waren am 30. Juni 1994 bereits verjährt.
Noch kürzere Verjährungsfristen ergeben sich

für Körperverletzungsdelikte im eingangs genannten Tatzeitraum.
Damit konnte sich auch die Einführung der Ruhensvorschrift, § 78a Abs. 1 Nr.1 StGB, zu diesem Datum für die Altfälle nicht mehr auswirken.
Beschwerdebelehrung:
Gegen diesen Bescheid können Sie binnen zwei Wochen nach Zugang der Beschwerde bei ... der ... erheben (Hier fehlt die Beschwerdestelle, was zu Rechtsnachteilen des Beschwerdeführers, also mir, führen dürfte; *Anmerkung des Verf.*). Die Beschwerde kann innerhalb dieser Frist auch bei der Staatsanwaltschaft Keppstadt (Allgäu) eingelegt werden.

    Mit freundlichen Grüßen,
    gez. M.
    Oberstaatsanwalt

Dieses Schreiben wurde elektronisch erstellt und enthält keine Unterschrift, wofür um Verständnis gebeten wird.

Auszug aus der Korrespondenz mit der Kripo Keppstadt vom 08.04.2016

Sehr geehrter Herr Heymkind,
bezugnehmend auf Ihre Anzeigenerstattung (Az.: BY ... - KPS Keppstadt) teile ich Ihnen heute mit, dass die Ermittlungen seitens Herrn OStA M., Staatsanwaltschaft Keppstadt, Az.: ... Js .../16 eingestellt worden sind.
Mit freundlichen Grüßen,
A.D.
Kriminalhauptkommissar
Kriminalpolizeistation Keppstadt

Ich war sehr erstaunt, als mir diese Einstellungsverfügungen zugingen. Kriminalhauptkommissar A. D. hatte mich zuvor in meiner Wohnung aufgesucht und mich im Beisein einer Ärztin umfangreich zu den Vorfällen in St. Niemandsland befragt. Hierbei äußerte A. D. auch seine Einschätzung, dass erfahrungsgemäß die pädophilen Neigungen eines Täters nicht abnehmen, weshalb weiterführende Ermittlungen, insbesondere auch im privaten Umfeld des Kurt A., anzustellen seien. Umso unverständlicher erscheint mir, dass die weiterführenden Ermittlungen der Kripo Keppstadt nur die berufliche Sphäre des Kurt A. erfassten, obwohl Hauptkommissar A. D. umfassendere Ermittlungen, die auch das private Umfeld des Kurt A. betreffen sollten, anstellen wollte. Von alledem war jedoch, wie sich aus folgender Mail ergibt, nicht mehr die Rede. Akte zu! Fall erledigt!

Ich bin aufgrund der Aussage von Schwester C. und des Gebarens der Kripo Keppstadt nach wie vor in Sorge, dass Kurt A. sich weiterhin pädophil betätigt.

Auszug aus der Korrespondenz mit der Kripo Keppstadt vom 14.04.2016

Sehr geehrter Herr Heymkind,
mit Herrn Kurt A. wurde eine sogenannte Gefährderansprache (präventiv) durchgeführt.
Aus hiesiger Sicht kann ausgeschlossen werden, dass er beruflich mit Kindern in Kontakt kommt.
    MfG
    A.D.
Kriminalhauptkommissar
Kriminalpolizeistation Keppstadt

Danksagung

An erster Stelle gilt mein Dank allen Lesern sowie den Besuchern meiner Lesungen aus meinem Erstlingswerk *Verloren im Niemandsland*. Ihre zahlreichen Rückmeldungen haben auch maßgeblich zur Entstehung dieses zweiten Buches beigetragen.

Ich danke herzlichst dem ehrwürdigen Bikku Saddananda aus Sri Lanka, dem ehrwürdigen Bikku Thích Chân Pháp Ẫn sowie der ehrwürdigen Schwester Song Nghiem vom Europäischen Institut für angewandten Buddhismus, Waldbröl, die mich auf meinem Heilungsweg bis zum heutigen Tage treu begleiten.

Ich danke herzlichst meiner Frau Olga für die Unterstützung während des Schreibprozesses in St. Petersburg.

Ich danke herzlichst Frau Dr. phil. Rodica Meyers, Leiterin des Yuthok Zentrums für Tibetische Heilkunst in Bonn, für das Vorwort.

Ich danke herzlichst dem Leiter des Verlags Urachhaus, Herrn Michael Stehle, und seinem Team für die vertrauensvolle und professionelle Begleitung während des Entstehungsprozesses dieses Buches.

Ich danke herzlichst der Sängerin und Pianistin Natascha Schopp, die die Lesungen musikalisch virtuos umrahmt.

Ich danke herzlichst den Herren Alexander Wichek und Nils Gustorff für das Erstlektorat.

Inhalt

Vorwort 7

Prolog 11
Umzug ins Paradies 21
Ankunft im Paradies 26
Die erste Schlägerei 33
Der Bauernhof und das Abendessen 38
Familienwechsel 44
Mutter Weglar oder der Engel 50
Vater Weglar 57
Die Geburt der Freiheit 63
Der Irrweg 69
Vom Kräftemessen mit dem Esel 78
Mama und Papa sagen 82
Konzentrationslager Dachau 87
Das Meer sehen 93
Angekommen am See 99
Der Mann, der vom Himmel fiel 107
Schildkröten backen 112
Die Lehrerin 120
Erste Schritte der Heilung 125
Vaterschutz 132
Weihnachtszeit 143
Evahülle 150

Der Lindenhof 162
Pubertät oder Feuerwerk der Synapsen 168
Evaglück 173
Die Jugendhaustaufe 183
Mutterloses Kind 190
Das Familientreffen 200
Liebeseinschlag 204
Das erste Mal 211
Die Trennung 215
Punk's not dead! 219
Tod eines vertrauten Freundes 229
Wie abgezogene Haut 236
Suchbild meines Vaters 246
Vatertod 259
Rückkehr nach St. Niemandsland 265
Telefonat mit der Peinigerin 267
Der Ruf des Herzens 271
Der Nonnenschleier 273
Das Mutterhaus 276
Das Gespräch mit der Peinigerin –
oder: Der Abschied 281

Epilog 293
Danksagung 301